1781

Hans-Gerd Jaschke

Fundamentalismus in Deutschland

Gottesstreiter und politische
Extremisten bedrohen die Gesellschaft

campe paperback

Die Deutsche Bibliothek – CIP-Einheitsaufnahme
Jaschke, Hans-Gerd:
Fundamentalismus in Deutschland: Gottesstreiter und politische
Extremisten bedrohen die Gesellschaft / Hans-Gerd Jaschke.
– 1. Aufl. – Hamburg: Hoffmann und Campe, 1998
(Campe-Paperback)
ISBN 3-455-10369-3

Umschlaggestaltung: Thomas Bonnie
Satz: Dörlemann Satz, Lemförde
Druck und Bindung: Clausen & Bosse, Leck
Printed in Germany

Inhalt

Vorwort

Ein Blick über die nationalen Grenzen in Europa hinweg, vor allem in Richtung der ost- und südosteuropäischen Nachbarn, belehrt darüber, wie prekär und instabil, ja wie schleppend der Auf- und Ausbau der Demokratien vorankommt. Auch in den westeuropäischen Kernländern zeichnen sich, wenn auch noch vereinzelt, Erosionserscheinungen des demokratischen Grundkonsenses ab. Man denke nur an den norditalienischen Separatismus der Lega Nord, das bemerkenswert kontinuierliche Vordringen des rechtsextremen Front National in Frankreich oder den für demokratische Grundüberzeugungen keineswegs einstehenden Jörg Haider in Österreich.

Aber auch in der 1989/90 vereinten Bundesrepublik ist die verbreitete Annahme einer durch nichts zu erschütternden Stabilität der Demokratie trügerisch. Es sind vor allem gesellschaftspolitische Entwicklungen, die eine ernsthafte Gefährdung mit sich bringen könnten: Die Spaltung in Arm und Reich und die breiter werdende Schere der sozialen Ungleichheit, die Ausgrenzung von immer mehr Menschen aus dem Arbeitsmarkt und die fortbestehende, nur neue Formen annehmende mentale Spaltung in West und Ost können längerfristig durchaus zu einer Abwendung von der Demokratie führen. Die traditionellen industriegesellschaftlichen individuellen Lebensrisiken Alter, Krankheit und Arbeitslosigkeit haben trotz einer bemerkenswerten Wohlstandsentwicklung an Schärfe zugenommen und bedrohen heute nicht nur den einzelnen, sondern die Grundlagen der Demokratie insgesamt.

Um diesen Turbulenzen entgegenzuwirken, sie einzuschränken und zu mildern, bedarf es zunächst einmal einer gerechteren Verteilung der Lasten. Ebendieses immer schon schmale Band der Solidarität scheint aber in Wirklichkeit kurz vor dem Zerreißen; die Spaltung in Modernisierungsgewinner und -verlierer folgt nicht einer als gerechtfertigt empfundenen Logik von Qualifikation und Leistung, sondern immer mehr der brutalen Auslese eines sozialstaatlich kaum noch gebändigten Kapitalismus. Eine politische Regulation sozialer Verwerfungen ist kaum absehbar, zumal die politischen Institutionen selbst, wie etwa die Parlamente und Regierungen, von einem schleichenden, selbstverschuldeten Ansehensverlust betroffen sind, dessen Anlässe und Ursachen wohl nur schwer oder gar nicht in das Selbstverständnis der politischen Klasse Eingang finden.

Für Rita Süssmuth, Präsidentin des Deutschen Bundestages, erweist sich ein gut Teil der Kritik an der parlamentarischen Demokratie »als Schönrederei und Zweckoptimismus, als Eskapismus und politisches Schwadronieren, als Untergangsstimmung und Verschwörungstheorien, als Gleichgültigkeit, Aggressivität und verächtliche Abkehr von der Politik. Tendenzen in diese Richtung drängen sich jeden Tag auf« (Süssmuth, 1997). Maßregelungen von Kritikern nach diesem Muster, die Darstellung von Politik als Vermittlungsproblem oder der Appell an die demokratischen Tugenden in Sonntagsreden lösen jedoch kein Problem: *Sie sind das Problem*, weil sie die Abkehr von der Politik als Erziehungs- und Stilfrage und nicht als Ergebnis von Verteilungskonflikten sehen, bei denen es immer weniger Gewinner und immer mehr Verlierer gibt.

Zweifellos sind es vor allem defizitäre Entwicklungen innerhalb der politischen Klasse sowie im politischen, ökonomischen und sozialen System der Bundesrepublik, an denen sich Krisensymptome zeigen und die zu mehr oder weniger starken Erosionen der demokratischen politischen Kultur führen. Die Abwendung von demokratischen Überzeugungen und Verfahrensweisen kennt viele Formen. Innere Emigration, Privatisieren, Desinteresse an der Politik und aggressive politische Apathie zählen zu den häufigsten. Nicht zu unterschätzen sind aber auch die organisierten Formen der Zurückweisung demokratischer Politik: politischer Extremismus, Sektiererei in vielfältigen Formen, der Anschluß an fundamentalistische Überzeugungen und Strömungen. Gewiß, es hat solche Bewegungen immer schon gegeben, sie gehören offenbar zur historischen Entwicklung der Demokratie und müssen grundsätzlich und weitgehend toleriert werden.

Christian Graf von Krockow nennt als Bedingungen der modernen Demokratie mit guten Gründen eine relative soziale Gleichheit, kulturelle Homogenität, aber auch Vielfalt und Toleranz besonders im Hinblick auf gesellschaftliche Minderheiten (v. Krockow, 1985, S. 432). Doch diese Grundsätze machen das Nachdenken über die Protestformen und ihre Entwicklung nicht obsolet, zumal dann nicht, wenn von ihnen dauerhafte Gefährdungen für einzelne Menschen oder für die Gesellschaft insgesamt ausgehen könnten. Es hat den Anschein, als ob sie vielfältiger und dauerhafter würden und ein breiter werdendes Angebot für die Enttäuschten und Suchenden bereitstellen, denn die Nachfrage nimmt offenbar zu. Wie so viele traditionelle Gewißheiten der Religion, der sozialen Milieus und der Berufsbiographien scheint im Zuge einer sich schneller drehenden Spirale der technologischen und gesellschaftlichen Modernisierung auch die Selbstverständlichkeit, mit der Menschen in den politischen Orientierungsrahmen der Demokratie hineinwachsen, zu schwinden. Unzählige neuere Umfragen belegen eine geringe Bereitschaft von Jugendlichen, sich politisch zu engagieren; der Vertrauensverlust demokratischer Institutionen ist kontinuierlich hoch.

Das Erkenntnisinteresse des vorliegenden Buches besteht darin, zu einer Verständigung über die Fakten beizutragen, die der Entwicklung der Demokratie in der Bundesrepublik im Wege stehen. Fundamentalistische Alternativen rücken dabei ins Zentrum der Überlegungen, und gerade weil sie nicht neu sind, bedarf es einer Berücksichtigung ihrer historischen Ausprägungen (Kapitel III), bevor die fundamentalistischen

Varianten der Gegenwart vorgestellt werden (Kapitel IV und V). Vor allem geht es um eine begriffliche Präzisierung des Fundamentalismus, der in der öffentlichen Debatte zu Unrecht eingeschränkt wird auf die Bedeutung eines islamischen Aufstands gegen die Moderne (Kapitel I); und es geht um einen Blick auf die Krisensymptome des politischen und ökonomischen Systems, die ja erst die Voraussetzungen für fundamentalistische Protestformen (Kapitel II) schaffen.

Breiten Raum nimmt die Auseinandersetzung mit Scientology ein (Kapitel VI), denn hier scheint sich im Rahmen fundamentalistischer Strömungen eine neuartige Variante des politischen Extremismus abzuzeichnen, die mit den bisher geläufigen rechten und linken Spielarten bis auf die totalitären Grundzüge kaum etwas gemein hat. Die Beschäftigung mit Scientology erfolgt nicht im Interesse politisch oder kirchlich motivierter Diskreditierung. An dieser Organisation läßt sich jedoch exemplarisch zeigen, wie das Verhältnis von Sekten und Politik neu strukturiert wird, in welcher Weise sich religiös verstehende Sekten politisieren und gegen die Demokratie wenden, und in welch geschickter Weise der Angriff auf das System nicht von außen geführt wird, sondern von innerhalb des Systems selbst.

Ein Gutachten, das ich im Auftrag des nordrhein-westfälischen Innenministers über Scientology verfaßt habe (Jaschke, 1996) und das mit mehr als 50000 verteilten Exemplaren (Stand: Sommer 1997) eine unerwartet breite öffentliche Resonanz gefunden hat, war auch der Anstoß für dieses Buch. Anfängliche Überlegungen, dieses Gutachten zu erweitern und zu einer umfassenden Studie über Scientology auszubauen, wurden jedoch schnell wieder verworfen. Denn die Scientology-Organisation selbst ist nicht das eigentliche politische Problem, sondern nur Teil einer viel komplexeren Problematik. Sie läßt sich zusammenfassen in der Frage, ob und inwieweit sich heute Organisationen, Bewegungen und Kleingruppen im politischen und vorpolitischen Raum von den Fortschrittsmustern der Industriegesellschaft abwenden und eigenständige, opponierende, alternative gesellschaftliche Lebensentwürfe entwickeln und praktizieren, die zu einer Ge-

12

fahr für den Rechtsstaat und die Demokratie werden könnten. An diesem Ansatz mogelten sich die herkömmlichen Debatten über den politischen Extremismus in Deutschland aber nur zu gern vorbei. Die Studie über Scientology wurde daher überarbeitet und mit Blick auf den Fundamentalismus erweitert: Kapitel VI ist eine veränderte und aktualisierte Fassung dieses Gutachtens.

Bei verschiedenen Arbeitstagungen und Diskussionen, an denen ich nach dem Erscheinen des Gutachtens teilgenommen habe, wurde schnell deutlich, daß die politische Problematik des Umgangs mit solchen Organisationen die viel bedeutsamere Thematik in den Hintergrund drängt: In welchem gesellschaftlichen Zusammenhang stehen Sekten wie Scientology? Was verbindet fundamentalistische Strömungen in der Bundesrepublik? Welche Entfaltungschancen haben sie? Wie könnte ein demokratischer Umgang mit ihnen aussehen?

Politische Sachbücher entstehen nicht allein am Schreibtisch, in der Bibliothek und im Archiv. Sie sind das Ergebnis vielfältiger und lebendiger Debatten. Dank schulde ich den Teilnehmern einiger Arbeitstagungen, denen ich Thesen dieses Buches vorgetragen habe und mit denen ich darüber diskutieren konnte. Hervorheben möchte ich die von der Hessischen Landeszentrale für politische Bildung im April 1996 in Kassel organisierte und im Juni 1997 in Erbach/Odenwald fortgeführte Tagung über »Esoterik und New Age – Herausforderungen an die Jugend- und Erwachsenenbildung« und den im Dezember 1996 von der German-Israeli Foundation for Scientific Research and Development in Ein Bokek/Israel veranstalteten Kongreß über »Conflict and Extremism in a Democratic Society«. Welcher Handlungsdruck auf der Jugendarbeit lastet, habe ich aus erster Hand bei der Tagung »Politisch-religiöse Weltbilder und Orientierungen junger Menschen als Herausforderung für Schule, Jugendarbeit und politische Bildung« im März 1997 in Essen, veranstaltet von der Landeszentrale für politische Bildung NRW und dem Arbeitskreis der Ruhrgebietsstädte gegen rechtsextreme Tendenzen bei Jugendlichen, erfahren. Deshalb schien es mir dringend geboten, auf die Frage der Praxis in einer Art und Weise einzugehen, die nicht Rezepte und Leitfäden erörtert, wohl aber die Richtungen andeutet, die ein demokratischer Umgang mit fundamentalistischen Strömungen einschlagen könnte (Kapitel VII). Dank schulde ich nicht zuletzt der Fachhochschule für Verwaltung und Rechtspflege Berlin, die mir durch eine Reduktion der Lehrverpflichtungen jene Arbeitsbedingungen ermöglicht hat, die zum Schreiben dieses Buches unumgänglich waren.

Berlin, im Frühjahr 1998 Hans-Gerd Jaschke

Einleitung

Anfang April 1996 wurde nahe Lincoln, einer amerikanischen Kleinstadt im Bundesstaat Montana, ein vom FBI seit achtzehn Jahren gesuchter Terrorist festgenommen (vgl. Der Spiegel 16/1996, S. 148 ff.). Es handelte sich um den 53 jährigen Ted K., einen promovierten Mathematiker, der zeitweilig als Professor an der Universität von Berkeley gelehrt, die Universität jedoch 1968 verlassen hatte und seit Jahren schon in der Einsamkeit Montanas lebte. Auf sein Konto gehen laut FBI sechzehn Bombenanschläge mit drei Toten und 23 Verletzten. K. gehört keiner politischen Organisation an, er ist in jeder Hinsicht ein Einzelgänger. Er wohnte seit Anfang der siebziger Jahre in einer selbstgezimmerten Hütte in den Rocky Mountains, weitab vom nächsten Ort, baute Kartoffeln und Rüben an, hatte weder Strom noch fließendes Wasser, und zur Fortbewegung reichte ihm ein Fahrrad. K. verfaßte über die Jahre Manifeste, in denen es heißt, der technologische Fortschritt entmündige den Menschen und beschneide seine Freiheit. Deshalb müsse die bestehende Form der Gesellschaft zerstört und der Weg zurück zur Natur beschritten werden. 1979 beginnt K., seine Überlegungen in die Tat umzusetzen. Universitäten, Flugzeuge, Computerexperten, Symbole des technischen Fortschritts, sind Ziele seiner Attentate.

Dies ist die Geschichte eines wildgewordenen Einzeltäters, eines Amokläufers, wie sie in den Zeitungsberichten immer wieder vorkommen. Eine solche Deutung liegt nahe. Doch an diesem Fall überrascht nicht nur die Intelligenz des bei Fachkollegen anfänglich gerühmten Mathematikers. In der skurril anmutenden Geschichte des Ökoterroristen K. verbergen sich Motive, die in fundamentalistischen Protestbewegungen häufig wiederkehren: Ablehnung des industriegesellschaftlichen und technischen Fortschritts, Suche nach einer Alternative, einem Paradies auf Erden, praktische Erprobung dieses Gegenentwurfs und eigensinniger Dogmatismus, der in diesem Fall hineinführt bis in menschenverachtende Militanz.

Andere von sektiererischen Kleingruppen begangene gewalttätige Anschläge haben gezeigt, daß Militanz keine Sache von Einzeltätern, sondern häufig organisiert ist. Die Attentate der japanischen Aum-Sekte auf U-Bahnen in Tokio haben für weltweites Aufsehen gesorgt. Im März 1995 starben zwölf Menschen bei einem Giftgasanschlag, Tausende wurden verletzt. Der kollektive Selbstmord von über fünfzig Mitgliedern der schweizerischen Sonnentempler-Sekte im Oktober 1994 deutet auf eine hochgradig pathologische Gruppendynamik in manchen der Sekten hin. Die Evangelische Zentralstelle für Weltanschauungsfragen hat jüngst auf die Gefährlichkeit und Radikalisierung einer Reihe von Sekten hingewiesen (Eimuth, 1996, S. 13).

Doch es gibt viele, sehr unterschiedliche, ja kaum vergleichbare Formen des modernen Fundamentalismus, die aus anderen Gründen entstehen, einen anderen Verlauf nehmen und kaum miteinander zu vereinbaren sind. Im Frankfurter Süden, nahe einer Ausfallstraße, liegt eine äußerlich unscheinbare kleine Moschee. Hier treffen sich die Mitglieder einer islamischen Gemeinde, um ihren Glauben zu praktizieren und das Gemeindeleben zu pflegen. Im April 1992 nahm ich dort an einer denkwürdigen Veranstaltung teil. Der Imam hatte öffentlich eingeladen zu einer Diskussion über die Alltagskriminalität und Möglichkeiten der Kriminalitätsverhütung. Gekommen waren etwa vierzig Besucher, die meisten davon wohl islamische Stammgäste des Hauses, aber auch einige Deutsche. In einer angenehmen und gastfreundlichen Atmosphäre zeichnete zunächst ein Polizeibeamter vom zuständigen örtlichen Revier ein aktuelles Lagebild. Er verwies auf die steigende Zahl der Wohnungseinbrüche, die Gewalt unter Jugendlichen an Schulen und öffentlichen Plätzen und auf den Vandalismus rings um das Sachsenhausener Apfelweinviertel in den Abend- und Nachtstunden. Aus polizeilicher Sicht sei vor allem die Jugendgewalt ein gesellschaftliches Problem, das von der Polizei nur sehr beschränkt unter Kontrolle zu halten sei. Vonnöten sei eine verbesserte Zusammenarbeit von Polizei, Schule, Sozialarbeit und Ausländerbeiräten, um das schwierige Geschäft der kommunalen Kriminalprävention in den Griff zu bekommen. Im Anschluß daran sprach ein katholischer Geistlicher über die Probleme des Wertezerfalls und der Wertevermittlung im großstädtischen Zusammenhang. Für ihn waren Toleranz über die religiösen Konfessionen hinweg und die Bereitschaft zum friedlichen Miteinander und zum Dialog oberste Zielwerte. Dann ergriff der Imam das Wort. Die Gewaltbereitschaft Jugendlicher, sowohl deutscher als auch nicht-deutscher, die Unsicherheit auf den nächtlichen Straßen des Stadtteils und die Wertekrise – das seien in der Tat die zentralen Krisenphänomene, die auch von der islamischen Gemeinde so gesehen würden. Der Imam skizzierte anschaulich seine Thesen, immer wieder untermalt von Erfahrungen und Beispielen. Einige Zitate aus dem Koran gaben seinen Worten eine religiöse Dimension. Über weite Strecken seines Vortrags konnte er mit der Zustimmung auch der nicht-islamischen Zuhörer rechnen. Doch das änderte sich abrupt, als er die Ursachen und die möglichen Gegenmaßnahmen beschrieb. Der ausschlaggebende Grund für die Straßenkriminalität liege darin, beschloß er seine Rede, daß die Scharia, das islamische Rechtssystem, in Deutschland keine Geltung habe; das einzige Rezept, Abhilfe zu schaffen, liege aber in der Einführung der Scharia auch in Deutschland. War es Respekt vor dem greisen Herrn oder der Schreck über die plötzliche Wende in seinen Ausführungen oder am Ende gar beides? Wie auch immer – lebhafte Zustimmung der islamischen Teilnehmer und betretenes Schweigen der deutschen standen sich unvermittelt gegenüber. Die Grenzen der Kulturen, der Integration und des Konsenses waren mit einemmal überdeutlich zutage getreten.

Was sind die Ursachen für den offenbar schwer überwindbaren Konflikt, der sich ja nicht auf Einzelfragen beschränkt, sondern grundsätzlicher Natur ist? Wogegen richtet sich die Kritik des Imam, woher rührt das gegenseitige Unverständnis? Die Forderung nach Einführung der Scharia in Deutschland ist eine fundamentalistische Grundposition, die das Rechts- und Wertesystem demokratischer Verfassungen ablehnt und – mehr oder weniger – bekämpft. Doch das Wertesystem des säkularisierten Westens ist nicht statisch, sondern dynamisch, es ist kaum mehr als zweihundert Jahre alt. Es entspringt einer bestimmten Art und Weise, den politischen und gesellschaftlichen Fortschritt zu denken und in die Praxis umzusetzen, die untrennbar mit dem Zeitalter der Aufklärung verbunden ist.

Die Idee des Fortschritts im Sinne einer Fort- und Weiterentwicklung von Wissenschaft und Technik, Geist und Kultur ist ein zentrales Motiv der im 18. Jahrhundert einsetzenden europäischen Aufklärung. Optimistische Geschichtsphilosophien von so unterschiedlichen Denkern wie Auguste Comte, der einen quasi-gesetzmäßigen Fortgang zu immer höheren Stufen der Zivilisation auf exakt-wissenschaftlicher Grundlage annahm, oder Marx, der die Utopie einer klassenlosen Gesellschaft der Gleichen und der aus der Knechtschaft und dem kapitalistischen Joch Befreiten entwarf, begleiteten die Aufbruchstimmung der Aufklärung in Europa. Mitte des 19. Jahrhunderts war der Begriff »Fortschritt« zu einem Modewort geworden, zu einer, wie es der Historiker Reinhard Koselleck formuliert hat, »Bewegungskategorie, die einen geschichtlich unumkehrbaren Aufstieg zum Besseren anzeigt« (Koselleck, 1976, S. 375).

Die Entwicklung der Industrialisierung im 19. Jahrhundert und der modernen angewandten Naturwissenschaft bezogen sich auf die Vorstellung, das menschliche Leben schreite voran zu mehr Wohlstand und zu einer Vervollkommnung der Welt. Technische Erfindungen und Pioniertaten wie die Elektrifizierung, der Eisenbahnbau und die Entwicklung von Verbrennungs- und Elektromotoren und des Automobils waren Öl im Feuer der Zukunftserwartungen. Henry Fords Modell

18

der industriellen Massenproduktion am Fließband zu Beginn des 20. Jahrhunderts war das Symbol für die Verheißungen des Wohlstands für alle im Rahmen rationalisierter Fließband-Fertigung, verbunden mit massenhafter Kaufkraft. Es folgte dem nach dem amerikanischen Ingenieur Frederick W. Taylor (1856–1915) benannten »Taylorismus«, der in Aussicht stellte, durch die Verwissenschaftlichung der Betriebsführung und des Managements Effizienz, Gewinne und allgemeinen Wohlstand zu erhöhen.

Die technisch-industrielle Aufbruchzeit des 19. Jahrhunderts wurde begleitet von politischen Entwicklungen, die Ansatzpunkte einer liberalen Bürgergesellschaft hervorbrachten und die Macht des Staates und der traditionellen Obrigkeiten in die Schranken verwiesen. In Amerika, England und Frankreich etablierten sich moderne Demokratien auf der Grundlage eines republikanischen Verfassungsdenkens, das die politische Gleichheit und die Befreiung aus »selbstverschuldeter Unmündigkeit« (Kant) im Rahmen der Gewaltenteilung als politischen Durchbruch und damit auch den Fortschritt des politischen Gemeinwesens proklamierte. Bürgerrechte nehmen seitdem einen zentralen Rang im Katalog der Grundrechte ein und ermöglichen, so die optimistische Annahme, die freie Entfaltung des einzelnen. Voraussetzung dafür war die Überzeugung einer weltweiten Ausbreitung der Menschenrechte, wie sie vor allem in der französischen Verfassungsdebatte zum Ausdruck gekommen ist.

Wissenschaft und Technik, Wirtschaft, Politik, Kultur und Recht trieben den Gedanken eines offenbar unaufhaltsamen Fortschritts der Menschheit voran. Die großen Parteien und Interessenverbände begrüßten und stützten die Idee des Fortschritts. Auch die sozialdemokratische und gewerkschaftliche Arbeiterbewegung folgte der Parole »technischer Fortschritt ist gleich sozialer Fortschritt«, sie entwickelte ein geradezu »affirmatives Verhältnis zur technischen Entwicklung« (Wulf, 1988, S. 13). Trotz heftiger Debatten und Kritik an der mit dem Taylorismus und der Rationalisierung in der Industrie verbundenen erhöhten Ausbeutung der menschlichen Arbeitskraft dominierte die Auffassung, technischer und sozialer Fortschritt gehörten zusammen, auch die Arbeiter profitierten letztlich von der Weiterentwicklung der Technik. Erst die beiden Weltkriege öffneten die Augen allmählich dafür, daß der Geist des Fortschritts auch eine zerstörerische Kehrseite hervorgebracht hatte: Er lieferte die Vernichtungswaffen an die Hand, mit denen Millionen Menschen getötet wurden. Huxleys »Schöne neue Welt« oder Orwells »1984« schildern eine Zukunft, in der Maschinen zu Herrschern und Menschen zu Beherrschten werden würden. In der »Dialektik der Aufklärung« postulieren Adorno und Horkheimer, »daß der durch die geschichtliche Ausbreitung von Wissenschaft und Technik vorangetriebene Prozeß der ›Aufklärung‹ nicht die Schiene eines der Menschheit garantierten Fortschritts markiert, sondern die verwehte Spur eines die Menschheitsgeschichte von Anbeginn an kennzeichnenden Verfalls« (Dubiel, 1988, S. 88). Die bis dahin nur in der Literatur und der kulturpessimistischen Sozialphilosophie geäußerte Ahnung, daß technischer Fortschritt und menschliche Vernunft sich auseinanderentwikkeln könnten, wurde nach der Erfahrung zweier Weltkriege zu einer oft verdrängten Gewißheit. Erst das erwachende Umweltbewußtsein seit den siebziger Jahren hat die Einsicht unabweisbar gemacht, daß der Fortschritt eine weitere Schattenseite hat: die Zerstörung der natürlichen Lebensgrundlagen.

Die Sozialdemokratie und die Gewerkschaften tun sich bis heute schwer, die Gleichung technischer gleich sozialer Fortschritt kritisch zu reflektieren. Erst in den siebziger Jahren wurden technikkritische Positionen unübersehbar. Die von Erhard Eppler geleitete Grundwerte-Kommission hat 1984 einen technikkritischen und ökologisch inspirierten Entwurf für ein neues Godesberger Programm vorgelegt, doch insgesamt hat dieser Ansatz sich weder in der SPD noch in den Gewerkschaften durchsetzen können. Die Brüchigkeit des Fortschrittsparadigmas ist in der breiten Öffentlichkeit mittlerweile dennoch deutlicher hervorgetreten, seine Widersprüchlichkeit ist heute präsenter als noch vor einigen Jahrzehnten. Soziale Errungenschaften, ungeahnte Entwicklungen in der Medizin, relativer Wohlstand für viele und die rechtsstaatlich-liberale Demokratie sind ohne die Theorien der europäischen Aufklärung und ohne ihre Umsetzung auf vielen Gebieten undenkbar. Gleichzeitig treten jedoch die enormen Gefährdungen und die destruktiven Potentiale ebendieses Weges in die Moderne immer deutlicher ins Bewußtsein: Die koloniale Unterwerfung der Dritten Welt im 19. Jahrhundert, die beiden Weltkriege, die Gefahren totalitärer Regime und die Umweltkrise lassen das Fortschrittsmodell zweifelhaft werden. Das moderne Verkehrssystem hat innerhalb von zwei, drei Generationen mit der schnellen Überwindung von Raum und Zeit alte Menschheitsträume erfüllt und parallel dazu als Hauptverursacher zur Umweltzerstörung beigetragen. Moderne Produktionsmethoden erlauben – auf Kosten eines gewaltigen Raubbaus an den natürlichen Rohstoffen – den materiellen Wohlstand für Millionen in der Ersten Welt, schaffen und zementieren aber zugleich den Hunger und das soziale Elend in der Dritten.

Dennoch – trotz dieser Widersprüche ist die Idee des immerwährenden Fortschritts zum Mythos geworden und hat sich als solcher zählebig gegen besseres Wissen behaupten können. Er hat in der Wohlstandsperiode nach dem Zweiten Weltkrieg bis in die siebziger Jahre überlebt und die politische Kultur geprägt. Bis heute hat sich der Fortschrittsmythos in den Alltagswahrnehmungen und -praktiken zählebig gehalten. Immer mehr, immer besser, immer größer, immer weiter – nicht wenige Lebensentwürfe werden von dieser Maxime beherrscht. Sie ist weiterhin Grundlage der Werbung und des Leistungssports, der technischen Entwicklung bei Gebrauchsgütern, der Informationstechnologie und der elektronischen Medien. Gleichwohl ist der Fortschrittsoptimismus heute mit vielen Fragezeichen versehen. Der britische Historiker Eric Hobsbawm, einer der großen seiner Zunft, Zeitzeuge wie auch kritischer Beobachter des 20. Jahrhunderts, sieht die Fortschrittskritik als ein Kennzeichen der geistigen Situation der westlichen Welt: »Paradoxerweise endete ausgerechnet jenes Zeitalter, dessen Behauptung, der Menschheit Nutzen gebracht zu haben, ausschießlich auf den enormen Erfolgen des wissenschaftlich und technologisch begründeten materiellen Fortschritts basierte, indem maßgebliche Vertreter der öffentlichen Meinung und vorgeblich große Denker des Westens genau diesen Fortschritt in Frage stellten« (Hobsbawm, 1995, S. 26).

Die Krise des Fortschrittsmodells ist erst in jüngster Zeit von breiten Bevölkerungskreisen und den Massenmedien aufgenommen worden. Apokalyptische Schreckensvisionen und die Lust am Untergang sind die Endpunkte einer Entwicklung, die schon mit dem Beginn des Fortschrittsdenkens eingesetzt hat. Intellektuelle und soziale Bewegungen haben sich frühzeitig einem ungehemmten, technologisch und ökonomisch entfesselten und die Umwelt gefährdenden Fortschritt entgegengestellt. Der Zusammenhang von Aufklärung, Industriesystem und Demokratisierung, der dem Fortschrittsmythos zugrunde liegt, fand seinen Widerhall in der deutschen Romantik und bei den Altkonservativen. Sie fürchteten die Zerstörung der naturgegebenen, ständischen Ordnung, die auf Zünften, Leibeigenschaft und Adelsprivilegien basierte.

Das Festhalten an Traditionen und organischen Modellen politischer und gesellschaftlicher Ordnung diente dazu, der Krisenhaftigkeit des Modernisierungsssschubs ein augenscheinlich bewährtes, überliefertes und funktionierendes Modell entgegenzustellen. Was gestern sich bewährt hatte, das sollte auch morgen noch Bestand haben. Die Würde des Gewachsenen und der Tradition wurde als Autorität gegen die aufklärerische Behauptung einer Autonomie des menschlichen Verstandes und seiner Möglichkeiten in die Waagschale geworfen. Düstere Aussichten finden sich durchgängig in der Kulturkritik in der zweiten Hälfte des 19. Jahrhunderts. Friedrich Nietzsche hielt das Industriesystem unter historischen Gesichtspunkten für die »gemeinste Daseinsform, die es bisher gegeben hat«, denn die Arbeiter würden vergewaltigt und entmenschlicht durch die Rationalität der Maschinen. Das Leben werde durch die Rationalisierung nicht verbessert, sondern, ganz im Gegenteil, an der entfremdeten Arbeit werde die ganze Gesellschaft krank werden.

Ähnliche Motive prägen die Jugendbewegung und die Lebensreformer um die Jahrhundertwende. Doch sie konzentrieren sich stärker als ihre romantischen und altkonservativen Vorläufer auf alternative praktische Ansätze. Naturheilkunde und Reformwarenhäuser, Freikörperkultur und Landkommunen waren im Umfeld einer radikalromantischen, oftmals spiritualistisch aufgeladenen Ablehnung des Industriesystems und der Verstädterung Versuche, zu naturgemäßen Lebensweisen zurückzufinden. Kommunistische, feministische, anarchistische, völkische und anthroposophische Siedlungsprojekte zwischen 1890 und 1933 stehen für das Bemühen, den Fortschrittsmythos der Industriegesellschaft zu überwinden. Das Gemeinschaftsideal der Jugendbewegung und der Bündischen war eine Antwort auf die Individualisierungsschübe einer industriekapitalistischen Ordnung, die auf die Leistung des einzelnen setzte und dem Bedürfnis nach Gemeinschaft und Solidarität in der Rangordnung der Werte nur mehr einen hinteren Platz zubilligte.

Unser knapper Rückblick auf die widersprüchliche Geschichte von Fortschrittsoptimismus und Fortschrittskritik seit dem Zeitalter der europäischen Aufklärung sollte uns darauf aufmerksam machen, daß die radikale Ablehnung der technisch-industriellen Lebensform keineswegs neu ist. Man könnte sogar berechtigte Zweifel daran haben, ob die moderne radikale Fortschrittskritik – die uns in variantenreichen Formen des Fundamentalismus gegenübertritt – inhaltlich über die ältere hinausgeht. So unterschiedliche Phänomene wie den neuen Spiritualismus, die neuen Religionen, die Esoterik und Teile des alternativen Spektrums, aber auch radikale und extremistische politische Gruppen und den islamischen Fundamentalismus im Westen verbindet gewiß eine fundamentalistische, rückwärtsgewandte Utopie, doch die Grundmotive ihrer Fortschrittskritik sind bereits im 19. Jahrhundert vorgeprägt worden. Auf der anderen Seite scheint es jedoch ebenso verfehlt, diese Bewegungen als unmittelbare Fortsetzung der Vorläufer zu begreifen. Worin besteht also die Macht des Fundamentalismus in der demokratischen Gesellschaft heute? Ist er, wie im 19. Jahrhundert, eher eine fast unvermeidliche Randerscheinung? Ist er ein nützliches Korrektiv, das auf die Verwerfungen von Modernisierungsprozessen aufmerksam macht? Oder ist er eine Bedrohung der liberalen und demokratischen Gesellschaft? Und wenn ja – worin besteht diese Bedrohung?

Wenigstens vier unterschiedliche Antworten wären denkbar. Die erste setzt auf das Gewaltpotential und malt ein düsteres Szenario künftiger terroristischer Herausforderungen. Fundamentalismus, diese radikale, westliche Werte zurückweisende, in Teilen gewaltbereite Form der Fortschrittskritik könnte sich in verschiedenen Strömungen weiter organisatorisch zuspitzen und als militantes Gegenüber den demokratischen Rechtsstaat herausfordern. Die Notwendigkeit von Gewalt als Bedingung dafür, daß sich überhaupt etwas bewegt – dieses Tabu der westdeutschen Nachkriegsgesellschaft könnte bröckeln und damit gewalttätigen Formen des Fundamentalismus Zulauf bescheren. Vor allem terroristische Versionen unter den Bedingungen einer elektronischen Medienöffentlichkeit legen eine solche Perspektive nahe.

Eine zweite, nicht weniger gefährliche Aussicht wäre die der Vermischung von fundamentalistischen und demokratischen Zielen und Ideen, also eine schleichende Unterwanderung der Gesellschaft oder von Teilen von ihr, bei der der Fundamentalismus sein offenes Gesicht verlieren und nur noch schwer erkennbar werden könnte. Eine solche Betrachtung vernachlässigt sowohl den Gewalt- als auch den Bewegungsaspekt des Fundamentalismus. Sie konzentriert sich auf Machtfragen und geht davon aus, daß politische und gesellschaftliche Eliten durchaus anfällig sind für eine Politik der Überwindung demokratischer Grundsätze. Wir werden diese Perspektive am Beispiel von Scientology näher beleuchten.

Eine dritte mögliche Antwort greift auf die Geschichte der Fortschrittskritik zurück: Aus dieser Sicht wäre der Fundamentalismus ein nützliches Korrektiv, das einen blind gewordenen Fortschrittsmythos auf die sozialen und ökologischen Verwerfungen der Modernisierung aufmerksam macht und dadurch zu einer Zivilisierung des Fortschritts beiträgt. Das bisher umfassendste, von der American Academy of Arts and

Sciences durchgeführte Fundamentalismus-Projekt kommt zu ähnlichen Ergebnissen. Die verschiedenen Fundamentalismen der Gegenwart wären demnach eher konstruktiv, indem sie einer säkularisierten Welt ein modernes – eben neu konstruiertes – Bild der Tradition gegenüberstellen, das auf einer Verschmelzung von Ur-Texten und Moderne basiert (Marty/Appleby, 1996, S. 197 ff.).

Ganz ähnlich argumentiert der Münchener Zeithistoriker Ulrich Linse im Hinblick auf die okkultistischen Strömungen seit dem Beginn der Industrialisierung. Letztlich habe ihre Funktion darin bestanden, ihre Anhänger auf die rasche Modernisierung und den sozialen Wandel einzustimmen und sie mit den Änderungen vertraut zu machen, indem sie zentrale Fragen und Themen der menschlichen Existenz bearbeiteten und Deutungen anboten: »»Geisterseher‹ und ›Wunderwirker‹ waren jedenfalls nicht nur das antimoderne Kontrastprogramm zu Rationalismus und Materialismus im Zeitalter des Industriekapitalismus, sondern sie verkörperten auch eine aktuelle Bearbeitung der fragwürdig gewordenen Auffassungen von Körper/Materie und Seele/Geist, Krankheit und Gesundheit, Tod und Leben, Individualität und Gemeinschaft, geschlechtsbedingten Rollen und künstlerischer Produktion« (Linse, 1996, S. 21). Die neureligiösen Strömungen hätten die Funktion der Anpassung an die neuen Verhältnisse, und sie erleichterten das Aushalten der mit der Modernisierung verbundenen Widersprüche. Die Auffassungen von Marty/Appleby und Linse setzen jedoch die weitere Dominanz demokratischer Politik und westlicher Werte voraus und damit auch die Begrenzung und Beherrschbarkeit des politischen Einflusses fundamentalistischer Strömungen.

Eine vierte mögliche Antwort verweist im Gegensatz dazu auf den veränderten Charakter der modernen Fortschrittskritik: Es geht heute nicht mehr nur um den Protest gegen die umweltfeindlichen Folgen des Industriesystems, sondern um eine kriegerische Züge annehmende Auseinandersetzung zwischen Zivilisationen, nämlich hauptsächlich zwischen der islamisch geprägten des Orients, der konfuzianischen des Fernen Ostens und den okzidentalen Werten des Abendlandes. Nicht mehr geistfeindliche Romantiker, sondern gebildete und mit der westlichen Kultur und Lebensweise gut vertraute Intellektuelle bilden das Rückgrat des Fundamentalismus.

Der amerikanische Politologe James P. Huntington hat 1993 in den USA eine breite wissenschaftliche Kontroverse ausgelöst mit seiner These, nicht mehr ökonomische oder ideologische, sondern kulturelle Faktoren der großen Zivilisationen (westliche, konfuzianische, slawisch-orthodoxe, japanische, islamische) würden die Kriege der Zukunft auslösen, da sich die Konfliktlinien zwischen ihnen verhärten und die Auseinandersetzungen um die richtige Lebensform militante Züge annehmen könnten (Huntington, 1996). Die wachsende Bedeutung der Religionen zusammen mit antiwestlichen Affekten und sinkender Integrationskraft der Staaten ließen eine solche Perspektive als wahrscheinlich erscheinen. Huntington sieht nach dem Ende des Kalten Krieges die Rolle der Nationalstaaten, der politischen Ideologien und der Wirtschaftsblöcke geschwächt und in der historischen Defensive gegenüber der Macht der religiös und traditionalistisch inspirierten Kulturen, die er Zivilisationen nennt.

Auch wenn Staaten schon aufgrund internationaler Vertragskonstruktionen weiterhin die Hauptakteure der Weltpolitik bleiben und nicht einfach von Zivilisationen abgelöst werden können (v. Bredow, 1995), ist das Szenario Huntingtons schon deshalb von Bedeutung, weil sich die Konflikte um unterschiedliche Lebensformen nicht nur zwischen den regional abgegrenzten Zivilisationen entwickeln, sondern aufgrund der weltweiten Wanderungsbewegungen auch und vor allem *innerhalb* der westlichen Staaten. Huntingtons These legt eine Betrachtung des Fundamentalismus aus zwei unterschiedlichen Blickwinkeln nahe. Fundamentalismus in der westlichen Welt hat nationalspezifische Hintergründe, die mit der jeweiligen Nationalgeschichte eng verknüpft sind. Er hat aber auch internationale Dimensionen, die mit der Geschichte der Migration und den modernen Entwicklungen einer globalisierten Ökonomie zu tun haben.

I.

Zum Begriff Fundamentalismus

Objektive, meßbare und beobachtbare Merkmale reichen in vielen Fällen aus, um die soziale Zugehörigkeit einer Person oder einer Gruppe zu bestimmen. Im Alltagsverhalten treffen wir unablässig Unterscheidungen, die auf eine durchaus wertende Klassifikation unserer Zeitgenossen hinauslaufen. Die Altersgruppe der Dreißigjährigen, Bartträger oder japanische Touristen kann man leicht an ihrem Verhalten oder ihrem Aussehen erkennen. Bei anderen gesellschaftlichen Klassifikationen reicht die Beobachtung allein nicht aus, man ist angewiesen auf die Selbsteinschätzung der Betroffenen. Sympathisanten einer bestimmten Partei, Freunde der Malerei des 19. Jahrhunderts und Liebhaber irischer Folklore geben sich als solche zu erkennen. Sie sprechen über ihre Vorlieben, und diese Information reicht aus, um sie als Anhänger zu qualifizieren. Die ausufernden Meinungsumfragen zielen in aller Regel auf derartige Selbsteinschätzungen ab und zeichnen daher ein Bild der Gesellschaft, das auf Selbstauskünften basiert.

Bei anderen gesellschaftlichen Gruppen ist die Möglichkeit der Beobachtung, des Messens und der direkten Befragung nur schwer oder gar nicht möglich, um sie zuzuordnen. Das gilt besonders für Außenseiter und Ausgegrenzte, die den Vorstellungen gesellschaftlicher Normalität nicht genügen. Nur ganz wenige würden sich als Rassisten, Extremisten oder Terroristen bezeichnen. Dennoch gibt es solche Gruppen, ohne daß sich ihre Anhänger so nennen. Es ist also die Gesellschaft selbst, oder es sind Teile von ihr, etwa Medien, Regierungen oder Wissenschaftler, die Kriterien entwickeln, um bestimmte Gruppen etwa als »Extremisten« zu bezeichnen. Zudem gibt es keine breit akzeptierte Übereinkunft darüber, wer aufgrund welcher Eigenschaften als Fundamentalist zu gelten hat. Bei Fragen des internationalen Fundamentalismus tritt dieses Bezeichnungs- und Definitionsproblem in verschärfter Form auf, denn in unterschiedlichen Gesellschaften wird auch sehr Verschiedenes darunter verstanden, was denn als »Fundamentalismus« zu gelten habe. Der islamische Fundamentalismus wird hierzulande häufig identifiziert mit gewaltbereiten Fanatikern. Organisationen wie Hisbollah und Hamas, mit Rückendeckung des Iran, Syriens, des Sudan oder Libyens, gelten in der westlichen Welt als Drahtzieher und Agenten des Terrors gegen Israel und als Kristallisationspunkte des Fundamentalismus im Nahen Osten. Bassam Tibi hat darauf hingewiesen, daß die terroristische Variante nur eine unter mehreren ist, noch dazu eine eher randständige Gruppe. In der arabisch-islamischen Welt bezeichnen sich nicht wenige Intellektuelle selbst als Fundamentalisten. Sie sind weder militant, noch bedeutet für sie der Begriff »Fundamentalist« eine Abwertung (Tibi, 1992, S. 100 ff.).

Wer also bestimmte Zusammenschlüsse »fundamentalistisch« nennt, der beruft sich unausgesprochen auf das Wertesystem und die Konventionen einer definitionsmächtigen Instanz, die diese Zuordnung durchgesetzt hat. Nur ganz wenige Gruppen, wie etwa Teile des amerikanischen Protestantismus und islamische Intellektuelle, bezeichnen sich selbst als »Fundamentalisten«.

Vor diesem Hintergrund erscheint es unabdingbar, möglichst genau festzulegen, was unter »Fundamentalismus« zu verstehen ist. In der politischen Debatte wird damit vor allem die radikale Ablehnung der Werteordnung westlicher Gesellschaften verstanden. Verschiedene, teilweise militante islamistische Gruppen innerhalb und außerhalb der islamischen Welt gelten als fundamentalistisch. Ihre Gewaltbereitschaft bis hin zur Selbsttötung, ihre Massenbasis und ihr Haß auf die westlichen Werte lassen sie als eine Bedrohung der demokratischen Gesellschaft erscheinen. Ralf Dahrendorf spricht vom Fundamentalismus als einer mit Händen zu greifenden großen Anfechtung der Modernität am Ende des 20. Jahrhunderts (Dahrendorf, 1992, S. 77).

Darüber hinaus hat der Begriff aber auch in anderen politischen Zusammenhängen Karriere gemacht. Im öffentlichen Sprachgebrauch diente das Kürzel »Fundis« zu Beginn der achtziger Jahre als Bezeichnung radikaler Strömungen bei den Grünen.

Werfen wir einen Blick auf die neueren sozialwissenschaftlichen Diskussionen, so wird deutlich, daß es um Weltanschauungen geht, welche die Fundamente einer Gesellschaft, einer Werteordnung oder auch nur das Regelwerk einer Gruppe rehabilitieren wollen, weil diese angeblich denaturiert seien. Sie haben einen historisch-traditionalistischen Kern: Eingeklagt wird die Wiederherstellung eines Ur-Zustandes, der im Verlauf der Entwicklung verzerrt, verraten oder manipuliert wurde. Diese Form und Zielrichtung der modernen Kulturkritik reicht historisch weit zurück. Die Zurückweisung des städtischen als eines »verderbten« Lebens, verbunden mit der Romantisierung des einfachen, ländlichen Lebens ist so alt wie die Stadt selbst. Von der Antike über das Mittelalter bis hin zur modernen Gesellschaft ist das Motiv der Glorifizierung des Alten und die Ablehnung des Neuen ein zentrales Moment aller Kulturkritik. Das konservative Denken zehrt bis heute von ihm, doch Konservatismus ist nicht gleich Fundamentalismus. Wo die Konservativen bloß bewahren und den Schaden begrenzen wollen, betritt der Fundamentalismus die Bühne der kämpferischen Auseinandersetzung mit (fast) allen Mitteln.

Darauf verweist ein sozialphilosophischer Ansatz, der die Frontstellung des Fundamentalismus gegen das Projekt der Moderne als Kampf gegen die Aufklärung und den Vernunftbegriff des Deutschen Idealismus definiert, was den selbständig denkenden und handelnden Menschen voraussetzt, der seine Orientierungen aus sich selbst heraus hervorbringen kann, ohne fremdgeleiteten Ideologien anzuhängen. Demnach geht es nicht nur um Religion, Staats- und Gesellschaftsformen, sondern vielmehr um die aus der Französischen Revolution und der europäischen Aufklärung herrührenden Grundlagen der europäischen modernen Zivilisation. So gesehen sind es gerade die Errungenschaften der Moderne, die bürgerlichen Freiheitsrechte, der Emanzipationsgedanke und der Individualismus, die durch die ungehemmte Entfesselung von Wissenschaft und Technik ihre eigenen Traditionsbestände zerstören und ein Vakuum hinterlassen: Dort, wo die Orientierungsbedürfnisse des Menschen auf gültige und verbürgte Traditionen nicht mehr zurückgreifen können, entsteht der Wunsch nach Geborgenheit und Verläßlichkeit, nach Maßstäben und Verhaltensnormen.

Es scheint, als sollte Habermas' Prognose aus dem Jahr 1968 sich bewahrheiten:»In dem Maße, in dem Technik und Wissenschaft die institutionellen Bereiche der Gesellschaft durchdringen und dadurch die Institutionen selbst verwandeln, werden die alten Legitimationen abgebaut. Säkularisierung und ›Entzauberung‹ der handlungsorientierenden Weltbilder, der kulturellen Überlieferung insgesamt, ist die Kehrseite einer wachsenden ›Rationalität‹ des gesellschaftlichen Handelns« (Habermas, 1973, S. 48).

In diese Lücke stößt der Fundamentalismus. Er ist daher als Gegenbewegung zur europäischen Aufklärung, zum »Projekt der Moderne« und zur Rationalität der Institutionen zu begreifen. Im Fundamentalismus zeige sich, so Thomas Meyer, »die eigentliche Dialektik der Moderne selbst. Er ist die im Modernisierungsprozeß erzeugte und in seinen Krisenperioden stets neu belebte Versuchung der Regression in die Geborgenheit und Unmündigkeit. Diese Versuchung kann massenhaft verführen, wenn die Verheißungen der Modernisierung zu ihren Zumutungen und Kosten für viele in unerträglichen Widerspruch geraten« (Meyer, 1989a, S. 18).

Während Meyer noch davon ausgeht, es handele sich um ein von den Krisen der Moderne abhängiges periodisches Aufflammen des irrationalen Widerstandes, betont Bassam Tibi in Übereinstimmung mit Huntington (1996), das Projekt der europäischen Moderne sei mittlerweise in eine schwerwiegende kulturkämpferische Auseinandersetzung mit dem Fundamentalismus verwickelt. Er spricht von einer

»Revolte der nicht-westlichen Zivilisationen gegen den Westen«, von einem Zivilisationskrieg der Weltanschauungen und einer schrittweisen »Entwestlichung« der Welt (Tibi, 1995, S. 301 ff.). Hinter den lokalkulturell-ethnischen Kriegen der Gegenwart, etwa im ehemaligen Jugoslawien, verbergen sich in Wahrheit Kriege um Weltanschauungen und Religionen. Folgt man Tibis Modell, dann sind die aufklärerischen Wurzeln der europäischen Demokratien und Gesellschaften längst erheblich gefährdet. Er empfiehlt daher eine stärkere, offensive Besinnung auf ebendiese Grundlagen.

Zu den einflußreichen Wegmarken der neueren Debatte über den Fundamentalismus gehört die von dem französischen Soziologen Gilles Kepel 1991 vorgelegte Arbeit über »Die Rache Gottes« (Kepel, 1994). Er betrachtet den Fundamentalismus als eine historisch bedingte Gegenbewegung. Nach dem Zweiten Weltkrieg habe sich das Verhältnis von Religion und Politik entzerrt, Religion sei mehr und mehr zur Privatangelegenheit geworden. In den sechziger Jahren schließlich habe die Trennung von Religion und Politik, der Laizismus, eine unwiderstehliche Anziehungskraft ausgeübt. Im Namen von Technik und Fortschritt und nicht zuletzt im Namen der Demokratie sei Religion immer mehr zu einer Nebensache geworden. Während der siebziger Jahre habe sich auf breiter Front die Gegenbewegung entwickelt, die immer stärker geworden sei. Sie kritisiere eine Welt ohne Gott, den Materialismus und das Fehlen einer übergreifenden Perspektive. Am Beispiel von Judentum, Christentum und Islam läßt sich dies Kepel zufolge besonders gut zeigen, denn für alle drei erfolgten im Verlauf der siebziger Jahre einschneidende Zäsuren. Im Mai 1977 wurde erstmals in der neueren Geschichte des Staates Israel die laizistische Arbeiterpartei von der Macht verdrängt. Die Bedeutung der religiösen Parteien und Bewegungen nimmt seitdem zu, und damit werden Auffassungen laut, die im Judentum mehr sehen als ein privates Bekenntnis. 1978 wurde der polnische Kardinal Karol Wojtyla zum Papst gewählt. Mit ihm erhielten die konservativen Strömungen in der katholischen Kirche Auftrieb; zahlreiche fundamentalistische Gruppierungen entwickelten sich unter dem Schutz der Kirchenführung. Etwa zur gleichen Zeit erfolgt auch in der islamischen Welt ein gewaltiger Umbruch. Mit der Rückkehr Ayatollah Chomeinis aus dem Pariser Exil nach Teheran beginnt die Ära des weit über den Iran hinausreichenden modernen islamischen Fundamentalismus. Kepel sieht darin keinen Zufall: Der Aufschwung des religiösen Fundamentalismus in den siebziger Jahren deutet hin auf eine Krise der westlichen Zivilisation, auf soziale Verwerfungen und auf eine Krise des westlichen Fortschrittsparadigmas.

Wollte man versuchen, die drei hier skizzierten Ansätze zusammenzufügen, so wäre folgendes Szenario denkbar. Fundamentalismus ist eine politische und religiöse Gegenbewegung zu den philosophischen Fundamenten der liberalen, aufgeklärten westlichen Gesellschaften. Sie wendet sich ausdrücklich gegen die Grundlagen dieser Gesellschaften, weil sie in den Augen des Fundamentalismus zu einem historischen Irrweg geführt haben, zu Armut, Unterentwicklung, zum Verschwinden von religiösen Werten und zu hemmungslosem Materialismus. In den siebziger Jahren formiert sich diese Gegenbewegung auf breiter Front. Sie ist im Christentum, im Judentum und im Islam feststellbar, weist aber weit darüber hinaus. Am Ende könnten es ganze Zivilisationen sein, die nicht nur die Grundlagen der westlichen Gesellschaften attackieren, sondern kriegerischen Auseinandersetzungen Vorschub leisten. Ein solches Szenario ist spekulativ, aber keineswegs illusorisch. Es wird viel davon abhängen, welche historischen Triebkräfte, welcher Grad der Verbreitung und Akzeptanz in der Gesellschaft und nicht zuletzt welche Vielfältigkeit der Ausprägungen die Oberhand gewinnen könnten.

Der Begriff des »Fundamentalismus« im engen Sinne hat religionsgeschichtliche Wurzeln. Die sozialwissenschaftliche Debatte bezeichnet übereinstimmend den protestantischen Fundamentalismus in den USA um die Jahrhundertwende als Entstehungzeitraum des Begriffs »Fundamentalismus« (Birnbaum, 1989; Pfürtner, 1991). In den siebziger Jahren des 19. Jahrhunderts entwickelte sich im Rahmen der protestantischen Kirche der USA eine Bewegung, die den zeitgenössischen liberalen Bibelglauben strikt ablehnte, weil er angeblich nicht mehr den Urtexten entspreche. In der Schriftenreihe »The Fundamentals: The Testimony to the Truth«, die von 1910 bis 1912 in zwölf Bänden erschien und eine Millionenauflage erreichte, wurde die Forderung nachdrücklich erhoben, zu den Wurzeln der Bibelexegese zurückzukehren (Pfürtner, 1991, S. 47). Es ging darum, die wesentlichen Prinzipien des christlichen Glaubens zu verteidigen, vor allem die Unfehlbarkeit der Bibel und die christlichen Dogmen von der Jungfrauengeburt und der Auferstehung Christi. Moderne naturwissenschaftliche Evolutionstheorien hatten die biblische Deutung der Menschheitsgeschichte in Frage und ihr ein anderes, durchaus attraktives Modell gegenübergestellt. Charles Darwin und seine Anhänger verwiesen auf die Evolution der Arten, aus der auch die Spezies Mensch hervorgegangen ist, und legten durch ihren naturwissenschaftlichen Anspruch zugleich auch eine gewichtige Argumentationskette vor gegen die biblische Interpretationsvariante des göttlichen Schöpfungsaktes: Daß nicht mehr Adam und Eva, sondern die beständige Höherentwicklung der Fauna als Ursprung des Lebens galten, bedeutete einen Generalangriff auf die biblische Genesis.

Aber die protestantischen Fundamentalisten begnügten sich nicht mit einer dogmatischen Bibelexegese und dem Kampf gegen die Evolutionstheorie. Sie fühlten sich als Teil der konservativen weißen Mittelschicht, welche die amerikanische Kultur insgesamt bedroht sah vom Tempo der industriellen Entwicklung, von den sozialen Verwerfungen der Einwanderungswellen und von in ihren Augen dekadenten Alltagsgewohnheiten. Die rasche Entstehung der Großstädte und lasterhafter Lebensformen außerhalb der sozialen Kontrolle in den Kleinstädten bestätigte die Fundamentalisten in ihrem Glauben an eine sündige Welt, der es mit unerschütterlicher Bibelfestigkeit entgegenzutreten gelte. So gingen auch zahlreiche Kampagnen gegen die Herstellung und den Verkauf von Alkohol auf das Konto der Fundamentalisten, die sich überwiegend aus Handwerkern, kleinen Geschäftsleuten und Unternehmern sowie aus Farmern rekrutierten. Nach dem Zweiten Weltkrieg suchten sie ihren gesellschaftlichen Einfluß durch die Gründung eigener Fernsehanstalten und die Ausweitung ihres Zeitungs- und Zeitschriftennetzes zu verstärken. Heute sind sie Teil der konservativen Fraktion des amerikanischen Protestantismus. Dogmen wie die Jungfrauengeburt, die leibliche Himmelfahrt und die bevorstehende Wiederkunft Christi haben sich mit konservativen politischen Positionen verbunden, wie etwa der Forderung nach einer militärischen Überlegenheit der USA in der Weltpolitik. Auseinandersetzungen um die Verfassungsmäßigkeit des Schulgebets und der Evolutionstheorie im Unterricht sowie in der Abtreibungsfrage gehören zu den Kampagnen, die in jüngster Zeit vor allem von den protestantischen Fundamentalisten inszeniert wurden.

Drei einflußreiche Strömungen beherrschen den protestantischen Fundamentalismus in den USA der neunziger Jahre: Die eher unpolitischen Separatisten um Bob Jones III sehen in der Wiederkehr des Herrn die einzige Hoffnung für die Menschheit. Politisches und soziales Engagement lehnen sie ab, weil die Lasterhaftigkeit der Welt ferngehalten werden muß in der Erwartung des Herrn. Die Gruppe um Jerry Fallwell, dem zeitweiligen Führer der »Moral Majority«, entstand in den sechziger Jahren nach der Abschaffung des Schulgebets in öffentlichen Schulen und fand weitere Resonanz nach der Legalisierung der Abtreibung im Jahr 1973. Beides führte zur Politisierung der Gruppe um Fallwell, die einflußreiche Positionen in der Republikanischen Partei besetzt. »Fallwell«, notieren Marty und Appleby (1996, S. 53), »begann als strikter Separatist, wurde aber zum Aktivisten, als er zu dem Entschluß gelangte, daß es nicht mehr länger möglich sei, in einer säkularisierten Kultur, die von Jahr zu Jahr zudringlicher und dominanter wurde, nach Reinheit zu streben. ... Fallwell und die Anhänger der Moral Majority nahmen sich vor, aktiv zu intervenieren, um diese Übergriffe abzuwehren, wollten das jedoch innerhalb des gesetzlichen Rahmens und vermöge der Manipulation des politischen Systems zu ihren Gunsten tun.« Randall Terry und seine

»Operation rescue« schließlich bilden den militanten Teil des christlichen Fundamentalismus in den USA. Sie versuchen, durch Provokationen und spektakuläre öffentliche Aktionen – etwa vor Abtreibungskliniken – das öffentliche Bewußtsein zu mobilisieren, und sie vertrauen darauf, auf diese Weise eine Abkehr vom sündigen Leben und eine Hinwendung zu Gott und der Bibel erwirken zu können.

Während der Präsidentschaft von Ronald Reagan versuchten die protestantischen Fundamentalisten, politische Koalitionen einzugehen. Sie unterstützten Kampagnen der Konservativen, um politischen Einfluß zu gewinnen und eine neue, christliche Rechte in den USA zu formieren. Die Politisierung des Fundamentalismus und sein Angriff auf die amerikanische Kultur belegen, daß eine Trennung zwischen Fundamentalismus und Politik oft kaum möglich ist. Die Beteiligung an Aktionen der herrschenden politischen und gesellschaftlichen Kräfte läßt sogar Bündnisse absehbar werden, an denen herkömmliche Interessengruppen beteiligt sind, so daß eine Strategie der Unterwanderung mehr oder minder deutlich erkennbar wird.

Der religiös inspirierte Fundamentalismus hat in Amerika freilich auch Bewegungen außerhalb des Christentums hervorgebracht. Am 16. Oktober 1995 versammelten sich in Washington rund eine halbe Million Afro-Amerikaner zum »Million man march« auf das Weiße Haus. Es war die größte Demonstration Schwarzer, die in den USA je stattgefunden hat. Dreißig Jahre nach Martin Luther King war es Louis Farrakhan, dem Führer einer Gruppierung Schwarzer Moslems, der »Nation of Islam«, gelungen, den politischen Islam als Hoffnung für die Schwarzen der USA massenwirksam in Szene zu setzen. Schwarze Prominente wie die Sänger Stevie Wonder und Isaac Hayes verliehen der Demonstration Seriosität und Öffnung zur Mitte der Gesellschaft. Die friedlich verlaufende Kundgebung wandte sich gegen die Vorherrschaft der Weißen in Politik und Gesellschaft.

Das »Nation of Islam«-Dogma Farrakhans ist »eine Mischung aus christlichen und moslemischen Mythen mit schwarzer Überlegenheitsideologie« (Hielscher, 1996, S. 21).

Farrakhans pragmatische Forderungen zielen auf die breite Mobilisierung der diskriminierten Schwarzen gegen den Rassismus der weißen Gesellschaft. Seine moderate und bündnisorientierte Haltung auf dem lange vorbereiteten »Million man march« darf jedoch nicht darüber hinwegtäuschen, daß er und die »Nation of Islam« eine radikal islamistische und antisemitische Geschichte aufweisen, die nun in moderater Form mehr Rückhalt unter den schwarzen Amerikanern findet (Hielscher, 1996).

Ganz andere und doch durchaus vergleichbare historische Entstehungshintergründe hat der arabisch-islamische Fundamentalismus im Nahen Osten. Er ist eine Folge des für die arabische Sache verlorenen Sechs-Tage-Krieges gegen Israel im Jahr 1967. Das säkularisierte sozialistisch-populistische Modell des ägyptischen Präsidenten Nasser war mit dieser Niederlage gescheitert, eine Staatenbildung, eine politische und eine Gesellschaftsordnung auf nicht-religiöser Grundlage nicht möglich ohne die notwendigen strukturellen Rahmenbedingungen und ein Mindestmaß an säkularen Grundüberzeugungen. Arabische Intellektuelle nutzten den von Nasser auch selbst eingestandenen Fehlschlag, um einen islamischen Fundamentalismus neu zu entwerfen: Tragende Elemente waren fortan die Abkehr von westlich-säkularen Gesellschaftsmodellen und eine Rückbesinnung auf die Tradition der Religion. Der Koran und die Sunna sollten zu ausschließlichen Maßstäben des Handelns werden.

Der Ausgang des Sechs-Tage-Krieges revitalisierte also fundamentalistische Strömungen, die sich aus verschiedenen Gründen bereits lange zuvor entwickelt hatten. Frühe Verweltlichungsversuche im 18. Jahrhundert, der Kolonialismus der europäischen Großmächte im 19. Jahrhundert und die Liberalisierungs- und Säkularisierungspolitik etwa in der Türkei in den zwanziger Jahren sowie im Iran unter dem Schah führten zu islamistischen Gegenbewegungen, die auf der Einheit von Religion, Kultur und Politik unter dem Wertesystem des Koran beharrten und damit die Tradition gegen die Moderne ausspielten. Der islamische Fundamentalismus erscheint vor diesen historischen Hintergründen als eine rückwärtsgewandte, von Intellektuellen begründete Utopie, die auf der Ablehnung der Verwestlichung der Gesellschaft beruht und das »goldene Zeitalter« des vom Propheten Mohammed errichteten Stadtstaates von Medina beschwört (Tibi, 1992).

Die Geschichte der amerikanischen Protestanten und der arabischen Islamisten macht einige Grundzüge des modernen Fundamentalismus sichtbar: Es geht, wenn auch in ganz unterschiedlichen historischen Zusammenhängen, um die Bewahrung von althergebrachten Traditionen, die in der modernen Welt angeblich bedroht sind. Der Impuls dazu kommt aus einer verächtlichen Skepsis gegenüber den modernen Zeitläuften, aus Fortschrittskritik und -feindlichkeit und aus dem Glauben an eine ewiggültige Welt- und Werteordnung, die von der Moderne angegriffen wird. Der Fundamentalismus besteht auf einem wie auch immer religiös verzierten Naturgesetz, auf grundsätzlichen Prinzipien, welche die Ordnung der Dinge regeln und dem einzelnen eine Zielvorgabe für ein richtiges und glückliches Leben versprechen. Er beharrt auf dem verlorengegangenen »Golden Age« und organisiert sich als Kreuzzug aus einer Mentalität des Unerschütterlichen, der Festigkeit und der Heilsgewißheit.

Es ist diese Unerbittlichkeit und Kompromißlosigkeit, die ihn vom konservativen Denken unterscheidet. Auch dieses beharrt im Kampf des Neuen gegen das Alte auf den zu bewahrenden Beständen des Alten, aber nicht um jeden Preis. Hans G. Kippenberg betont in diesem Zusammenhang die unruhige, drängelnde, aber auch innovative Kraft der Fundamentalismen, die sie von den Konservativen und der religiösen Orthodoxie unterscheidet: »Es handelt sich um Gruppen, die auf eine Herausforderung des überlieferten Glaubens reagieren, traditionelle Auffassungen selektiv verteidigen, exklusive Bewegungen bilden, in Opposition zu sozialen oder politischen Mächten stehen, den Relativismus sowie Pluralismus bekämpfen, Autorität verteidigen und den Evolutionsgedanken bekämpfen. Kurzum: um Gruppen, die gegen die Moderne zurückschlagen – *fighting back* ist ihre Gemeinsamkeit« (Kippenberg, 1996, S. 232).

Die Beispiele der amerikanischen Protestanten und der arabischen Islamisten verweisen aber auch darauf, daß keineswegs nur kleine Minderheiten, Außenseiter und Sektierer zu den Trägern des Fundamentalismus gehören. Allein in den USA wird die Anhängerschaft des protestantischen Fundamentalismus auf zwölf bis fünfzehn Millionen geschätzt (Marty/Appleby, 1996, S. 53). Auch Teile der bürgerlichen Mitte und der Intelligenz können fundamentalistische Positionen beziehen. Nicht selten handelt es sich dabei um Fragen der Religion und der Religionsausübung.

Sogar in säkularen Gesellschaften wie der Bundesrepublik können sich heftige Konflikte, kreuzzugartig ausgetragen, an Fragen der Religion entzünden. Als durch ein Urteil des Bundesverfassungsgerichts, das die Trennung von Staat und Kirche bekräftigte, im Jahr 1995 Kruzifixe aus bayerischen Klassenzimmern entfernt werden sollten, formierte sich ein konservativ-klerikaler Widerstand weit über die Reihen der katholischen Kirche und der CSU hinaus, der bis hin zur Radikalkritik am Bundesverfassungsgericht eindeutig fundamentalistische Züge im oben beschriebenen Sinn annahm. Der bayerische Ministerpräsident Stoiber stellte sich an die Spitze der Kritiker und rief öffentlich zum Widerstand gegen das Kruzifix-Urteil auf.

Stoiber und seine Gesinnungsfreunde – Fundamentalisten? Eine solche Einschätzung ist, genau besehen, irreführend, denn die Kritik bezieht sich auf eine einzige politische Streitfrage, das Kruzifix in den Schulen, keineswegs aber auf die Gesellschaft als solche. Deshalb erlaubt uns dieses kleine Beispiel eine weitere Abgrenzung: Von Fundamentalismus ist nur dann zu reden, wenn es um die Gesellschaft als solche geht, um die Grundlagen ihrer Verfassung, Organisation, ihre Werte, ihre Ziele, nicht aber dann, wenn es sich um eine singuläre politische Streitfrage handelt.

Auch bestimmte politische oder kulturelle Stile, die ihre Träger zu Außenseitern der Gesellschaft machen, eignen sich denkbar schlecht für die Debatte über den Fundamentalismus. Dies gilt vornehmlich für die jugendlichen Subkulturen. Skinheads oder Punks und die mit ihnen verbundenen Musikstile demonstrieren zwar die radikale Ablehnung der bestehenden Gesellschaft, doch dieser Protest erscheint als ein ästhetisch vermittelter. Er ist eine bestimmte Form des Ausdrucks der Adoleszenzkrise, seine Funktion besteht darin, einen bestimmten Weg des Erwachsen-Werdens – oder auch -Verzögerns – zu ebnen. Gerade weil der Jugendprotest zeitlich begrenzt ist auf eine bestimmte Lebensphase mit einer entsprechend hohen Fluktuation, taugt er wenig als Faktor fundamentalistischer Veränderung der Gesellschaft. Die Punks von heute sind die Angestellten von morgen, die Skinheads von heute sind die künftigen Facharbeiter. Deshalb geht eine Diskussion ins Leere, die gewalttätige jugendliche Fußballfans als Teil des modernen Fundamentalismus bezeichnet.

Der Marburger Sozialethiker Stephan H. Pfürtner sieht bei den Hooligans die Merkmale des Fundamentalismus gegeben auf der Basis der von ihm vorgeschlagenen Definition: »Fundamentalismus ist Flucht ins Radikale, oft verbunden mit Gewalt, unter Verweigerung von hinreichender Realitätswahrnehmung, von Rationalität und Freiheitsentfaltung für Individuum und Gesellschaft« (Pfürtner, 1991, S. 105). Die Schwäche dieser Definition besteht vor allem darin, daß hier Außenseitergruppen einbezogen werden, die häufig nur in singulären Fragen entsprechende Positionen vertreten, wie auch Gruppen, deren Protest auf bestimmte, zumeist jugendliche Lebensphasen beschränkt bleibt. Pfürtners begriffliche Eingrenzung läßt es fraglich erscheinen, ob man überhaupt mit einer sehr allgemeinen, weitgefaßten Bestimmung vorankommt oder ob es nicht sinnvoller ist, von vornherein stärker zu differenzieren.

Unserer Frage, was man unter Fundamentalismus verstehen kann, kommen wir näher, wenn man zwei Unterscheidungen berücksichtigt, die in die neuere Debatte Eingang gefunden haben und den Begriff des Fundamentalismus eingrenzen. Thomas Meyer spricht im Hinblick auf die Situation in Deutschland von einem *lebensweltlichen*, einem *kulturellen* und einem *politischen Fundamentalismus*. Zum lebensweltlichen zählt er religiöse Kulte und Sekten, esoterische Zirkel, aber auch islamistische Gruppen wie »Milli Görüş«, denen es darum geht, eine eigenständige Lebenswelt innerhalb einer als fremd betrachteten Kultur zu etablieren. Hierzu gehören diejenigen Bewegungen, »die sich vom Pluralismus, der Offenheit und der individuellen Selbstverantwortung der modernen Lebenswelt abwenden und auf einer vermeintlich absoluten Erkenntnisgewißheit geschlossene Lebensformen errichten, die nur durch die Preisgabe der individuellen Autonomie und Selbstverantwortung möglich werden« (Meyer, 1989, S. 263). So sehr das Argument von der Selbstabschottung und der Begründung eigenständiger Netzwerke des lebensweltlichen Fundamentalismus überzeugt, so wenig werden die Grenzen deutlich zu Gruppierungen, die ebenfalls selbstgenügsam-weltabgeschiedene Praktiken durchsetzen, ohne daß man sie dem Fundamentalismus zurechnen würde. Was unterscheidet das christliche Mönchtum oder die Hutterer vom lebensweltlichen Fundamentalismus?

Die kulturelle Variante zehrt von einem spiritualistischen Erkenntnisanspruch, der sich von den Standards der modernen Wissenschaften verabschiedet und einen absoluten, eigenständigen Denkansatz in den Mittelpunkt stellt. Intuition, Meditation und Glaube treten an die Stelle vernünftigen Argumentierens. Meyer führt die Bücher des New-Age-Propheten Fritjof Capra und des radikalen Grünen Rudolf Bahro als Beispiele für kulturellen Fundamentalismus an. Den grünen Fundamentalismus von Trampert oder Ebermann hingegen zählt er zu den politischen Ausdrucksformen des Fundamentalismus. In dieser Rubrik lassen sich freilich ohne Mühe auch sämtliche Ausdrucksformen des politischen Extremismus unterbringen. Ihm geht es in der Tat darum, ohne Kompromisse die Rettung der Welt und die Überwindung der bestehenden Ordnung durch eine bestimmte Ideologie zu verkünden. Insofern ist der politische Fundamentalismus immer auch eine aktive, oppositionelle, den Primat der Praxis und des politischen Handelns hier und jetzt ins Zentrum rückende Variante. Der Terrorismus als gewaltbereite Strategie des politischen Extremismus ist vor diesem Hintergrund eine letzte Konsequenz des politischen Extremismus.

Den lebensweltlichen, kulturellen und politischen Varianten könnte eine weitere angefügt werden, die gerade in den zurückliegenden Jahren und Jahrzehnten an Bedeutung gewonnen hat. Der ethnische Fundamentalismus tritt uns in zwei Formen gegenüber: Als raumbezogener reklamiert er eigenständige Lebensräume und Territorien, als migrationsbedingter pocht er auf die »autonome Kultur« eines Volkes. Kämpferische Auseinandersetzungen um »heilige Orte« wie den Ost-Jerusalemer Tempelberg, die Klagemauer oder das Grab Abrahams in Jericho, um heilige Stätten von Hindus und Moslems, um die Entweihung Mekkas und Medinas durch US-amerikanische Truppen während des Golfkrieges und anderes mehr erweisen sich als »Schlachten um die Definition nationaler, regionaler und kommunaler Identität« (Marty/Appleby, 1996, S. 204), bei denen jahrhundertealte ethnische und/oder religiöse Konflikte fortgeführt werden.

Doch auch in Europa lodert das Feuer ethnisch-territorialer Kämpfe im ausgehenden 20. Jahrhundert. Serben, Kroaten und Muslime gingen, jede ethnische Gruppe für sich, von historisch zu rechtfertigenden Gebietsansprüchen aus, die dann zur Legitimation militärischer Aggression dienten, vor allem im ehemaligen Jugoslawien. Aber auch Basken, Iren, Korsen und andere westeuropäische regionalistische Bewegungen sehen ihre kulturelle Identität bedroht und begehren auf gegen die jeweilige staatliche Zentralmacht. Nach dem Zerfall der Sowjetunion haben nationalistische Strömungen zur Loslösung vom Zentralstaat und zu neuen Staatenbildungen geführt. Dabei wurden, wie etwa im Fall der baltischen Staaten, lange zurückreichende Autonomiebestrebungen oder historische Tatbestände als Begründungen angeführt. Eine Vielzahl latenter und einige, wie in Berg-Karabach, Moldawien und Tschetschenien, offen ausgetragene kriegerische Auseinandersetzungen verweisen auf das Konfliktpotential eines Vielvölkerstaates, der noch weit von einer demokratischen Bürgergesellschaft entfernt ist. Das Gewaltpotential des raumbezogenen ethnischen Fundamentalismus stellt für Rußland eines der größten Probleme für die Zukunft dar (vgl. dazu auch Lebed, 1997).

Diese Variante des Fundamentalismus deutet hin auf eine widersprüchliche Entwicklung in den Industriegesellschaften: Auf der einen Seite weiten sich die elektronische Kommunikation, der Austausch von Waren und Dienstleistungen aus; politische und wirtschaftliche Ordnungen haben längst ihre nationalen Begrenzungen verloren und gehen auf in kontinentalen politischen Ordnungen wie der Europäischen Union. »Globalisierung« heißt das Stichwort für die Internationalisierung der Ökonomie. Doch auf der anderen Seite bilden sich offenbar nicht zu unterschätzende regionalistische und ethnische Gegenströmungen. Sie werden um so lauter, je mehr der Prozeß der Globalisierung voranschreitet, und ihre Strategien scheinen mehr und mehr fundamentalistische Züge anzunehmen.

Die zweite Form des ethnischen Fundamentalismus ist migrationsbedingt. Die Zuwanderung in die Länder der EU seit etwa 1960 hat zu einer massiven ethnischen Unterschichtung der europäischen Arbeitsgesellschaften geführt. Die Migranten nahmen rasch die unteren Positionen in der sozialen Hierarchie ein: Sie verrichteten schmutzige, gefährliche und gesundheitsschädliche Arbeiten. Während die erste Generation der Gastarbeiter sich noch relativ glatt in ihr Schicksal fügte, weil sie die neuen Lebensverhältnisse den alten im Rahmen der relativen Wohlstandsgesellschaft vorzog, fehlt dieser Vergleich bei den nachfolgenden, hier aufgewachsenen Generationen. Ihr Maßstab sind die Wohn-, Ausbildungs- und Arbeitsverhältnisse der einheimischen Altersgenossen. Der Rückzug von Teilen der zweiten und dritten Ausländergeneration auf die Kultur ihrer Herkunft, vor allem den Islam, ist eine Reaktion auf massive Diskriminierungserfahrungen innerhalb und außerhalb der Schule, im Arbeits- und Wohnungsmarkt. Seinen Nährboden findet er in den »ethnischen Kolonien« (Heckmann, 1994) der Aufnahmeländer: Sie haben in Einwanderungsgesellschaften die doppelte Funktion, erste Schritte der sozialen Integration zu gewährleisten und gleichzeitig die sozialen und kulturellen Beziehungen zur Herkunft aufrechtzuerhalten. Je mehr das Aufnahmeland sich öffnet, desto schwächer werden die ethnischen Kolonien und umgekehrt: Wenn es sich gegenüber den Migranten verschließt, dann wächst die Bedeutung der Ausländer-Organisationen und damit zugleich auch das soziale Netzwerk fundamentalistischer Orientierungen. Insofern ist der migrationsbedingte Fundamentalismus, zumal in den islamistischen Strömungen, hausgemacht, er ist eine Reaktionsform auf die abweisende fremde Kultur.

Wir haben bis hierher im wesentlichen Erscheinungsformen des Fundamentalismus vorgestellt und miteinander verglichen. Eine zu seinem Verständnis bedeutsame Frage ist die nach seinem Zweck für die Betroffenen selber, also: Wozu eigentlich dient und wofür steht der Fundamentalismus? Im Falle der Migranten in den EU-Staaten handelt es sich offensichtlich um eine Überlebensstrategie in einer als abweisend empfundenen sozialen Umwelt, um ein Mittel, das tägliche Leben besser zu ertragen, indem man sich seiner Wurzeln versichert und mit anderen, gleichfalls Betroffenen, diese Erfahrungen teilt. Der Kampf um Freiräume, um kulturelle, sprachliche, religiöse Autonomie verhilft zum Überleben in der Fremde, er schafft und intensiviert soziale Beziehungen, und er definiert das Verhältnis zu den Fremden.

Doch es sind auch andere Zwecke denkbar. Martin Riesebrodt spricht von den Strategien des *Fundamentalismus als Weltflucht* und des *Fundamentalismus als Weltbeherrschung* (Riesebrodt, 1990).

Weltflucht im fundamentalistischen Zusammenhang bedeutet nicht individuelles Aussteigen, im Gegenteil. Das Gruppenerlebnis ist ein zentrales Merkmal dieser Variante. Es dient dazu, die Entfremdung des einzelnen von der Welt durch das gruppendynamische Miteinander zu reflektieren und aufzuheben. Weltabgeschiedenes kommunitäres Leben dient der individuellen und gruppendynamischen Autonomie, es wehrt die Einflüsse der als dekadent empfundenen Außenwelt ab und verhilft zur Reinheit des Bewußtseins. Den die moderne Welt kennzeichnenden und sich verschärfenden Gegensatz von Gesellschaft und Gemeinschaft (Ferdinand Tönnies) im Gruppenerlebnis aufzuheben – dies scheint eine mächtige Triebfeder.

Das christliche Mönchstum war in Europa die Keimzelle fundamentalistischer Weltflucht. Es will ein Beispiel geben, ein Exempel statuieren durch den Aufbau einer Gemeinschaft, deren Beziehung zu Gott durch weltliche Einflüsse nicht behindert wird. Während in West- und Mitteleuropa Klöster heutzutage eine geringe und kaum mehr missionarische Rolle spielen, erstarkt das Mönchstum im orthodoxen Christentum Rußlands. Es zieht junge Menschen an und erklärt sie zum Hort ethisch-moralischer Erneuerung. Sehr viel mehr weltlich orientiert sind die frühen Kommunen des alternativen Lebens. Sie sind erste Anzeichen eines bewußten Aussteigens aus und einer offensiven Abkehr von den bürgerlichen Lebensformen der Industriegesellschaft. Die säkulare Kommunebewegung sucht nicht mehr die Abkehr von der Welt, um die Einkehr und die Ergebenheit an Gott voranzubringen, sondern sie stellt die Selbsterfahrung, das Experimentieren mit neuen Lebensformen im Kleinen, Alltäglichen angesichts einer zerrissenen Welt in den Mittelpunkt.

Der Monte Verità nahe Ascona, legendenumwobene Gemeinschaftssiedlung von Asketen, Vegetariern, Stadtflüchtlingen, Lebensreformern, Bohémiens und Anarchisten, nicht zufällig ursprünglich als Laienkloster geplant, versammelte zu Beginn des 20. Jahrhunderts jene Welt-Flüchtlinge, die sich anschickten, die bürgerliche Gesellschaft des Wilhelminismus zu überwinden. Die Tessiner Aussteiger waren nur der Auftakt zu einer in periodischen Abständen wiederkehrenden Welle von Versuchen des alternativen Lebens, darunter häufig religiös oder lebensreformerisch motivierte. Der Fundamentalismus der Weltabgeschiedenheit ist auf der Suche nach Inseln der Glückseligkeit, nach Refugien des ursprünglichen, reinen Lebens gegen eine als lebensfeindlich betrachtete Gesellschaft.

In der in den siebziger Jahren entstehenden Alternativszene in der Bundesrepublik finden sich vielfältige Aktionsformen, welche die Tradition der alten Versuche um die Jahrhundertwende fortsetzen. Alternativbetriebe und Wohngemeinschaften als alternative Formen des Arbeitens und des Wohnens knüpfen wohl noch am ehesten an diese Traditionen an.

Doch die Geschichte der neuen sozialen Bewegungen, ihr Einmünden in das politische und soziale Umfeld der Grünen zeigt die Politisierung dieser Szene, die eben nicht mehr nur weltabgeschieden agiert, sondern sich in hohem Maße den praktischen Anforderungen der Gegenwart zuwendet.

Mit dem Fundamentalismus der Weltabgeschiedenheit verwandt und doch ganz anders ist der Fundamentalismus der Weltbeherrschung. Er dünkt sich erhaben über die Innerlichkeit der Weltabgeschiedenheit, er wähnt sich im Besitz von Wahrheiten, die zur radikalen Veränderung der Welt drängen. Missionarischer Eifer und Sendungsbewußtsein prägen seine Führer und Anhänger. Er leitet aus der Gewißheit einen universalistischen Alleinvertretungsanspruch ab, den er ausdehnt auf die ganze Welt, wobei konkurrierende Ideologien als Feinde zu behandeln sind, die bis aufs Messer bekämpft werden. Thomas Meyer spricht in diesem Zusammenhang vom »politischen Fundamentalismus«, der besondere Strategien und Taktiken entwickelt habe, um mit den anderen, den Nicht-Dazugehörenden, umzugehen. Kompromißfeindschaft, die Unbedingtheit des absoluten Willens zur Macht, die Rücksichtslosigkeit der Machtausübung gehören zu seinen Wesensmerkmalen; historisch betrachtet sei er eine langfristig wirksame »destruktive Macht gegen die Grundlage einer vernunftbegründeten, intellektuellen und politischen Kultur« (Meyer, 1989, S. 282f.). Der Fundamentalismus der Weltbeherrschung hat in diesem Jahrhundert verheerende Kriege ausgelöst und Millionen Menschenleben gefordert. Zur Macht gekommen ist er in den totalitären Regimen.

Die Geschichte des 20. Jahrhunderts ist von zwei gegenläufigen Prozessen gekennzeichnet. Auf der einen Seite ist die Demokratisierung und Liberalisierung, insbesondere der westlichen Gesellschaften weit vorangeschritten. Auf der anderen Seite sind jedoch die Gegenbewegungen, zusammengefaßt in den theoretischen Begriffen Totalitarismus, Extremismus und Fundamentalismus, beharrliche Kräfte gegen die Demokratie. Sie haben verschiedene gemeinsame Struktureigenschaften, die in sieben Punkten zum Ausdruck kommen. Totalitäre Bewegungen erheben erstens einen Alleinvertretungsanspruch. Sie verstehen sich als alleinige und ausschließliche Besitzer politischer, religiöser oder sonstiger weltanschaulicher »Wahrheiten«. Konkurrierende Bewegungen werden als Verirrungen oder Abweichungen aufgefaßt, die es zu bekämpfen gilt. Damit einher geht eine maßlose Selbstüberschätzung und Selbstüberhöhung als einzige und erste Kraft in der Geschichte, die der Menschheit das Heil bringt. Ihr Messianismus ist absolut und unteilbar.

Totalitäre Bewegungen sind, zweitens, hermetisch abgeschlossene »Weltanschauungen«. Sie sind, von innen betrachtet, rationaler Kritik nicht zugänglich. Ihre Ideologie entwickelt sich nicht in der permanenten, rationalen, diskussions- und lernbereiten Auseinandersetzung mit der Geistes- und Ideengeschichte, sondern sie berufen sich auf die angeblich »ewige« und unverrückbare Wahrheit bestimmter Lehrsätze. Weltanschauungen werden grundsätzlich nicht reflexiv und für die Diskussion offen fortentwickelt, sondern als vorgebliche Wahrheiten »geglaubt«. Darin zeigt sich der quasi-religiöse Charakter aller totalitären Glaubenssysteme. Lehrsätze werden nicht diskutiert und selbstkritisch überprüft, Kritik an ihnen gilt vielmehr als abweichlerisches und sanktionswürdiges Verhalten.

Sie verfügen, drittens, über eine anti-aufklärerische, absolutistische Legitimationsbasis. Nicht die Vernunft des aufgeklärten Subjekts, sondern die prophetischen, charismatischen Gaben des die Weltanschauung in idealer und absoluter Weise verkörpernden Führers gelten als einzige Quelle der Legitimation. Schon von daher sind konkurrierende und relativierende Argumente aus der Tradition anderer Ideengeschichten ausgeschlossen. Der Führer wird verehrt und mystifiziert und gilt als der messianische, charismatische und vom Schicksal ausersehene »leader«, der jeder Kritik unzugänglich ist. Interne demokratische Willensbildung im Rahmen eines Primats des besseren Arguments läuft dem Führer-Prinzip zuwider und könnte die Allmacht der Führer-Ideologie relativieren und delegitimieren. Aus diesem Grund kann es keine demokratische Willensbildung in totalitären Bewegungen geben.

Sie sind, viertens, geprägt von der rigiden Unterscheidung zwischen Gut und Böse. Gut ist die eigene Weltanschauung, mehr oder weniger böse ist alles, was ihr nicht folgen will oder kann. Der moralischen Differenz zwischen Gut und Böse folgt die handlungsorientierte, ebenso radikal vereinfachende Unterscheidung von »richtig« und »falsch«. Konsequenterweise entwickelt der Totalitarismus daraus eine beachtliche Aggressivität gegen Abweichler und Feinde, häufig im Rahmen von Verschwörungstheorien. Partielle oder überwiegende Gewaltbereitschaft ist der folgerichtige Schritt, um Gegner und Feinde auszuschalten, die die eigene Weltanschauung bedrohen. Zwischen Gut und Böse, Richtig und Falsch, Freund und Feind, den fundamentalen und konstitutiven Unterscheidungen, werden in der Regel kaum Differenzierungen vorgenommen. So erklärt sich der beträchtliche Realitätsverlust bei den Anhängern totalitärer Gruppierungen, den sie freilich erst in der Ausstiegsphase erkennen. Die autobiographischen Materialien von »Ehemaligen« liefern hierfür vielfache Belege.

Totalitäre Bewegungen entwickeln, fünftens, um die Einzigartigkeit und Unverwechselbarkeit ihrer Ideologie zu zementieren, eigene Begriffssysteme mit Umdeutungen alltagssprachlicher Begriffe oder originärer Bedeutungen. Von den Fachsprachen der Wissenschaften, der Justiz, der Medizin, des Militärs, des Sports oder der Technik unterscheiden sie sich durch ihren suggestiven Charakter. Totalitäre Begriffe beanspruchen das Absolute und Nicht-Hintergehbare, sie sind der kritischen Reflexion und Infragestellung entzogen.

Totalitäre Bewegungen richten sich, sechstens, gegen die Idee der Demokratie als solche; sie wollen den Stand der Demokratisierung und der Liberalität zurückschrauben. Demokratie und Totalitarismus sind gänzlich unvereinbar, weil die liberale Demokratie an den unveräußerlichen Rechten des Staatsbürgers ansetzt, der Totalitarismus hingegen unter Mißachtung der bürgerlichen Freiheitsrechte an den Rechten des Kollektivs. Deshalb reicht die prinzipielle und von innen gesehen auch notwendige Zurückweisung der Demokratie von taktisch geprägter Scheinakzeptanz über zurückhaltende Kritik bis hin zu militanten Versuchen, die Demokratie – etwa durch militante Provokationen – zu zerstören.

Ein besonderes und für die zivile Demokratie gefährliches Problem ist das Gewaltpotential totalitärer Gruppierungen. Die klassischen Beispiele des Totalitarismus – Sowjetkommunismus und Nationalsozialismus – haben Gewalt nach innen und nach außen defensiv legitimiert: Man sei bedroht und umzingelt von aggressiven Feinden, deshalb sei Gewaltanwendung ein legitimer Akt der Notwehr. Totalitäre Organisationen, die sich selbst unter öffentlichen Druck gesetzt sehen, tendieren, so scheint es, dazu, Gewalt unter der Voraussetzung einer (scheinbar notwendigen) Selbstverteidigung zu akzeptieren. Nach innen hingegen, als Sanktionsmittel gegenüber Mitgliedern, Anhängern und – besonders – Abtrünnigen, scheint Gewalt in vielfältigen Formen ein selbstverständliches Mittel der Auseinandersetzung, ebenso gegenüber Personen und Organisationen, die als feindlich wahrgenommen werden. Totalitäre Bewegungen vereinigen nicht nur das eine oder andere der genannten Strukturmerkmale, sondern, mehr oder weniger, alle sieben zugleich. Ebendies macht sie zu »totalitären« Gruppierungen.

Ein zentraler Aspekt totalitärer Bewegungen ist ihre subjektive Seite, die Verankerung in den Köpfen ihrer Anhänger. Von ihren Gegnern werden sie als politisch Verführte, als Opfer ihrer dürftigen materiellen oder psychischen Verhältnisse, als aggressive Charaktere oder bösartige Täter bezeichnet. Doch die Stigmatisierung der totalitären Aktivisten folgt nur dem Bedürfnis, eigene Schnittmengen und Gemeinsamkeiten mit den nicht-demokratischen Persönlichkeitsstrukturen zu verdrängen, um am Ende nicht selber mit auf der Anklagebank zu sitzen. Bezogen auf die Entwicklung moderner westlicher Gesellschaften erfüllen totalitäre Bewegungen für ihre Sympathisanten und Anhänger eine Reihe von Funktionen. Sie bieten in einer Welt abnehmender Gewißheiten Wahrheiten, an die man sich halten kann, ohne Unbestimmtheiten und Mehrdeutigkeiten. Darin liegt ihre quasi-religiöse Funktion. Bestandteil dieser Wahrheiten sind Ziele, die als moralisch, als gerecht und unteilbar betrachtet werden. Durch die Verabsolutierung der Gemeinschaft, sei es die des Volkes, der Arbeiterklasse oder auch nur der eigenen Anhängerschaft, werden Grenzen und dadurch Identitäten geschaffen in einer Welt, in der sich die sozialen Milieus durchmischen und die eigenen Biographien unsicher werden. Der Totalitarismus läßt Raum für subjektive und emotionale Verhaltensformen, die in den taktischen Zwängen demokratischer Herrschaft zu ersticken drohen, für Leidenschaft, Fanatismus, Hingabe an einen Führer.

Unser Gang durch die verschiedenen Anwendungsformen des Begriffs Fundamentalismus hinterläßt das Bild eines vielschichtigen, in historisch, geographisch und politisch sehr diffusen Zusammenhängen präsenten Phänomens. Totalitäre Herrschaftsformen, weltabgeschiedene Lebensformen, religiöser Protest – all dies scheint zu unterschiedlich, um daraus einen verbindlichen Begriff abzuleiten. Fundamentalismus wird je nach den historischen und gesellschaftlichen Gegebenheiten nahezu identisch mit dem Totalitarismus, mit extremistischen Strömungen, mit sektiererischer Religiosität. Wieso soll man dann überhaupt noch von »Fundamentalismus« als einer eigenständigen historischen und aktuellen Protestform sprechen? Was unterscheidet ihn vom Totalitarismus und Extremismus? Was verbindet ihn damit?

Eine eigenständige innere Logik gewinnt der Begriff, wenn man ihn bezieht auf Dimensionen der modernen *Fortschrittskritik*. Alle fundamentalistischen Strömungen beziehen sich auf das in ihrem politischen und gesellschaftlichen Umfeld jeweils dominierende Fortschritts-Paradigma. Es kann sich dabei um technischen, politischen oder gesellschaftlichen Fortschritt handeln, um rasche historische Umbrüche, die enorme Veränderungen der Sozialstrukturen und der Lebensverhältnisse nach sich ziehen, die aber neben gesellschaftlicher Akzeptanz ein hohes Maß an Distanzierung und Protest hervorrufen. Die Ablehnung dieses Fortschritts geht einher mit dem Rückbezug auf die vermeintlich verratenen Grundlagen der Kultur, die es wiederherzustellen gelte. Bleiben wir bei unseren Fallbeispielen, so können wir nun die folgenden Grundzüge fundamentalistischer Fortschrittskritik rekonstruieren.

In den USA beispielsweise wurde die Erklärung der Religion zur staatsfreien Privatangelegenheit in der Verfassung von 1789 festgeschrieben – im Jahr 1833 von Massachusetts als letztem Bundesstaat ratifiziert –, in der Praxis jedoch konterkariert und aufgeweicht von der bedeutenden Rolle der Religion in Alltag und Politik. Die Durchsetzung des kapitalistischen Industriesystems und in deren Gefolge die multiethnischen und multikulturellen Einwandererströme bedrohten die Hegemonie des weißen Protestantismus und bewirkten die Pluralisierung der Religionen und der Bibelauslegungen. Vor diesem Hintergrund entsteht der protestantische Fundamentalismus als Protest gegen die Aufweichung der bis dahin dominierenden Stellung des Protestantismus, die Dynamik der gesellschaftlichen Modernisierung und den damit verbundenen Fortschrittsmythos. Er stellt bis heute angeblich unverrückbare lebensweltliche, aus der Bibel abgeleitete Tugenden in den Mittelpunkt und betrachtet jede Abweichung davon als Anschlag gegen die natürliche Ordnung.

Die Verwestlichung traditioneller islamischer Gesellschaften, besonders deutlich in den zwanziger Jahren während der türkischen Staatsgründung und später im Iran unter dem Schah Reza Pahlevi, untergräbt die bis dahin gültige, alles überragende Bedeutung der islamischen Kultur, indem westliche Modelle des wissenschaftlich-technischen, industriellen und kulturellen Fortschritts quasi importiert werden. Der Zusammenstoß von moderner westlicher Kultur und traditionalistischem islamischem Wertekanon verursacht die kämpferische Rückbesinnung von Teilen des Islam auf seine Wurzeln. Die Ablehnung des Westens bringt kulturkämpferische, politische und militante Formen des Widerstandes hervor. Im Vergleich zum protestantischen Fundamentalismus in den USA ist die islamistische Variante politischer und militanter, weil seine Feindbilder als mächtige Akteure der westlichen Staatengemeinschaft erscheinen, weil ein äußerer Feind identifizierbar ist und weil die eigene Position als defensive Wehrhaftigkeit legitimiert wird.

Die Glorifizierung von industriell angewandter Wissenschaft und Technik als dominierenden Maßstäben der Rationalität in kapitalistischen Gesellschaften baute auf das Fortschrittsmodell des immer weiter prosperierenden materiellen Wohlstandes für immer mehr Menschen. Das in den beiden Weltkriegen sich entladende Zerstörungspotential des industriell-militärischen Komplexes und, später, die Warnungen des Club of Rome und das Fanal von Tschernobyl setzten hinter dieses Fortschrittsmodell nicht nur ein Fragezeichen. Eine Vielzahl mehr oder weniger bedeutsamer fundamentalistischer Strömungen kämpft seither für eine radikale Umkehr. Diese Variante des Fundamentalismus im Zentrum des Westens folgt einem romantisch verklärten Gesellschaftsmodell unzerstörter natürlicher Lebensverhältnisse. Noch in den massenmedial inszenierten Aktionen und der breiten Akzeptanz von Greenpeace manifestiert sich die symbolisch vermittelte Sehnsucht nach der heilen Welt angesichts des moralischen Aufschreis beim Anblick der Schattenseiten des technischen Fortschritts.

Doch wie war es mit den totalitären Regimen des 20. Jahrhunderts? Gegen welche Modelle des Fortschritts opponierten sie, und in welcher Weise entsprachen sie fundamentalistischen Protestformen? Sowohl die Sowjetunion als auch der Nationalsozialismus in Deutschland sind als radikale, militante Gegenbewegungen gegen den politischen Fortschritt in Gestalt der liberalen Demokratie zu begreifen. In Rußland praktisch gar nicht entwickelt, in Deutschland nur mit rudimentären Erfahrungen der wenigen Jahre der Weimarer Republik versehen, konnten die beiden totalitären Herrschaftsformen sich auch deshalb als Speerspitze gegen die parlamentarisch-rechtsstaatliche Demokratie als Modell des politischen Fortschritts durchsetzen, weil beide Gesellschaften nicht über lange demokratische Traditionen als Faktoren der politischen Stabilität verfügten.

Unsere Fallbeispiele illustrieren Leitbilder des Fortschritts, an denen sich die Kritik entzündet hat. Fortschrittskritik bedeutet jedoch noch nicht Fundamentalismus. Es hat kontinuierliche und vielfältige Kritik des Industriesystems und des technischen Fortschritts gegeben, seitdem die moderne wissenschaftlich-technische Entwicklung ihren historischen Siegeszug angetreten hat. Doch die teilweise gewalttätigen Formen des Aufruhrs zehrten nicht von apokalyptischen Bildern des Untergangs der Zivilisation. Sie richteten sich vornehmlich gegen die als ungerecht und widernatürlich empfundene Freisetzung der menschlichen Arbeitskraft und die Ersetzung durch Maschinen. Die englischen »Maschinenstürmer« des ausgehenden 16. Jahrhunderts revoltierten gegen die Einführung moderner mechanischer Webstühle. 1710 demolierten englische Arbeiter moderne Webstühle und verprügelten deren Besitzer; 1719 wurden in zahlreichen deutschen Städten die sogenannten Bandmühlen verboten, Kaiser Karl VI. dehnte das Verbot nach heftigen Auseinandersetzungen auf das Reich aus (Krohn, 1983, S. 124). Um 1740 zerstörten Kohlebergleute in Northumberland Förderanlagen, um bessere Löhne durchzusetzen, und 1769 wurden in den Midlands Webstühle von Hunderten von Webern zerstört (Sieferle, 1984, S. 69ff.). Doch den Maschinenstürmern ging es nicht um die Zurückweisung des modernen technischen Fortschritt als solchem, sie verbanden ihren Protest vielmehr mit arbeitspolitischen Forderungen. Maschinensturm, Streik und Sabotage waren Ausdrucksformen der organisierten Gegenwehr, wenn es in den Augen der Arbeiter immer dringlicher wurde, Arbeitsplatzvernichtung, steigende Arbeitsintensität und Dequalifizierung zu verhindern (Wulf, 1988, S. 30ff.). Auch den heftigen Widerstand gegen den Eisenbahnbau in Deutschland in der ersten Hälfte des 19. Jahrhunderts (Sieferle, 1984, S. 87ff.) wird man nicht fundamentalistisch nennen können. Man fürchtete vielmehr Krankheiten durch die schnelle Fahrt, Unglücksfälle, Anschläge gegen die Bahn und den Verlust von Arbeitsplätzen im herkömmlichen Transportgewerbe. Nicht wenigen Begüterten schien es ein Graus, als Eisenbahnpassagiere mit Arbeitern und Handwerkern in einem Waggon sitzen zu müssen.

Von einem fundamentalistischen Protest könnte man reden, wenn zur Fortschrittskritik einige weitere Faktoren hinzutreten. Da ist zum einen die Strategie des Kompromißlosen, des Unbedingten und des Absoluten, die den Keim der Gewaltbereitschaft in sich trägt, und da ist zum anderen die

Mentalität des von quasi-religiösen Motiven durchsetzten Kreuzzuges. Beides begründet den Bewegungscharakter des Protests, und beides erst macht die Fortschrittskritik zu einer fundamentalistischen. Schließlich und letztlich aber geht es um den Kern einer als bedroht und beschädigt empfundenen Identität von Volk, Religion, Lebensweise, Kultur, politischer und gesellschaftlicher Ordnung. Marty und Appleby sprechen von einer Situation des subjektiv wahrgenommenen »Belagerungszustandes«, von dem aus der Fundamentalismus agiert: »In dem Gefühl der Bedrohtheit dieser Identität suchen Fundamentalisten ihre Identität durch eine selektive Wiederbelebung von Doktrinen, Glaubensvorstellungen und Praktiken aus einer intakten, heiligen Vergangenheit zu befestigen« (Marty/Appleby, 1996, S. 45).

II.

Die Krisen der demokratischen Systeme – Voraussetzungen für den Aufstieg des Fundamentalismus

Die gegenwärtigen Formen des Fundamentalismus sind höchst unterschiedliche und vielgestaltige soziale Gebilde. Lebensweltliche, kommunitäre, politische und religiöse Gruppen verbindet aber nach wie vor die Kritik am Fortschritts- und Entwicklungsparadigma der Industriegesellschaft westlichen Typs und der Versuch, ein Gegenmodell zu entwerfen oder auch zu praktizieren. Die fundamentalistischen Ansätze und Bewegungen entzünden sich an politischen, kulturellen und gesellschaftlichen Verwerfungen. Das bedeutet aber auch, daß Defizite in diesen Bereichen Angriffsflächen bieten und als Auslöser für den radikalen Protest fungieren. Es ist erneut zu fragen: Wogegen richtet sich der moderne Fundamentalismus? Welche sozialen und politischen, gesellschaftlichen und kulturellen Verwerfungen sind verantwortlich für die Abkehr von den Normen des politischen und gesellschaftlichen Fortschritts? Welche Widersprüche der modernen Welt werden von den Anhängern des Fundamentalismus nicht mehr auf konventionellen Wegen ausgehalten und schließlich umgeformt in die Abkehr? Wie läßt sich die Annahme begründen, daß es die technisch-wissenschaftliche Zivilisation selbst ist, die den Fundamentalismus hervorbringt? Es gibt nicht *die* Ursache oder *den* Anknüpfungspunkt für fundamentalistische Strömungen. Unsere These von der Fortschrittskritik als zentralem Katalysator hat viele Facetten. Am ehesten lassen sich aus einigen Krisensyndromen der Politik, der Gesellschaft und der Kultur und Religion Entwicklungstendenzen ableiten, die dem Fundamentalismus förderlich sind.

Die Krise der Politik

Das nach wie vor gültige offizielle Leitbild der Demokratie geht von der Volkssouveränität aus, von der umfassenden Mitwirkung auf allen Politikfeldern, vom pluralistischen, sozialstaatlich abgefederten Interessenausgleich, aus dem sich das Gemeinwohl ergibt, und von der obersten Maxime der Kriegsvermeidung. Die Akzeptanz des politischen Institutionengefüges, der demokratischen Parteien und des Kräftefeldes der Verbände im vorparlamentarischen Raum wurde und wird bei dieser Konzeption wie selbstverständlich vorausgesetzt. Der Mythos des politischen Fortschritts konnte sich in Westdeutschland deshalb leicht durchsetzen, weil er als die einzige Möglichkeit erschien, die Hypotheken der nationalsozialistischen Vergangenheit abzutragen. Die Politik der frühen Nachkriegszeit schuf nicht nur die Grundlagen für eine Verständigung mit den ehemaligen Kriegsgegnern im Westen, sondern auch einen beachtlichen wirtschaftlichen Wohlstand für breite Bevölkerungskreise. Im Gegensatz dazu verblieb der zweite deutsche Staat, die DDR, zusammen mit den anderen östlichen Nachbarn ganz eindeutig im Wohlstandsabseits; und dazu waren die Bürger noch ihrer bürgerlichen Grundfreiheiten beraubt. Deshalb kann es nicht verwundern, daß Demokratisierung, wenn auch in unterschiedlichen, ja konträren Bedeutungen, aber geeint durch das Band des optimistischen Fortschrittsglaubens sowohl im Konservatismus der frühen Nachkriegsjahre als auch später in der sozialliberalen Ära und nach der konservativen Wende 1982 eine zentrale Leitvorstellung war. Obwohl das Ausmaß politischer Beteiligung immer umstritten blieb und zwischen der Institutionen-Demokratietheorie der Konservativen und der extensiven Bürgerbeteiligungsdemokratie der Radikaldemokraten im Umfeld der neuen sozialen Bewegungen pendelte – mehr als fünfzig Jahre stabiler und kontinuierlicher Entwicklung verleihen diesen Idealen die Würde einer Tradition der Demokratie in Deutschland. Sie leben fort und werden in Sonntagsreden und Feierstunden immer wieder beschworen. Zweifellos sind viele von ihnen dauerhafte Praxis geworden oder, sofern Politik immer einen nicht-abschließbaren Prozeß darstellt, auf dem Wege der Realisierung.

Die Bundesrepublik heute ist nicht mehr ein von autoritären Strukturen durchsetzter quasi-demokratischer Obrigkeitsstaat wie in den fünfziger Jahren, sondern ein lebendiges politisches Gemeinwesen, in dem zahllose Interessengruppen und soziale Bewegungen von unten Druck auf die Entscheidungsträger ausüben. Chancen und Ausmaß politischer Beteiligung haben sich über die Jahrzehnte hinweg erhöht, selbst die Konservativen halten nicht mehr an der starren und ängstlichen Konzeption fest, Demokratie beschränke sich auf das Funktionieren der Institutionen. Die Diktatur des östlichen Teils ist auf friedlichem Wege einer wenn auch noch ungefestigten parlamentarisch-rechtsstaatlichen Demokratie gewichen. Die Feindbilder des Kalten Krieges sind weitgehend verblaßt, sogar im Inneren der Republik ist die politische Toleranz und Liberalität weit entwickelt. Auch in außenpolitischen Politikfeldern sind über fünfzig Jahre hinweg einige bedeutsame Entwicklungen unumkehrbar geworden. Die entscheidende Weichenstellung der fünfziger Jahre, die Bindung an den Westen, wird heute nicht mehr ernsthaft in Frage gestellt. Die europäische Integration erscheint als Einbahnstraße ohne Umkehrmöglichkeit und damit auch die dauerhafte Friedenssicherung innerhalb der Europäischen Union. Für niemanden ist heute eine kriegerische Auseinandersetzung zwischen Staaten der EU denkbar, trotz gelegentlicher Scharmützel etwa zwischen Griechenland und der Türkei um Zypern und um Inseln in der Ägäis.

Die Erfolgsbilanz von fünfzig Jahren Demokratie in Deutschland wird freilich getrübt von bedeutsamen Schattenseiten und Widersprüchen. Der pluralistische Interessenausgleich in der politischen Theorie ist vom Egoismus der Gruppen und ihrer Lobbyisten in der Praxis gründlich widerlegt worden. Konzeptionen des Allgemeinwohls sind hinter den im Verteilungskampf härter gewordenen Fronten der Interessenverbände praktisch nicht mehr erkennbar. Perfektionierte Methoden des Verbandseinflusses und die personellen Verquickungen zwischen Staat und Verbänden führen zu einem organisierten Interessenegoismus, der zunehmend undurchlässig wird gegenüber Allgemeinwohlvorstellungen. Das Bild des Politikers als dem eigenen mehr als dem Gemeinwohl ergebenen Pfründensammlers ist überdies durch zahlreiche Affären und Skandale befestigt worden. Parteispenden-Affären, Diäten-Skandale und Parteibuchwirtschaft bei höchsten Ämtern haben das, was man neuerdings »politische Klasse« nennt, gründlich in Verruf gebracht. Die Akzeptanzkrise der Politik, im Schlagwort der »Politikverdrossenheit« nur unzureichend auf den Punkt gebracht, ist nicht zuletzt eine Führungskrise. Charismatisches politisches Führertum, von praktisch allen älteren Theorien der Politik von Machiavelli, Hobbes, Rousseau bis Marx und Weber als unerläßlich angenommen, ist heute einer zählebigen Machterhaltungspolitik kleiner Seilschaften und Cliquen gewichen.

Vielleicht ist Max Webers Vision des Politikers in der Demokratie inzwischen Wirklichkeit geworden. Weber hatte in der Umbruchzeit zwischen dem Ersten Weltkrieg und der Weimarer Republik in einem berühmt gewordenen Vortrag über »Politik als Beruf« gesprochen (Weber, 1992). Darin sieht er den modernen Politiker gefangengenommen von unabdingbaren Rücksichten auf einen bürokratisierten Parteiapparat einerseits und auf den Expansionsdrang und das Geltungsbedürfnis der Ministerien und Verwaltungen. Schließlich beobachtete schon Weber den Zwang des Politikers, den Ansprüchen der modernen Mediengesellschaft entgegenzukommen. Es könnte durchaus zutreffen, daß derartige strukturelle Ein- und Anpassungszwänge für politisches Führertum kaum noch Platz lassen, aber die Kehrseite ist offensichtlich: Mangelnde politische Visionen und Zukunftsprojekte, repräsentiert durch Köpfe und Gesichter, fördern das Desinteresse, die Gleichgültigkeit und die aktive Abkehr von der Politik. *Charismatisches Führertum* ist auf der anderen Seite ein zentrales Organisationsprinzip, von dem fundamentalistische Bewegungen zehren. Insbesondere die politischen Gruppierungen im Umfeld des Extremismus sind ohne diese Ressource gar nicht denkbar. Sie bieten ihren Anhängern das, was sie in der Realpolitik nicht finden: politische Visionen und zumindest intern starke Führer, die definieren können, was »Allgemeinwohl« – mit welchen abwegigen bis absurden Inhalten auch immer – bedeutet. Mit Recht ging und geht nach zwei Diktaturen in Deutschland im 20. Jahrhundert die politische Theorie der Gegenwart davon aus, ein politisch vorgegebenes Allgemeinwohl dürfe es nicht mehr geben. Doch die Alternative hat bisher nicht überzeugt: Der Pluralismus der Interessen ergibt nicht zwangsläufig eine brauchbare Definition des Allgemeinwohls. An dessen Stelle ist das Schauspiel einer von Partei- und Verwaltungsapparaten sowie Medienlogiken begrenzten Machterwerbs-, -erhaltungs- und Ausweitungspolitik getreten, an dem praktisch alle im Parlament vertretenen Parteien beteiligt sind. Genau dies aber macht die »offizielle« Politik unglaubwürdig und wenig interessant.

Die politischen Institutionen sind von der Akzeptanzkrise nicht ausgenommen. Parlamentarische Debatten auf Bundes-, Landes- oder Gemeindeebene strahlen keine Attraktivität aus, weil grundsätzliche und prinzipielle Fragen oft im Dickicht der Geschäftsordnungen ersticken oder der Koalitions- bzw. Oppositionsräson geopfert werden. Denkwürdige und den Tag überdauernde Parlamentsdebatten sind die Ausnahme. Für sie gilt, was auch für die Regierungen anzuführen wäre: Sie bewirken in den Augen vieler Zeitgenossen wenig, ihre Handlungsfähigkeit angesichts drängender Probleme steht in Zweifel. Die Bürger beginnen zu ahnen, was der Erlanger Politikwissenschaftler Tilo Schabert am Beispiel der Stadtregierungen plausibel berichtet: Städte werden nicht durch die vorgesehenen Institutionen regiert, sondern durch nicht demokratisch legitimierte personale Konfigurationen. Küchenkabinette, Koalitionsrunden, der Hofstaat und verschachtelte interessengebundene Netzwerke bilden schwer durchschaubare Machtkonstellationen, unterhöhlen die Institutionen systematisch und hebeln das Gebot demokratischer Transparenz aus (Schabert, 1990). Politische Visionen und Projekte werden den geschwächten politischen Institutionen ohnehin kaum noch abverlangt. Die Unbeweglichkeit der Bürokratien war in den siebziger Jahren ein wesentlicher Impuls für die Entstehung sowohl der neuen sozialen Bewegungen wie auch vielfältiger Forderungen nach einer neuen, basisorientierten Politik. Der Großkonflikt um die Kernenergie und die Naturzerstörung haben zu einer Politisierung eigener Art geführt, indem auf kommunaler Ebene durch Bürgerbegehren und unkonventionelle Politikformen ein Widerstandsrecht und eine Mitgestaltung der Bürger vor Ort eingeklagt wurden. Neben den Bürgerinitiativen haben andere neuartige Politikformen die öffentliche Bühne betreten und versuchen, ihre Interessen zu artikulieren: Ethnische Gemeinschaften, die Frauenbewegung, Senioren-Vereinigungen und andere örtliche, regionale oder auch bundesweit tätige Zusammenschlüsse reagieren auf die Verkrustungen des etablierten Politik- und Parteienbetriebs. Nicht-staatlichen, aus Spenden finanzierten Organisationen wie Greenpeace oder Amnesty International gelingt es schneller, flexibler und glaubwürdiger, bestimmte Grundprobleme aufzugreifen, sie zu moralisieren, die Öffentlichkeit zu mobilisieren und auf diese Weise beachtlichen Druck auszuüben.

Für das relative Desinteresse von Jugendlichen und jungen Erwachsenen an den etablierten Formen der Politik gibt es eine Reihe von Indizien. Werfen wir zunächst einen Blick auf eine klassische Form des demokratischen politischen Verhaltens, nämlich die Wahlbeteiligung. In den fünfziger und sechziger Jahren lag sie bei den Bundestagswahlen kontinuierlich bei rund 87 Prozent und erreichte 1972 mit 91,1 Prozent den Spitzenwert. Seitdem geht der Trend langsam, aber eindeutig nach unten. An der Spitze der insgesamt sinkenden Wahlbeteiligung stehen die Jungwähler. Bei der Bundestagswahl 1990 gingen 76,9 Prozent der Wahlberechtigten zur Wahl, von den 21- bis 25jährigen waren es nur 63,6 Prozent, bei den Erstwählern waren es 67 Prozent (Hoffmann-Lange u. a., 1994, S. 141). Die Union schneidet bei Jungwählern besonders schlecht ab, die Partei der Grünen überdurchschnittlich gut. Ein Blick auf die Entwicklung der Altersstruktur von Parteimitgliedern zeigt, wie dramatisch besonders die großen Parteien bei jungen Leuten leer ausgehen. 1975 waren 30 Prozent der SPD-Mitglieder im Jungsozialistenalter zwischen 16 und 35 Jahren, Ende 1993 waren es nur noch 16 Prozent; 1980 war fast ein Drittel aller CDU-Mitglieder bis zu 30 Jahre alt, 1994 waren nur noch 5 Prozent bis 29 Jahre alt. Das Durchschnittsalter der CDU-Mitglieder stieg, bedingt durch die Abkehr Jugendlicher und junger Erwachsener auf 53 Jahre an (Niclauß, 1995, S. 162).

Das geringe Interesse der jüngeren Generation an den Parteien ist eingebettet in eine tiefer reichende Akzeptanzkrise politischer Institutionen. Für den Zeitraum zwischen 1984 und 1992 registriert der Survey des Deutschen Jugendinstituts eine zwar nicht gravierende, aber deutlich erkennbare Abnahme des durchschnittlichen Vertrauens in die politischen Institutionen (Hoffmann-Lange u. a., 1994). Die Bundesregierung, Großunternehmen, Kirchen und politische Parteien genießen besonders wenig Vertrauen; noch am ehesten sind Greenpeace, das Bundesverfassungsgericht und Bürgerinitiativen unter jungen Leuten akzeptiert. Das Vertrauen der unter Dreißigjährigen ist dabei generell niedriger als das der über Dreißigjährigen.

Die Geringschätzung etablierter Politik bedeutet jedoch nicht, daß Politik generell wenig Interesse findet. Schätzungen zufolge waren oder sind seit den siebziger Jahren zwei bis vier Millionen Bundesbürger in etwa 10 000 Einzelinitiativen aktiv (Guggenberger, 1993, S. 429) – eine auf den ersten Blick geringe Zahl von Aktivisten. Doch ihre Bedeutung für den Prozeß politischer Partizipation wird deutlich, wenn man sie mit der Gesamtzahl von Parteimitgliedern in Deutschland vergleicht: 1992 waren – mit rückläufiger Tendenz – etwa 2,5 Millionen Bundesbürger Mitglied einer politischen Partei. Stellt man weiter in Rechnung, daß die Parteien ihre Herrschaftspositionen durch die Okkupation der Institutionen und die enge Verzahnung mit den mächtigsten Interessenverbänden zwar weiterhin sichern, doch die Themen der außerparlamentarischen Initiativen oft attraktiver sind, so wird erst das Ausmaß der Verschiebung politischer Interessenartikulation und politischer Beteiligung sichtbar.

Die Kritik an den etablierten Parteien richtet sich im wesentlichen auf ihre mangelnde Basisnähe. Ihnen wird die selbstherrliche Entmündigung des Volkes aus dem »Raumschiff Bonn« vorgeworfen, der Mißbrauch des Grundsatzes der Gewaltenteilung durch parteiengebundene Besetzung von Spitzenpositionen und nicht zuletzt die Selbstbereicherung durch das System der parteibezogenen Politikfinanzierung. Diäten- und Versorgungsregelungen für Politiker und die Umwegfinanzierung über Zuwendungen an die Parteistiftungen haben die Parteien in Mißkredit gebracht. Der wohl schwerste Vorwurf ist der einer mangelnden Problemlösungskompetenz für die zentralen Fragen der künftigen Entwicklung – Arbeitslosigkeit, Sozialstaat, Umwelt, Zuwanderung.

Die im Sommer 1997 veröffentlichte zwölfte Shell-Jugendstudie kam aufgrund von umfangreichen Befragungen Jugendlicher zu desillusionierenden Ergebnissen, die wenig Hoffnungsvolles für die Zukunft erwarten lassen. Zwar wird die Demokratie als Staatsform weitestgehend akzeptiert, doch die Realität der Demokratie wird mit negativen Urteilen versehen. Politik und Politiker werden demnach als »meilenweit von den Interessen und Bedürfnissen von Jugendlichen entfernt« wahrgenommen; Politik gilt als langweilig, beliebig, unüberschaubar; Politiker werden als Erfüllungsgehilfen von Wirtschaft und Industrie gesehen und erscheinen insofern als austauschbar. Im Hinblick auf die aktuellen Probleme wie Arbeitslosigkeit, Lehrstellenmangel, Sozialabbau und Gewaltproblematik wird der Politik generell ein vollständiges Versagen zugeschrieben. Immerhin: Auch gegenüber den gesellschaftlichen und ideologischen »ismen« wie Kommunismus, Sozialismus und Kapitalismus bestehen erhebliche Vorbehalte (Jugendwerk, 1997, S. 34ff.).

Die Akzeptanzkrise der etablierten Politik wird auf diese Weise verschärft von einer Krise der politischen Steuerung. Grundlegende, ja existenzielle Fragen des politischen Gemeinwesens sind nicht nur ungelöst, sondern konsensfähige Antworten sind nicht absehbar: Die soziale Frage (nach Überwindung bzw. Eindämmung von Arbeitslosigkeit und sozialer Polarisierung), die Energie-Frage (nach zukunftsfähigen Energien und Entsorgung der atomaren Altlasten) und die Frage nach Frieden und Gerechtigkeit in den Beziehungen zur Dritten Welt haben die Struktur von Großkonflikten, die offenbar in den verwalteten Welten der politischen Alltagsgeschäfte versanden. Zwischen den politischen Versprechen der Wahlkämpfe und Parteiveranstaltungen und den tatsächlichen Steuerungsleistungen klaffen Diskrepanzen, die Reibungsflächen erzeugen und Angriffsflächen bieten. Doch es wäre zu einfach, von einem Versagen der Politik oder der Politiker zu sprechen, denn die Steuerungsmöglichkeiten der Nationalstaaten werden von zwei Seiten her aufgeweicht. Im Rahmen der europäischen Einigung werden schrittweise nationale Zuständigkeiten auf die Institutionen der Europäischen Union übertragen. Darüber hinaus aber ist es der Prozeß der Globalisierung und der Internationalisierung von Kapital, Arbeit, Dienstleistungen und Arbeitskräften, der den nationalen politischen Steuerungskapazitäten Beschränkungen auferlegt. Der Politik der Nationalstaaten bleibt offenbar nur noch die Option, Anpassungen an die Chancen und Risiken der Globalisierung rechtzeitig vorzunehmen.

Gerade darin liegen Anknüpfungspunkte für die fundamentalistischen Strömungen. Sie wissen, daß die Großfragen unserer Zeit bloß verwaltet werden, und glauben, unter Verweis auf die Tradition die notwendigen Antworten geben zu können. Die Widersprüchlichkeit der politischen Entwicklung nach 1945 schafft Platz für fundamentalistische Ansätze, die mit einem Schlag, mit einfachen Antworten, mit Aktionismus der Sehnsucht vieler Menschen nach griffigen, schnellen Lösungen entgegenkommen, denn die Demokratisierung des politischen Gemeinwesens nach 1945 schafft mehr Transparenz, mehr Bürgerbeteiligung, mehr demokratische Öffentlichkeit, doch zugleich auch mehr Bürokratie, zurückgehende Steuerungsleistungen und ausbleibende Antworten auf die Großfragen der Zeit.

Die Krise der Arbeitsgesellschaft

Den Legitimationsproblemen der Politik entsprechen wachsende Risiken im Bereich der gesellschaftlichen Entwicklung, die den fundamentalistischen Strömungen Nahrung geben. Das Tempo der wirtschaftlichen und gesellschaftlichen Veränderungen in Kernbereichen wie des Umbruchs von der Industrie- zur Dienstleistungsgesellschaft erfordert berufliche Anpassung und stete Bereitschaft zu Mobilität und Weiterbildung. Der darin eingelagerte Konkurrenzdruck um knapper werdende Arbeitsplätze verschiebt die gesellschaftliche Problematik auf die Qualifikation und Mobilität des Individuums. Die Beschränkungen des Sozialstaats im Rahmen knapper öffentlicher Mittel und die schwächer gewordene Solidarität der traditionellen sozialen Netzwerke, der Familien, Nachbarschaften, Kirchen, Gewerkschaften bürden die Risiken dem einzelnen auf. Auf diese Weise ergeben sich auf der einen Seite ungeahnte Chancen individueller Entfaltung, befreit von Klassen- und Standesschranken, zugleich aber auch erhebliche biographische Risiken, wenn Krisensituationen wie Arbeitslosigkeit oder Krankheit die Wettbewerbsfähigkeit des einzelnen auf den Ausbildungs-, Arbeits- und Wohnungsmärkten einschränken. Abgesehen davon wird die althergebrachte relative Sicherheit der Arbeitsplätze ausgehöhlt durch eine als Flexibilität verkaufte, tatsächlich aber gerade für Jugendliche katastrophale Lockerung durch Zeit- und Werkverträge und für viele unbefriedigende Teilzeitarbeit.

Eine wichtige Facette der Krise der Arbeitsgesellschaft läßt sich am dominanten Menschenbild der modernen Ökonomie ablesen. »Selbst für jene«, notiert Oskar Negt (1995, S. 3), »die privat eher eine konservativ geprägte Auffassung vom Menschen und seinen familiären Verwurzelungen vertreten«, sei das neue Leitbild, »der universell bewegliche Mensch, völlig ins Funktionale abgerutscht, von innerlichen Bindungen jeglicher Art so weit gelöst, daß er jederzeit die erkannten Marktchancen wahrzunehmen bereit ist«. Die moderne Markt- und Kapitallogik betreibt Negt zufolge schwere Eingriffe in die Gewohnheiten, Selbstwerteinschätzungen und kulturellen Orientierungen. Am Ende stehen »arbeitende Trabanten um die Sonne des Kapitals und der Marktgesetze« (Negt, 1995, S. 3). Familiäre Bindungen unterliegen dem Diktat beruflich erzwungener Mobilität, die oft langdauernde, gewachsene Kollegialität am Arbeitsplatz weicht kürzeren Arbeitsbündnissen auf Zeit. Zerstört diese Logik mithin wesentliche kulturelle Grundlagen der historisch gewachsenen Orientierungshilfen, so ist das gravierendste Defizit der Arbeitsgesellschaft noch nicht benannt. Es ist die Produktion eines Millionenheeres von Arbeitslosen, Ausgegrenzten, an den Rand Gedrängten, eine seit den achtziger Jahren einsetzende Tendenz zu einer »neuen Armut«, und die Verbreiterung der Schere sozialer Ungleichheit. Eine gute Ausbildung schützt nicht vor dem Verlust des Arbeitsplatzes, eine schlechte oder nicht arbeitsmarktkonforme läßt ihn in weite Ferne rücken. Damit wird ein – in der Ideologie der »Leistungsgesellschaft« immer wieder neu zelebrierter – Grundpfeiler der Arbeitsgesellschaft weiter aufgeweicht: die Einheit und der Zusammenhang von Ausbildung, Leistung, Einkommen und gesellschaftlichem Status.

Die Krise der Arbeitsgesellschaft manifestiert sich in dem Widerspruch zwischen der Ideologie der »Leistungsgesellschaft« und den tatsächlichen Unwägbarkeiten der Berufsbiographien. Während schulische Leitbilder, die Sprache der Politik und der Werbung und nicht zuletzt die Erfahrungen vorausgehender Generationen am Zusammenhang von Bildung und Ausbildung, Einkommen, Prestige und damit von personaler Identität in der Gesellschaft festhalten, belehrt die Realität der Ausbildungs- und Arbeitsmärkte alltäglich über die Unsicherheiten dieses Zusammenhangs, über die Wertlosigkeit von Zertifikaten für die Arbeitslosen und die von Arbeitslosigkeit Bedrohten. Wenn ehedem verläßliche Berufsbiographien und Ausbildungsgänge jedoch mit raschen Verfallsdaten versehen werden, unterhöhlt das die Chancen der halbwegs kalkulierbaren Lebensplanung, der Orientierung in der Gesellschaft, und es erhöht den Konkurrenzdruck in einer Gesellschaft, die von weitreichender sozialer

Ungleichheit geprägt ist. Ohnehin ist der Zusammenhang von Produktion und Aneignung des gesellschaftlichen Reichtums lange schon zerrissen. Der alltäglich erfahrbare Widerspruch zwischen einer historisch nie dagewesenen materiellen Reichtumsproduktion und einer höchst einseitigen Verteilung der materiellen Güter läßt Vorstellungen sozialer Gerechtigkeit und angemessener sozialer Teilhabe für alle ins Reich der Utopien verschwinden. Spätestens an diesem Punkt gerät der Mythos des sozialen Fortschritts in Gefahr umzukippen in Resignation, innere Emigration oder zynische Politik- und Gesellschaftsferne der Betroffenen.

Friedhelm Hengsbach, einer der profiliertesten Sozialkritiker in der katholischen Kirche, hat darauf hingewiesen, daß der gesellschaftliche Spaltungsprozeß der neunziger Jahre eine Gefahr für die Demokratie bedeutet. Nicht nur das Abwälzen der Krisenlasten auf die schwächsten Glieder der Gesellschaft, Arbeitslose, Kranke und Sozialhilfeempfänger, treibe die Modernisierungsverlierer in Fremdenfeindlichkeit, Resignation und politische Apathie, sondern vor allem die damit verbundene neodarwinistische Ideologie der Leistungsgesellschaft, die nur dem Stärkeren das Überleben sichert: »Der Kult und die Arroganz der vermeintlichen Leistungsträger, die sich von den Leistungsverweigerern abgrenzen und sich dem Leistungswettbewerb offensiv stellen, zwingt die einzelnen ArbeitnehmerInnen, Unternehmen, Städte, Regionen und Nationen in eine ruinöse Rivalität. Dadurch wird ein Klima der Überlegenheit und Unterlegenheit, des Ellenbogenkampfes um Vorteile, der individuellen Profilierung um jeden Preis geschaffen. Leistungsunterschiede und erfolgreiche Abgrenzung zählen am Ende mehr als die Gleichheit der Menschen auf Grund ihrer Personenwürde, als gesellschaftliche Solidarität und das Engagement für das öffentliche Interesse« (Hengsbach, 1994, S. 19). Die Ent-Solidarisierung der Gesellschaft ist jedoch nicht allein das Ergebnis von aggressiver, egoistischer und rücksichtsloser Politik der Wohlhabenden gegen die Armen, sondern auch im Zusammenhang jahrzehntelanger komplexer Prozesse der Individualisierung zu sehen.

Das für demokratische und liberale Gesellschaften notwendige Gleichgewicht zwischen Bindungen an übergeordnete kulturelle Ordnungen und Freisetzungen aus solchen Wertsystemen scheint aus den Fugen zu geraten. Die Individualisierung der Gesellschaft ist eine nahezu zwangsläufige Folge explodierender Arbeitsmarktdynamiken, die gewachsene soziale Milieus und Netzwerke abschmilzt, zu Entsolidarisierung und Vereinzelung führt. Die Autonomie des einzelnen hat ein Doppelgesicht: Das Zurückdrängen von Klassen- und Standesschranken beim Erwerb von Bildungs- und Sozialkompetenz und Berufspositionen eröffnet einen relativen Chancenreichtum und eine Vielzahl möglicher Perspektiven. Durch die abnehmende Bedeutung sozialmoralischer Milieus im Prozeß der Sozialisation werden Biographien und Orientierungen immer weniger vorgeschrieben; es entsteht ein Freiraum für individuell geplante und durchdachte Lebensgestaltung, für die Ausnutzung von Lebenschancen, für Autonomie im besten Sinne. Doch die Kehrseite dieser Medaille besteht im Wegbrechen der traditionellen sozialen Netzwerke im Fall von Krisen und Gefährdungen. Der Rückgriff darauf – etwa bei Arbeitslosigkeit, familiären Krisen oder Krankheit – ist problematischer geworden. Die Funktion sozialer Auffangbecken wird heute mehr und mehr aus den Familien herausverlagert in den öffentlichen Raum, aber sie ist nicht zu einer öffentlichen Angelegenheit geworden.

Überforderte, unter Kostendruck geratene Kindergärten, Bildungseinrichtungen, Jugendhäuser, soziale Beratungsstellen, Altersheime und andere soziale Institutionen ersetzen ebenso wie kommerzielle Dienstleistungen und Freizeiteinrichtungen allmählich die sozialen Auffangbecken von gestern, ohne jedoch wirklich identitätsfördernde und -stabilisierende Orientierungsleistungen anbieten zu können. Gerade die Warenförmigkeit und Käuflichkeit dessen, was einst zentraler Bestandteil jeder Vergemeinschaftung war, treibt fundamentalistische Ausbrüche aller Art voran: Sie bieten Gemeinschaft, Solidarität, vorgegebene Sinnstrukturen und Zielwerte und kompensieren auf diese Weise als Ersatzfamilien die Defizite einer Gesellschaft, welche die Risiken immer mehr auf den einzelnen abwälzt und deren Bewältigung abhängig macht von dessen individueller Sozialkompetenz.

Es gibt gute Gründe, die Individualisierung der Gesellschaft aus einem historischen Blickwinkel als Zeichen einer tiefen sozialmoralischen Krise zu deuten. Eric Hobsbawm sieht eine »Gesellschaft, die nur noch aus einer unzusammenhängenden Ansammlung von egozentrischen, der Befriedigung ihrer eigenen Bedürfnisse nachjagenden (sei es zu Profitzwecken oder zum Vergnügen) Individuen besteht« (Hobsbawm, 1995, S. 31). Er spricht angesichts dessen von der in mancher Hinsicht »verstörendsten Transformation« in diesem Jahrhundert. Es sei »die Auflösung der alten Sozial- und Beziehungsstrukturen und, Hand in Hand damit, das Zerbersten der Bindeglieder zwischen den Generationen, zwischen Vergangenheit und Gegenwart also. Besonders deutlich trat dies in den fortgeschrittenen Staaten des westlichen Kapitalismus zutage, wo staatliche wie private Ideologien zunehmend von den Werten eines absolut asozialen Individualismus dominiert wurden« (Hobsbawm, 1995, S. 31).

Die oft beschworene Krise des Sozialstaats gewinnt vor diesem Hintergrund eine eigentümlich veränderte Bedeutung. Sie wird heute diskutiert als Krise der öffentlichen Finanzen, als Überforderung staatlicher Sicherungssysteme, als überreiztes Anspruchsdenken. Die Idee des Sozialstaats wird dabei weiterhin als materielles Grundsicherungssystem gedacht, obwohl heute die Defizite der industriegesellschaftlichen Entwicklung keineswegs mehr nur oder überwiegend in Begriffen des finanziellen Ausgleichs aufgefaßt werden dürfen. Die Individualisierung der Gesellschaft und das Zerbröseln sozialmoralischer Milieus sind zugleich ein Angriff auf die ethischen Grundlagen der sozialstaatlichen Ordnung: Die Prinzipien der *Solidarität* und der *Subsidiarität* sind in der Geschichte des Sozialstaates verknüpft mit der Existenz von abgrenzbaren Schichten, Klassen und deren je spezifischer Klassenkultur und mit einem allgemeinen Bewußtsein von sozialer Ungleichheit, die es zu kompensieren gelte. Individualisierung hingegen fördert egozentrische Lebensplanungen und schwächt die Bereitschaft zu Solidarität und Subsidiarität. Die soziale Sprengkraft dieser Facette der Krise des Sozialstaates scheint im politischen Betrieb noch kaum wahrgenommen zu werden.

Zumal in der kommunalen Sozialpolitik der Ballungsräume, aber nicht nur dort, treten bereits jetzt Aufgabenstellungen in den Vordergrund, die sich nicht im finanziellen Transfer erschöpfen: Das Ausbalancieren ethnischer Konflikte zwischen Jugendlichen, soziale Beratung und berufliche Förderung, Schaffung von Netzwerken kooperierender Sozialbehörden, Förderung vielfältiger Kommunikation vor Ort. Kürzungen im Sozialbereich bedeuten daher nicht nur weniger Geld für Betroffene, sondern immer auch erschwerte oder verunmöglichte Vergemeinschaftung. Das Ausbluten des Sozialstaats schafft auf diese Weise die Voraussetzungen vielfältiger fundamentalistischer Antworten und bürdet der Gesellschaft insgesamt unabsehbare Kosten auf, die weitaus gefährlicher sein können als die Aufrechterhaltung eines Mindeststandards sozialer Einrichtungen.

Die Krise der Kultur und der Religion

Von einer Krise der Kultur und der Religion zu sprechen ist in eigentümlicher Weise tautologisch, denn beide weisen stets krisenhafte Züge auf. Die großen Deutungs- und Orientierungssysteme sind wenig geeignet, abschließende, nicht mehr hinterfragbare Angebote zu offerieren; ihre Interpretationen des Lebens und ihre ethischen Offerten unterliegen beständigem Wandel und dauerhaftem Widerspruch. Trotz dieser immanenten Dynamik sind Kultur und Religion diejenigen Orientierungssysteme, in denen sich Tradition und damit Gewißheit und Verläßlichkeit herausbilden. Religiöse Überzeugungen und kulturelle Überlieferungen sind jene gesellschaftlichen Ressourcen, auf die nicht verzichtet werden kann. Doch sie bilden sich nicht von selber, und es hat den Anschein, als ob die Vorräte allmählich geringer würden. Kultur und Religion heute sind weniger noch als vor einigen Jahrzehnten eingebettet in sozialmoralische Milieus, in denen kulturell vorgeprägte Traditionen quasi fraglos von Generation zu Generation weitergereicht wurden. Das mindert nun aber keineswegs, sondern dies steigert ihre Bedeutung, denn die auf bestimmte Werte gerichteten Lebensplanungen bedienen sich einer Vielzahl kultureller und religiös bereits existierender Deutungsmuster, wählen aus diesen aus und bilden ein grobes Raster, woran man sich zu halten habe. Die Rede vom Verlust der Bindekraft von Kirche und Religion täuscht darüber hinweg, daß dies sich eher auf die Kirche als Organisation richtet, weniger aber auf das individuelle Bedürfnis nach Sinngebung. Wenn sich heute dennoch von einer Krise der Kultur und der Religion sprechen läßt, dann eher bezogen auf Veränderungen, die sich seit einigen Jahren herausgebildet haben. Sie beziehen sich in unserem Zusammenhang auf drei historisch neuartige Phänomene: den *Orientierungspluralismus*, die Krise des *Wissensbegriffs* und die *Konfrontation und Konfliktstruktur multiethnisch und multireligiös geprägter Gesellschaften.*

Die abschmelzenden Orientierungsleistungen der Institutionen, insbesondere der Familie, der Schule, der Kirchen und der politischen Institutionen bedeuten nicht weniger Orientierungsangebote, sondern ein Mehr: Die elektronischen und die neuen Medien, deren Expansion noch nicht zu Ende ist, die Vielfalt kultureller Ausdrucksformen in einer hochkomplexen Gesellschaft und die Herausprägung immer neuer Lebensstile vervielfältigen die Art und Weise, wie sich Menschen einrichten und reproduzieren können. Das Diktat kommerzieller Interessen produziert unablässig neue Moden, Vorlieben, Stile, die sich in fast anarchischer Weise aus dem Vorrat traditioneller Lebensformen bedienen und Elemente daraus neu zusammensetzen. Ihre klassen- und schichtgebundene Form ist zwar nicht verschwunden, doch die expressiven Formen der Kleidung, des Verhaltens, der Sprache und der Themen suggerieren eine fast unendlich breite Palette möglicher Stile. An den hochdynamischen jugendlichen Subkulturen lassen sich diese Zusammenhänge heute besonders gut ablesen.

Literatur, Musik und Theater haben die Fesseln konventioneller Kunstbegriffe längst gesprengt. »Anything goes« – dieses auf den Wissenschaftsbetrieb gemünzte geflügelte Wort Paul Feyerabends scheint die Leitlinie des modernen Kunst- und Kulturbetriebs geworden zu sein. Ethische Prinzipien und ästhetische Standards der Vergangenheit sind längst verflüssigt in der Maschinerie des nahezu grenzenlosen Vergnügens. Form und Inhalt sind kaum mehr unterscheidbar, die alte Frage nach der »Botschaft« von Kunst und Kultur scheint einer vergangenen Epoche anzugehören. Schnittechnik und Tempo der Videoclips sind im Zeitalter des Infotainments die »message«, nicht die inszenierten Bilder. Erlaubt ist, was gefällt und was die Kassen füllt. Kultur und Konsum sind nahezu identisch geworden. Industrielle Entwicklungs-, Fertigungs- und Absatztechniken drücken den kulturellen Produkten ihren Stempel auf: Kultur ist mehr denn je zur Ware geworden.

Ein Blick auf die Theaterspielpläne der Metropolen, ein Rundgang durch das Video- und CD-Angebot großer Kaufhäuser oder das Literatur-Sortiment der Bahnhofsbuchhandlungen belehrt darüber, wie unüberschaubar das kulturelle Angebot heute geworden ist. Eine auch nur halbwegs gründliche Information über die Fernseh- und Hörfunkprogramme bloß eines einzigen Tages erfordert nahezu wissenschaftlich-systematische Fertigkeiten und austrainierte Entscheidungskompetenz. Die Fülle der angebotenen Anwender-Programme für Computer bedeutet selbst für den »Freak« eine harte Nuß; spätestens die Angebotspalette des Internet führt zu Entscheidungskrisen, Verzweiflungstaten oder aggressiver Apathie. Der hochtechnisierte und vom Kommerz geprägte Kulturbetrieb überfordert schon deshalb, weil die Informations- und Deutungsfülle auch nur ansatzweise kaum mehr überschaubar geworden ist. Informations- und Orientierungspluralismus haben ein neues Diktat errichtet, das den einzelnen fast zwangsläufig zum lebenslangen kulturellen Anfänger stempelt. Ihm bleibt nicht nur die Qual der Wahl, ihm obliegt auch die einer Trotzreaktion vergleichbare nahezu tägliche Abwehr der Reizüberflutung; er muß entscheiden, womit er nichts zu tun haben will. Halbwegs informiertes Ignoranten-tum wird zur Bedingung, um am modernen Kulturbetrieb überhaupt noch teilnehmen zu können.

Trotz dieser chaotisch anmutenden Struktur der Kultur-industrie bietet sie eine überraschende Orientierungsleistung für die Gesellschaft. Doch es sind weniger die Inhalte und die ethischen oder ästhetischen Prinzipien, um die es geht, es ist vielmehr die auf die Sozialstruktur bezogene funktionale Dif-ferenzierung. Teilhabe und Kompetenz in einzelnen kulturel-len Segmenten signalisieren einen gesellschaftlichen Status, die Zugehörigkeit zu einer bestimmten Schicht oder auch Subkultur. Diese symbolische Bedeutung scheint die inhalt-liche mehr und mehr zu überlagern. Wer die »taz«, die »Frankfurter Rundschau« und den »Spiegel« liest, der gehört offenbar zur linksliberal/grün-alternativen Szene, wer sich für die »FAZ«, »Die Welt« und »Focus« entscheidet, der reiht sich in die konservativ-technische Intelligenz ein. Jün-gere, gutgekleidete und kurzhaarfrisierte Leute mit Handy oder Notebook im Intercity oder Cabrio wird man der neuen Managerkaste zurechnen dürfen oder besser noch: Sie schei-nen dieser Gruppe zugeordnet werden zu wollen.

Unseren spielerischen Versuch, soziale Gruppen anhand ihrer kulturellen Vorlieben zu identifizieren, könnte man leicht an vielen Beispielen weiter fortsetzen. Die Werbewirtschaft hat schon lange erkannt, daß der Absatz der Konsumgüter sich nicht allein aus dem Gebrauchswert ergibt, sondern durch die Verknüpfung mit Lebensstilen und der Möglich-keit, sich durch die Vorliebe und den Gebrauch eines Pro-dukts von anderen Menschen zu unterscheiden. Autos, Klei-dung, Unterhaltungselektronik und Urlaubsreisen sind die herausragenden Beispiele. Für unseren Zusammenhang ent-scheidend ist die Überlegung, daß die kulturelle Praxis heute offenbar wenig inhaltliche Orientierungsmöglichkeiten vor-gibt, dafür aber eine hohe symbolische Bedeutung hat, indem die schwierige Auswahl kultureller Angebote immer auch die Zugehörigkeit zu bestimmten sozialen Gruppen signalisiert, die sich zunehmend abschotten. Erschöpft sich heute darin die Bedeutung von Kultur?

Der moderne Kulturbetrieb erfüllt gerade aufgrund der großen Bedeutung der Technik eine weitere bemerkenswerte Funktion, denn er suggeriert eine Weiterentwicklung und damit einen gesellschaftlichen *Fortschritt*, den andere politische und gesellschaftliche Bereiche nicht mehr aufweisen können. Wenn Computer bereits beim Kauf als veraltet betrachtet werden können, wenn gerade auf dem Gebiet der Elektronik das Immer-Mehr, Immer-Weiter, Immer-Größer noch zur dominanten Leitlinie gehört, wenn die technische und elektronische Ausstattung von Massenspektakeln wie Musicals und Open-air-Konzerten zum Erfolgskriterium wird, wenn das Internet immer bessere und schnellere weltweite Kommunikation verspricht, wenn immer mehr Fernsehkanäle ein stets wachsendes Unterhaltungsangebot versprechen, dann folgt daraus der Eindruck eines noch nicht ausgeschöpften Potentials des Fortschritts. Von einer Fiktion, ja von einer Ideologie des Fortschritts läßt sich reden, wenn man diese für den Kulturbetrieb unter kommerziellen Aspekten wichtigen Entwicklungen in Beziehung setzt zu den Kompetenzen des einzelnen, mit dieser Art von Fortschritt nutzbringend umzugehen, vor allem: Verbessert diese neue Kultur die persönlichen, sozialen und kulturellen Fähigkeiten? Führt sie zu mehr menschlichem, mehr solidarischem Verhalten und zu weniger Gewaltbereitschaft? Trägt sie dazu bei, Gut und Böse klarer zu unterscheiden?

Wenn die sinngebenden Inhalte der Kultur heute mehr und mehr einer funktionalen, statusbezogenen Bedeutung und einer Fiktion des Fortschritts weichen, dann hat das gravierende Folgen für die Orientierungsmöglichkeiten des Individuums. Denn mit den ethisch, religiös oder moralisch geprägten Inhalten, mit der Verflüchtigung von »Gut« und »Böse« verschwindet auch ein von der europäischen Aufklärung historisch inspiriertes *Wissen* darüber, woran man sich halten könnte. Kants kategorischer Imperativ, die zehn Gebote und die Grundsätze der Humanität, tief eingelagert im Wissensbestand der europäischen Aufklärung, geraten in die Defensive angesichts eines Massenkulturbetriebs, der ethische Grundüberzeugungen zurückstellt zugunsten von Profit und distinktiven Unterscheidungsangeboten. Wenn heute das *Sich-Unterscheiden-Wollen von anderen* eine wesentliche Triebfeder der kulturell-konsumistischen Praxis des einzelnen ist, dann spielen die in den kulturellen Formen mitgegebenen inhaltlichen Traditionsbestände eine bloß noch marginale Rolle. Eine Aufweichung des Wissensbegriffs ist die Folge.

Woher nehmen Menschen heute das Wissen und die Gewißheit darüber, was richtig oder falsch, gut oder böse ist? Wer bietet halbwegs verbindliche Verhaltensmaßstäbe und rationale Entscheidungshilfen? Religiöse Überzeugungen der christlichen Kirchen haben an Einfluß eingebüßt und mit ihnen die politischen und gesellschaftlichen Institutionen und die schwindenden sozialmoralischen Milieus. Selbst die wissenschaftliche Experten-Kultur vermag kaum eindeutige Orientierung zu vermitteln. Seitdem die Großtechnologien wie Kernkraft, Biotechnologie und elektronische Datenverarbeitung im Fadenkreuz einander widersprechender wissenschaftlicher Gutachten stehen, ist es mit dem Anschein der seriösen Vertrauenswürdigkeit der Experten und ihrer Expertisen nicht mehr so weit her. Die zunehmenden Anfragen an wissenschaftliches Expertenwissen und die Verwissenschaftlichung aller Lebensbereiche steht in keinem guten Verhältnis zu den wenigen Gewißheiten, die heute von der Wissenschaft erwartet werden können, denn die immer effektivere, immer weitergehende technische Machbarkeit gibt keine Antworten auf Sinnfragen. Indem nun der Wissensbegriff der modernen Wissenschaften im Spektrum zwischen Naturwissenschaften und Medizin sich konzentriert auf technische Machbarkeit und Umsetzbarkeit, verliert die alte Frage nach dem Wissen über das gute und richtige Leben an Bedeutung. Den Unwägbarkeiten und Ungewißheiten philosophischer Reflexion, die noch am ehesten einen umfassenden Wissensbegriff für sich reklamieren könnten, erwächst mächtige Konkurrenz in den schnell konsumierbaren und weniger reflexionsbedürftigen Angeboten des Okkultismus, der Esoterik und anderer moderner Heilslehren und Lebenshilfen.

Religiöse und kulturelle Überlieferungen sind eingebettet in das, was man zu Recht eine multikulturelle Gesellschaft nennt, mit allen Chancen, aber auch mit allen Risiken. Multikulturell heißt heute aber auch, zumal in den Ballungsräumen, wo das Leben und Überleben härter wird, wo die soziale Polarisierung stärker greift, multi-ethnisch und multireligiös. Die Erfahrung von Fremdheit und die Erfahrung der Relativität eigener Überzeugungen stellen in diesem Zusammenhang eine große Herausforderung dar. Schließlich haben wir es mit einer Gesellschaft zu tun, die dem Miteinander von Deutschen und Nicht-Deutschen überwiegend entweder mit formellen Höflichkeitsfloskeln (»unsere ausländischen *Mitbürger*«) oder mit offener bis versteckter Ablehnung begegnet. De facto, aber nicht de jure ist die Bundesrepublik, zumindest in den Ballungsräumen, eine multikulturelle Zuwanderungsgesellschaft geworden. Auf der einen Seite lebt jene Mehrheit von Deutschen, die mit den Zuwanderern allenfalls als Käufer von Waren oder Dienstleistungen zu tun hat, auf der anderen Seite befinden sich jene Migranten, die sich in ethnischen Kolonien und bestimmten Stadtteilen eingerichtet haben, wenig oder gar keine Kontakte mit Deutschen pflegen und um so mehr an ihren kulturellen und religiösen Traditionen festhalten. Dazwischen jene, die unterhalb der offiziellen Parole »Deutschland ist kein Einwanderungsland – Ausländer sind Gäste« wenig vorbereitet soziale Konflikte als ethnische auszutragen haben: Bewohner sozial schwacher Stadtteile und sozialer Brennpunkte, Haupt- und Berufsschüler, Polizeibeamte, Arbeiter und viele mehr.

Unter den Bedingungen eines härter gewordenen Verteilungskampfes um knappe Güter wie Wohnungen und Arbeitsplätze bricht die Desintegration der multikulturellen Gesellschaft auf, soziale Gräben vermischen sich mit ethnischen Spaltungslinien, die Kontraste von Religionen und Lebensformen überfordern den einzelnen. Mangelnde Integrations- und Assimilationsbereitschaft fördern fundamentalistische Ausbrüche, denn: Die Ablehnung, insbesondere gegenüber dem Islam treibt diesen in die Defensive; die Flucht in den Islam ist für nicht wenige Türken der einzige Ausweg zum Aufbau einer stabilen Identität. Umgekehrt setzt die Erfahrung mit Fremdheit eine Sozialkompetenz für Deutsche voraus, die viele von ihnen nicht erbringen können oder wollen. Daraus resultiert Fremdenfeindlichkeit. Im härter gewordenen Verteilungskampf um Wohnungen und Arbeitsplätze nistet sich die Konflikthaftigkeit einer multikulturellen Gesellschaft ein, die so beharrlich von der Mehrheitsgesellschaft geleugnet wird. Dabei droht jener notwendige Konsens auf der Strecke zu bleiben, der als Voraussetzung einer jeden multikulturellen Gesellschaft gelten kann: die alle Bürger, deutsche wie auch nichtdeutsche, umfassende und breit akzeptierte Geltungskraft gleicher staatsbürgerlicher Rechte und Pflichten.

Politische, gesellschaftliche und religiös-kulturelle Krisentendenzen und die Gefahren des Fundamentalismus

Wie wir gesehen haben, kann der moderne Fundamentalismus an vielfältige Krisentendenzen in Politik, Gesellschaft, Kultur und Religion anknüpfen. Es sind vor allem jene, die in der einen oder anderen Weise einen Fortschritt versprochen oder auch eingelöst haben, diese Perspektive nun aber nicht mehr bieten. Auf der politischen Ebene ist die ausbleibende Steuerung großer Zeitfragen ein entscheidender Punkt wohl auch deshalb, weil in der ersten Nachkriegsphase die seinerzeit großen Fragen, wie die nach der Einführung eines demokratischen politischen Systems, nach der Aussöhnung mit dem Westen und nach Massenwohlstand, im Innern sehr wohl gelöst wurden. Entscheidende Großkonflikte heute scheinen nicht nur ungelöst, vielmehr ist die demokratische Beteiligung an einer Lösung nicht absehbar.

Die nachlassende Akzeptanz der politischen Institutionen ist nur der sichtbare Ausdruck der Zurückweisung oder doch des Desinteresses an der etablierten Politik, das unter jungen Leuten noch stärker ausgeprägt ist als unter den Älteren. Ausbleibende Steuerung und geschwächte Institutionen schaffen jenen Platz, der möglicherweise von fundamentalistischen Angeboten eingenommen werden kann. Die Krise der Arbeitsgesellschaft mit ihren objektiven Risiken des Arbeits- und Ausbildungsmarktes und den Beeinträchtigungen für bislang relativ verläßliche und überschaubare Berufsbiographien kann in unserem Zusammenhang nur als Verstärkung einer solchen Option verstanden werden.

Gleiches gilt für die kulturellen und religiösen Institutionen. Sie unterliegen einem Funktionswandel, der ihre gegenwärtigen und wohl auch künftigen Leistungen deutlich verändert. Ihre traditionsstiftende und daher auch identitätsstiftende Funktion geht mehr und mehr verloren zugunsten einer Kultur der Beliebigkeit, des Äußerlichen, des Designs, des Nurnoch-Unterhaltens unter den fragwürdigen Vorzeichen eines technischen Fortschritts, der keine inhaltlichen Botschaften mitzuteilen hat. Deshalb verlieren der Kultur- und der etablierte Kirchenbetrieb zwangsläufig mehr oder weniger schnell ihre Funktion als Bewahrer und Mittler von identitätsverbürgernder Tradition und als Bollwerke gegen vor- und antidemokratische Tendenzen. Wenn unsere Krisendiagnose auch nur halbwegs plausibel ist, dann zeigt sich, daß die bisherigen Deutungen des modernen Fundamentalismus in einem Punkt zu kurz greifen. Fundamentalismus als Perspektive des Krieges von Zivilisationen (Huntington, Tibi), als Gegenbewegung zur europäischen Aufklärung (Meyer) und als Produkt einer spezifischen historischen Konstellation in den siebziger Jahren (Kepel) vernachlässigen die aus der inneren Verfassung der Gesellschaft hervorgehenden Krisensymptome.

III.

Politischer Fundamentalismus in Deutschland – Eine historische Skizze

Längerfristige Prognosen gehören nicht eben zu den Stärken der politischen Theorien. Zu den wenigen Ausnahmen zählen einige Überlegungen, die Alexis de Tocqueville vor mehr als 160 Jahren in seinem Buch »Über die Demokratie in Amerika«, einem Klassiker der demokratietheoretischen Literatur, angestellt hat: »Wenn ich den Zustand betrachte, den mehrere europäische Nationen bereits erreicht haben und dem alle anderen zustreben, so bin ich persönlich geneigt zu glauben, daß es unter ihnen nur noch Raum geben wird für die demokratische Freiheit oder die Tyrannei der Cäsaren« (Tocqueville, 1959, S. 363). Damit nahm Tocqueville im Jahr 1835, dem Jahr der Publikation seines Buches, eine Unterscheidung vorweg, die erst hundert Jahre später von großer Bedeutung für die Staaten in Europa sein sollte: jene zwischen Totalitarismus und Demokratie.

Seit Tocqueville haben sich differenzierte Staatsgebilde entwickelt zwischen Demokratie und Diktatur: autoritäre Regime, Militärdiktaturen und Formaldemokratien mit korrupten Strukturen, die sich nicht eindeutig als totalitär oder demokratisch bezeichnen lassen. Trotzdem macht Tocquevilles Unterscheidung auch heute noch Sinn, zumal dann, wenn man den Blick auf die tatsächlichen oder möglichen künftigen Herausforderungen der Demokratien richtet. Dann zeigt sich nämlich, daß sie nicht nur von innen heraus gefährdet sind: Ökonomische Faktoren wie Arbeitslosigkeit und Sozialabbau stellen nicht nur eine individuelle Bedrohung dar; vielmehr kommt es in deren Gefolge zu Politikdistanz, Unzufriedenheit und Protestverhalten. Die Herausforderungen durch organisierten politischen Protest weisen nicht selten fundamentalistische Züge auf. Sie wollen das Rad der Geschichte zurückdrehen und die Fortschritte der Emanzipation der Bürger von den Fesseln der staatlichen Bevormundung diskreditieren und aufheben. Dies tun sie im Namen einer politischen Heilsgewißheit und Unbedingtheit, die keinen Spielraum läßt für in der Demokratie übliche und notwendige politische Praktiken: Pluralismus, Toleranz, Konkurrenz um Stimmen, Begrenzung der Macht, Bereitschaft zum Kompromiß und Verzicht auf eine alles umfassende Heilslehre verweisen nicht nur auf unerläßliche demokratische Spielregeln, sondern auch auf politische Tugenden, ohne die Demokratien nicht funktionieren können. Politischer Fundamentalismus ersetzt, um mit Max Weber zu reden, kompromißbereite »Verantwortungsethik« durch reine »Gesinnungsethik«.

Die Phänomenologie des politischen Fundamentalismus kennt vielfache Formen, und sie reicht historisch weit zurück. Sie ähnelt dem Anblick einer weitverzweigten Flußlandschaft mit breiten Strömen, Seitenarmen und bedeutenden Nebenflüssen, aber auch Kanälen, Gebirgsflüssen und ausgetrockneten Flußläufen. Im Zentrum stehen die totalitären Bewegungen und Systeme dieses Jahrhunderts, der extreme Nationalismus und der stalinistisch geprägte Staatssozialismus, beide eingebunden in ein Netz lebenswichtiger großer und kleiner Zuflüsse. Die Geschichte des Sozialismus und der Arbeiterbewegung hat seit Mitte des 19. Jahrhunderts eine Vielzahl von Richtungen hervorgebracht, die sich gegen die bürgerliche Demokratie und die kapitalistische Wirtschaftsform richten. Obwohl der ökonomische und technische Fortschritt sowohl in der sozialdemokratischen als auch in der kommunistischen Arbeiterbewegung nicht nur akzeptiert, sondern sogar begrüßt und gewünscht wurde, weil er zur Verbesserung der materiellen Lebensbedingungen beizutragen versprach, ist dennoch ein antikapitalistischer und die bürgerliche Demokratie in Frage stellender und, in den radikalen Lagern, heftig bekämpfender Fundamentalismus eine unübersehbare Kernströmung in der Geschichte des Sozialismus. Pervertiert wurde das Ganze in der stalinistischen Sowjetunion, aber auch in der Geschichte und dem schmählichen Ende der DDR.

Der extreme Nationalismus, ein europäisches Phänomen der Zwischenkriegszeit, das in der NS-Diktatur 1933 bis 1945 kulminierte, beruhte auf einer radikalen antimodernistischen Grundsubstanz. Obwohl technische Innovationen wie im Automobil- und Autobahnbau, planwirtschaftliche Elemente wie im zweiten Vierjahresplan 1936 und Ansätze einer modernen Sozialpolitik wie die – allerdings kriegswirtschaftlich erzwungene – zunehmende Beschäftigung von Frauen durchaus Aufgeschlossenheit für fortschrittliche Entwicklungen signalisieren, wird in Fragen der demokratischen Politik und der liberalen Kultur das Rad der Geschichte kräftig zurückgedreht. Die Verfolgung politischer und ethnischer Minderheiten, vor allem der militante Antisemitismus, verstellt die Einsicht, daß das Ziel des extremen Nationalismus damals und heute nichts weniger ist, als die auf den Errungenschaften der Französischen Revolution aufbauenden demokratischen Verfassungsstaaten zu beseitigen und die demokratischen, liberalen und egalitären Werte der modernen Gesellschaft in Europa ein für alle Mal zu zerstören. Geht es dem Sozialismus vor allem um die Kritik und Überwindung der kapitalistischen Wirtschaftsform und, zumindest teilweise, um die Aufhebung der bürgerlichen Demokratie zugunsten der Diktatur des Proletariats, so ist der extreme Nationalismus weit radikaler und fundamentalistischer: Freiheit, Gleichheit und Brüderlichkeit sollen als nicht mehr erwünschte Grundwerte moderner Demokratien auf dem Altar des Führerstaates geopfert werden.

Was den extremen Sozialismus und Nationalismus verbindet, ist die Absage an das rationale, kompromißbereite, unter Erkenntnis- und Entscheidungsvorbehalt stehende politische Denken, die Forderung nach Entmündigung des einzelnen, der mit seinen Interessen in der Volksgemeinschaft oder in der Gemeinschaft der Arbeiter und Bauern aufzugehen hat, und nicht zuletzt die Pervertierung von pluralistisch konzipierter Wissenschaft, Kunst und Kultur zum Bannerträger der Staatsideologie. Gemeinsam ist beiden darüber hinaus das missionarische Sendungsbewußtsein, der Glaube an eine einzige Wahrheit und der Ausschluß derjenigen, die daran Zweifel anmelden. »Bei den Kommunisten wie bei den Nationalsozialisten«, schrieb Ernst Bloch in »Erbschaft dieser Zeit«, »wird wehrhafte Jugend aufgerufen; hier wie dort ist der kapitalistisch-parlamentarische Staat verneint, hier wie dort wird die Diktatur gefordert, die Form des Gehorsams und Befehls, die Tugend der Entscheidung statt der Feigheiten der Bourgeoisie, dieser ewig diskutierenden Klasse« (Bloch, 1981, S. 162).

Die wichtigste Gemeinsamkeit beider Fundamentalismen ist ihr historischer Entstehungszusammenhang: Beide sind das Ergebnis einer kapitalistischen Industriegesellschaft im 19. Jahrhundert und damit eines Modernitätsschubs, der eine neue Epoche einleitet. Auf ihn beziehen sich beide, wenn auch in unterschiedlicher Weise. Die Linke entdeckt infolge der Fabrikerfahrungen der Arbeiter und mit Hilfe der Schriften von Marx und Engels die mit dem Kapitalverhältnis verbundene Ausbeutung der Arbeiter und richtet ihre Bemühungen auf die Emanzipation der Arbeiter aus ihrer Knechtschaft. Ihr Ziel lautet: Aufhebung des Kapitalverhältnisses im Rahmen einer künftigen sozialistischen Gesellschaft. Wo die Verbesserung der sozialen Lage der Arbeiter durch Reformen nicht zu bewerkstelligen ist, bleibt nur das Mittel der proletarischen Revolution, um die Strukturen und Eigentumsverhältnisse des Kapitalismus zu zerschlagen und eine sozialistische Gesellschaft aufzubauen. Auch für die extreme Rechte ist der Modernitätsschub der industriellen Revolution Dreh- und Angelpunkt. Aber nicht die ausbeuterischen Verhältnisse der Lohnarbeit sind der Kritikpunkt, sondern die Herausbildung einer Klassengesellschaft mit verschiedenen, sich bekämpfenden Interessen und Standpunkten. Darin sieht sie den Zerfall der Volksgemeinschaft und den Triumph des Materialismus. Die extreme Rechte beharrt auf den alten Mythen von Blut und Boden, auf einem naturalistischen Welt- und Menschenbild, das von Rassentheorien und vom Antisemitismus schon sehr früh geprägt ist. Die Folgen des Industriesystems, die Herausbildung einer in polarisierte Interessen gespaltenen Klassengesellschaft, die Forderung nach mehr Demokratie und Emanzipation ruft eine extreme Rechte auf den Plan, die alles gefährdet sieht, was bis dahin gültig war: Tradition, Volkstum, staatliche Autorität. Die Werte der liberalen Demokratie sind zuallererst Grundrechte und Abwehrrechte des einzelnen gegenüber dem Staat. Bereits dieser Anfang demokratischen Denkens trifft auf den Widerstand derer, für die dem Kollektiv, dem Staat, der Gemeinschaft Vorrang gebührt gegenüber den Rechten des einzelnen.

Für die Regimeform beider Fundamentalismen hat sich mit guten Gründen der Begriff des Totalitarismus durchgesetzt. Karl-Dietrich Bracher spricht gar vom 20. Jahrhundert als dem »Zeitalter der ideologischen Auseinandersetzungen zwischen demokratischen und totalitären Systemen« (Bracher, 1996). Die Hauptmerkmale der Diktatur: Einparteienmonopol, Abschaffung der bürgerlichen Grundrechte, eine dominante Ideologie, zentral gelenkte manipulative Meinungsbildung, militärische Aufrüstung nach innen wie nach außen, der Primat der Politik über die Ökonomie, die Aufwertung der Geheimpolizei und das Führerprinzip lassen sich am Beispiel des Nationalsozialismus und der stalinistischen Sowjetunion der dreißiger und vierziger Jahre eindrucksvoll studieren. Auch das politische System der DDR kann als totalitär bezeichnet werden, wenngleich die militante Verfolgung von oppositionellen Minderheiten relativ gemäßigt vor sich ging.

Zu den Stärken der Totalitarismustheorien gehören die Herausarbeitung der Unterschiede zwischen Demokratie und Diktatur am Beispiel totalitärer Regime und die Begründung der Demokratie aus einer antitotalitären Perspektive. Aber ihre Schwächen sind unübersehbar: Sie setzt eine relativ klare Rechts-Links-Achse des politischen Spektrums voraus und ignoriert daher kleine, aber historisch durchaus nicht unbedeutende soziale Bewegungen, Zeitschriftenzirkel und andere Ideologie-Unternehmen, die nicht eindeutig links oder rechts zu verorten sind, aber den Boden bereitet haben für die totalitären Regime. Die Weimarer Republik hat eine kaum übersehbare Anzahl antidemokratischer, antirepublikanischer und im Kern fundamentalistischer Strömungen hervorgebracht, teils auf der rechten, teils auf der linken Seite der Politik, die aber gelegentlich auch schwanken und dann keiner dieser

Richtungen eindeutig zuzuordnen sind. Während dieser Umbruchphase in der deutschen Geschichte entwickeln sich zahllose Schattierungen der Rechten zwischen Nationalsozialisten, Völkischen, Deutschnationalen und der konservativen Staatslehre. Auf der Linken, zwischen SPD und KPD, agieren linksintellektuelle, anarchistische und kommunitäre Strömungen. Eines ist ihnen bei allen Unterschieden jedoch gemeinsam: Sie bekämpfen Demokratie und Republik.

Zu den Schwächen der Totalitarismustheorien gehört das Denken in geschlossenen politischen Schlachtordnungen. Das bezieht sich vor allem auf die in die Defensive geratene Demokratie, umstellt von den Angreifern von links und rechts. Tatsächlich waren es jedoch, wie das Beispiel der wirtschaftlichen, politischen und intellektuellen Eliten in der Weimarer Republik anschaulich zeigt, innere Erosionsprozesse, welche die Demokratien schwächten und in die Krise führten. Am ehesten noch lassen die ideologischen Auseinandersetzungen zwischen den Lagern, aber auch innerhalb der bürgerlichen Mitte erahnen, wie sehr das Zentrum der Gesellschaft in den Niedergang der Demokratie verwickelt ist.

Brachers These vom 20. Jahrhundert als eines Zeitalters der ideologischen Auseinandersetzungen zwischen demokratischen und totalitären Systemen ist ebenso richtig wie unvollständig. Eric Hobsbawm spricht von einem »Zeitalter der Extreme«, das in den totalitären Regimen einen gewalttätigen Ausdruck findet, dessen Keimzellen jedoch in den krisenhaften Entwicklungen der antidemokratischen Ideologien liege. »Noch offensichtlicher als die Unsicherheiten der Weltwirtschaft und der Weltpolitik aber war«, so Hobsbawm (1995, S. 25), »die soziale und moralische Krise, die die Umwälzungen im menschlichen Leben nach den fünfziger Jahren reflektierte und in diesem Krisenjahrzehnt schließlich äußerst konfus zum Ausdruck kam: die Krise der verschiedenen Glaubensrichtungen und Postulate, auf die sich die moderne Gesellschaft gründete, seit die Modernen im frühen 18. Jahrhundert ihre berühmte Schlacht gegen die Alten gewonnen hatten.«

Nicht nur in den totalitären Regimen, auch in den ihnen

zugrundeliegenden sozialen Bewegungen und ideologischen Zirkeln manifestiert sich die Krise der auf die Demokratie und die Akzeptanz der Fortschrittsidee gegründeten modernen Gesellschaft. Hier formierten sich die fundamentalistischen Angriffe gegen das Fortschrittsdenken der Gesellschaft. Bracher selbst verweist auf die Fruchtbarkeit einer am Begriff des Fundamentalismus orientierten Neubetrachtung der totalitären Bewegungen, indem er im Anschluß an Eric Voegelin vom Aufstieg der politischen Religionen spricht und in der radikalen Fortschrittskritik die Gründungszusammenhänge des politischen Irrationalismus sieht: »In der Tat wird der scheinbar unaufhaltsame Fortschritt von Wirtschaft und Gesellschaft im Zeichen rationaler Wissenschaft und Technik und einer weltweiten Ausdehnung moderner Zivilisation schon seit der Jahrhundertwende immer nachhaltiger in Frage gestellt. Es sind die erschütternden Brechungen des Fortschritts in den großen Kriegen und Krisen unseres Jahrhunderts ... die viele rationale Gewißheiten zerstören und Europa für irrationales Denken empfänglich machen. Ideologisierung und Fortschrittskrise werden zum faszinierenden Antrieb« (Bracher, 1996, S. 138).

Angriff von rechts

Der Fundamentalismus von rechts, eines der Hauptmerkmale der deutschen Geschichte in der ersten Hälfte des 20. Jahrhunderts, hat breite gesellschaftliche Wurzeln. Er erschöpft sich nicht in Propaganda, Antisemitismus und Gewaltbereitschaft. Es waren Intellektuelle, die ihm zum Durchbruch verholfen haben. »Nicht Leitsätze und Ideen seien die Regeln Eures Seins. Der Führer selbst und alleine ist die heutige und künftige deutsche Wirklichkeit und ihr Gesetz.« Martin Heideggers unrühmliche Apologie des Nationalsozialismus in der Freiburger Studentenzeitung vom 3. November 1933 verweist auf den anti-intellektuellen Irrationalismus rechtsextremistischen Denkens. Nicht Theorie, sondern Praxis, nicht Programmdebatten, sondern Rituale, nicht politisches Denken, sondern Haltung, Gesinnung und Weltanschauung prägen die extreme Rechte. Es gehört zu den Paradoxien des Nationalsozialismus, daß er nicht nur die Modernisierungsverlierer für sich einnahm, entwurzelte Frontsoldaten, verängstigte Mittelständler und die von Arbeitslosigkeit bedrohten Arbeiter und Angestellten, sondern auch Intellektuelle vom Schlage Heideggers, die den Irrationalismus predigten.

Bei den Parteitagen der NSDAP bis 1934 wurden keine Programme diskutiert, sondern der Führer wurde zelebriert. Das 25-Punkte-Programm von 1920 war bei den Anhängern der NSDAP wohl ebensowenig bekannt wie die Inhalte von Hitlers »Mein Kampf«. Zwei so unterschiedliche Denker wie Kurt Sontheimer und, zuvor, Herbert Marcuse haben die Bezugspunkte des rechten Denkens überzeugend dargestellt. Beide vor dem Hintergrund des Scheiterns der Weimarer Republik. Sontheimers 1962 vorgelegte und bis heute nicht übertroffene Analyse geht aus von einer »Politisierung des Irrationalismus«: Die radikale Rechte verachtet den Liberalismus und die Demokratie, sie betrachtet die gegenwärtigen Zustände als »dekadent« und sieht in der Idee des autoritären Staates und des »Führers« ein Mittel zu deren Überwindung. »Volk«, »Gemeinschaft«, »Nation« und »Organismus« sind zentrale Begriffe der rechten Weltanschauung. Sie sind nicht Teile von Programm-Diskussionen, sondern vielmehr Eckpfeiler einer rechten Mythologie, einer »politischen Religion«, die nicht argumentativ angeeignet, sondern quasi-religiös »geglaubt« wird. Darin zeigen sich die unübersehbaren fundamentalistischen Elemente des rechten Denkens (Sontheimer, 1978).

Rechtsextreme Bewegungen haben keine diskursive, prinzipiengeleitete politische Theorie entwickelt, die von ihrer Struktur her etwa liberalen oder neokonservativen Theorien vergleichbar wäre. Darin zeigt sich eine gemeinsame Wurzel mit dem altkonservativen, anti-aufklärerischen Denken, das gegen das moderne Naturrecht und die Prinzipien rationalistischer Universalnormen einen »Denkstil« setzt. Er umfaßt eine harmonistische, ganzheitliche, seinsverbundene Weltauffassung, die sich gegen das moderne Auseinandertreten von System und Lebenswelt sperrt. Die Entstehung rechtsextremer politischer Grundauffassungen Ende des 19. Jahrhunderts radikalisiert und transformiert den altkonservativen »Denkstil« in eine *Weltanschauung*, eine *Haltung* gegenüber der Welt und dem Leben. Es sind Strukturen des mythischen Denkens, die sich in der Natur- und Gesellschaftsauffassung und im Menschenbild der extremen Rechten zusammenfinden. Betrachten wir zwei Begriffe etwas genauer: Natur und Volk. Sie werden, wie auch Blut, Rasse und Gemeinschaft, suggestiv und propagandistisch benutzt, wodurch sie, wie Sontheimer anmerkt (1978, S. 258) besonders geeignet sind »als Vehikel eines politischen Denkens, welches in Wahrheit kein vernunftgeleitetes Denken« mehr ist. Beide Begriffe spielen bis heute eine grundlegende Rolle für den Angriff von rechts.

Natur ist nicht ein der Gesellschaft gegenüberstehender eigenständiger Lebensraum, sondern existentielle Daseinsweise. Sie ist ewig, gottgewollt und insofern auch ein nichthintergehbares Regulativ für das menschliche Zusammenleben. Diesem Naturbegriff eng verwandt ist die Betonung des Organischen, Ganzheitlichen, das sich gegen alle Versuche des Mechanischen, des Zusammengefügten und des Synthetischen der modernen Welt richtet. Aus der Mystifizierung der Natur und des Organischen können die wesentlichen politischen Grundannahmen der extremen Rechten gefolgert werden. Sie dient darüber hinaus als theoretischer Kern des antidemokratischen Denkens, indem sie den Primat des Vernunftbegriffs ablehnt und diesen den aus der Natur abgeleiteten politisch-sozialen Regulativen unterwirft. Darwinistische Überlebensprinzipien, die Homogenität der Rassen, die Verteidigung territorialer Besitzansprüche, das Führer-Gefolgschafts-Prinzip – dies sind die wesentlichen Beobachtungen der Fauna, die am Anfang des rechtsextremen Denkens zu »natürlichen«, auch für das soziale Leben der Menschen verbindlichen Leitlinien verklärt werden. Das »Unnatürliche«, das »Widernatürliche« gilt es auszumerzen aus dem »Volkskörper« sowohl in der rassistischen Verfolgung des Fremden wie auch in politisch-kultureller Hinsicht im Kampf gegen alles »Undeutsche«. Kampf der Völker, Nationalismus, Ethnozentrismus, die Ungleichwertigkeit der Menschen, Antikommunismus und Antiliberalismus, Militarismus und die demokratischer Legitimation entgegenstehende Forderung nach Durchsetzung des natürlicher sozialer Auslese folgenden Führerprinzips auf allen gesellschaftlichen Ebenen sind die zu politischer Programmatik gewendeten Folgerungen der Natur-Mystifizierung. Sie sind einer demokratischen, kompromißorientierten Infragestellung entzogen, weil sie als natürlich, als nicht hintergehbar angesehen werden – und dies scheint auch der Grund dafür zu sein, daß es eine politische Theorie der extremen Rechten gar nicht geben kann.

Volk ist historisches Subjekt, politisches Objekt und, nach Familie und bündischer Gemeinschaft, fortgeschrittene Form des menschlichen Zusammenlebens, es ist höchste politische Autorität. »Volk« ist nicht soziologische Kategorie, auch nicht bloß die additive Gemeinschaft von Staatsbürgern, die als Souverän ihre Grundrechte einklagen können, sondern lebendiger Organismus. Es kann gesund sein oder krank, stark oder schwach, stolz oder gedemütigt. »Volk« wird nicht zuletzt dadurch zum Mythos, daß es als unaufhebbar ethnisch definierte »Schicksalsgemeinschaft« seine Mitglieder aneinanderkettet. In der Ideologie der Volksgemeinschaft sollten alle Klassen- und Standesunterschiede der Industriegesellschaft aufgehoben sein. Sie ist der vielleicht klarste Ausdruck des fundamentalistischen Antimodernismus der extremen Rechten. Aber sie dient zugleich auch dazu, den bürgerlich-demokratischen Individualismus zu attackieren. »Die besonderen Schicksale der Individuen«, hat dazu Herbert Marcuse frühzeitig bemerkt (Marcuse, 1934), »ihre Strebungen und Bedürfnisse, ihre Not und ihr Glück, – all das ist nichtig, vergänglich, das Volk allein ist bleibend; es steht in der Geschichte wie die Natur selbst als die ewige Substanz, das ewig Beharrende in dem ständigen Wechsel der ökonomischen und sozialen Verhältnisse, die ihm gegenüber akzidentiell sind, vergänglich, ›unbedeutend‹.« Schon von daher ergibt sich eine ideengeschichtlich begründete scharfe Frontstellung gegenüber allen Formen des Individualismus, Liberalismus und Hedonismus, die dem Glücksstreben des einzelnen Vorrang einräumen. Es folgt aber auch eine Frontstellung gegen die Priorität der Menschenrechte im demokratischen Rechtsstaat, die die Freiheit des einzelnen gegen den Staat betonen. Demgegenüber ist bei der Rechten der Mensch Teil seines Volkes, er steht ihm aber auch in seiner individuellen Existenz gegenüber.

Aus dieser Spannung entwirft die extreme Rechte ein Menschenbild, das sich an vorgeblich ewigen Naturgesetzen und der historischen Größe bzw. dem geschichtlichen Auftrag des Volkes orientiert. Gegen die emanzipativen Bewegungen seit der Aufklärung, gegen die kantische Idee der Befreiung des Menschen aus selbstverschuldeter Unmündigkeit betonte die extreme Rechte die Verwurzelung des Individuums in Familie, Volk, Nation, Tradition einerseits und seine genetische Bestimmung andererseits. Der einzelne ist Diener seines Volkes, dem er ethnisch und kulturell, eben ganzheitlich angehört. Biologische, angeborene Grundausstattung und althergebrachte, im Volk verwurzelte Verhaltensmuster begrenzen einen Verhaltensspielraum, der wiederum mythisch aufgeladen wird: Ehre und Treue, Hingabe an einen Führer, heldische Tugenden wie Wagemut und Opferbereitschaft ästhetisieren das rechtsextreme Menschenbild zu einem vorgeblich natürlichen, der Reflexion entzogenen Verhaltensstil. Im Bild des politischen Soldaten verdichten sich die Tugendhaftigkeit des einzelnen und sein Aufgehen in der Gemeinschaft zu einer Glorifizierung des Irrationalen.

Marcuse hat schon 1934 die wohl seinerzeit bemerkenswerteste Analyse jener Strömungen vorgelegt, die, wie er es ausdrückte, die »›liberalistische‹ Staats- und Gesellschaftstheorie« bekämpfen. Neben den auch später von Sontheimer hervorgehobenen Begriffen betont Marcuse die mythische Bedeutung von »Blut und Boden«, »Volkstum«, »Natur«. »Volk« ist »Schicksalsgemeinschaft«, es ist »blutbedingt«, an die »Heimat« gebunden, seine rassische Reinheit ist Bedingung seiner Existenz und seiner historischen Kraft. Die Verklärung des Bauerntums als einzig naturgebundenem Stand entspricht der Kampf gegen die moderne Großstadt und ihren »widernatürlichen Geist«, die als Inkarnation eines fehlgeleiteten Fortschritts bekämpft wird. Überhaupt ist »Kampf« eine zentrale Kategorie: des einzelnen als Teil der »Volksgemeinschaft«

und dieser in der Auseinandersetzung mit anderen Völkern. »Kampf« ist nicht strategische Kategorie oder notwendiges Übel, sondern existentielle Kategorie auf der Basis eines unbegründeten Voluntarismus: Der Wille ist entscheidend für den Gang der Dinge. All dies ist, wie Marcuse und Sontheimer betonen, keineswegs eine zur Disposition stehende und der Korrektur offenstehende Theorie, sondern eine *Weltanschauung*, ein politisches Glaubensbekenntnis. Es lebt nicht nur von Mythen wie Natur, Organismus, Volk, sondern von einer darin eingebauten fundamentalistischen Fortschrittsfeindlichkeit. Einen wirklichen Fortschritt in der Geschichte kann es demnach gar nicht geben, da politische und gesellschaftliche Kämpfe letztlich rückführbar sind auf die »ewigen« Gesetze des Organischen und des Volkstums. »Konservativ sein«, heißt es bei Moeller van den Bruck, »bedeutet nicht ein Hängen an dem, was gestern war, sondern ein Leben aus dem, was immer gilt« (zit. nach: Mohler, 1989, S. 149). Skepsis bis Ablehnung aller Bemühungen um Demokratisierung von Staat und Gesellschaft sind auf diese Weise im Grundverständnis der radikalen und extremen Rechten von Anfang an in das politische Glaubensbekenntnis verankert. Es zielt nicht auf den kritischen und mündigen Verstand, sondern auf nicht-hinterfragte Vorurteile, volkstümliche Überlieferungen, fragwürdige Legenden, es schöpft aus dem Reservoir der Halbbildung. Auf diesem sozialen Nährboden gedeiht der Populismus der Rechten auch in unseren Tagen: Hier setzen die Politisierungen nach rechts ein, hier beginnt die »Verführbarkeit« der Menschen.

Marcuse, mehr noch aber Sontheimer, haben darauf hingewiesen, daß die Programmatik der extremen Rechten nicht innerhalb einer Partei entsteht. Ihr politisches und gesellschaftliches Umfeld ist mitentscheidend für das, was innerhalb der Partei programmatisch zum Durchbruch kommt. Es sind eine Fülle von geistigen Zeitströmungen, Einflüsse von konservativen und antirepublikanischen Zirkeln und auch Deutungen der politischen Tagesordnung, welche die Programmatik bedingen und ihre konkrete Ausprägung veranlassen. Nur so sind die Dauer-Themen der extremen Rechten nach 1945 verständlich:

- das Festhalten am Reichs-Mythos, der die Nachkriegs-Realitäten leugnet und die deutschen Grenzen von 1937 fordert;
- der mittlerweile salonfähige Geschichts-Revisionismus, der vor allem die angeblich guten Seiten des Dritten Reiches sieht, die Ehre der deutschen Soldaten in den Schmutz gezogen wähnt, die Schuldfrage offensiv abwehrt und das Schema gegenseitiger Aufrechnung immer wirkungsvoller in die Diskussion bringt;
- die Dekadenz-These, die vom sittlichen Verfall von Kultur und Gesellschaft nach 1945, besonders aber nach 1968, ausgeht. Familie, Kultur, Moral und bürgerliche Tugenden sind aus dieser Sicht »überfremdet« durch amerikanischen Kultur-Imperialismus und südeuropäisch-afrikanisch-asiatische Zuwanderer. Die anhaltende Asyl-Debatte in der Mitte der Gesellschaft wertet diese These auf, verleiht ihr Dynamik und Tagesaktualität. Objektiv zielt der Nachkriegs-Rechtsextremismus darauf ab, demokratische, sozialistische und liberale Strömungen und Tendenzen zurückzudrängen zugunsten eines autoritären Modells von Staat und Gesellschaft.
- Dazu zählt auch eine Form der Fremdenfeindlichkeit, die aus der Tradition des organisch-biologistischen Denkens heraus durch das Nadelöhr des Rassismus geht und daher zu prinzipiellen, politisch begründeten Diskriminierungen des Fremden, des Nicht-Dazugehörigen kommt; sowie
- eine Demokratiefeindschaft, die sich auf die konservative Staatsrechtslehre der Weimarer Republik berufen kann, wie sie Carl Schmitt beispielhaft formuliert hat: »Je stärker die Kraft des demokratischen Gefühls, um so sicherer die Erkenntnis, daß Demokratie etwas anderes ist als ein Registriersystem geheimer Abstimmungen. Vor einer, nicht nur im technischen, sondern auch im vitalen Sinne unmittelbaren Demokratie erscheint das aus liberalen Gedankengängen entstandene Parlament als eine künstliche Maschinerie, während diktatorische und cäsaristische Methoden nicht nur von der acclamatio des Volkes getragen, sondern auch unmittelbare Äußerungen demokratischer Kraft und Substanz sein können« (Schmitt, 1926, S. 21).

Der Angriff von rechts wird heute auf dem Feld der Ideologien am wirkungsvollsten von den Gruppierungen der Neuen Rechten vorgetragen. Die Neue Rechte entstand zunächst in Frankreich im Verlauf der sechziger Jahre, als junge Intellektuelle gegen die Verkrustungen der alten Rechten und ihre anhaltende Fixierung auf das Algerien-Dilemma de Gaulles aufbegehrten und eine zeitgemäße, moderne, intellektuelle Programmatik verlangten. Alain de Benoist und seine Anhänger suchten die Auseinandersetzung mit den Theorien der Neuen Linken. Von Antonio Gramsci übernahmen sie die Vorstellung eines Kulturkampfes, in dem es darum gehe, vor der politischen die kulturelle Hegemonie zu gewinnen. Die Auseinandersetzung mit den Autoren der konservativen Revolution, mit Nietzsche, Pareto und Evola, aber auch zeitgenössischer Verhaltensforschung (Konrad Lorenz, Irenäus Eibl-Eibesfeld u. a.), Eugenik und Soziobiologie dient dazu, den vom Christentum, vom Marxismus und Liberalismus angeblich in der Tradition der Aufklärung herbeigeführten »Egalitarismus« zu bekämpfen und die Besinnung auf die europäischen Werte vor 1789 voranzutreiben. Statt in Freiheit, Gleichheit, Brüderlichkeit sieht die Neue Rechte das Heil in einer Bindung an die (Volks-)Gemeinschaft, der natürlichen Ungleichheit der Menschen und Rassen sowie im Gedanken sich selbst bildender heroischer Eliten.

Gegen die vorgebliche politische, militärische und kulturelle Hegemonie der USA, die als Endpunkt des liberalkapitalistischen Individualismus betrachtet wird, setzt die Neue Rechte auf die Identität der europäischen Völker, gegen den kapitalistischen Krämergeist den Primat der Politik im Sinne von Carl Schmitt. Demokratie ist demzufolge ein dem Liberalismus folgendes politisches Ordnungsprinzip, das die Neue Rechte ablehnt aufgrund seiner egalitären Basis, seiner kompromißgerichteten Entscheidungsfindung und den verfahrenszentrierten Legitimationsgrundlagen. Hier liegt – neben der unterschiedlichen Beurteilung des Christentums und dem Anti-Amerikanismus der Neuen Rechten – der wohl entscheidende Unterschied zum etablierten westeuropäischen Konservatismus: Während dieser nach 1945 die demokratischen und republikanischen Spielregeln gelernt hat und akzeptiert, bekämpft die Neue Rechte die Demokratie als solche – ganz in der Tradition der konservativen Revolution. Auch in der Behandlung der Menschenrechts-Frage zeigt sich die antidemokratische Stoßrichtung der Neuen Rechten: Sie stellt die »Sache der Völker«, ihre kulturellen Eigenarten und rassischen Besonderheiten über das demokratische »essential« der universalistischen Menschenrechte.

Das Fortleben von Ideen der »konservativen Revolution« hierzulande unterscheidet sich von Frankreich vor allem durch eine kaum mehr überschaubare organisatorische und auch weltanschauliche Zersplitterung. Konservative Vordenker wie der Erlanger Historiker Hellmut Diwald, der ehemalige Ernst-Jünger-Sekretär Armin Mohler, der Osnabrücker Soziologe Robert Hepp, der Stuttgarter Sozialphilosoph Günter Rohrmoser oder der Bochumer Politologe Bernard Willms und andere, weniger bekannte Publizisten, haben bei aller Individualität und Rivalität mit ihrem akademischen Anhang in Zeitschriften und bei Kongressen die Botschaften der Neuen Rechten mit unterschiedlicher Akzentuierung propagiert und auch eine jüngere Generation des konservativ-nationalistischen Spektrums beeindrucken können: Zwischen dem rechten Unions-Rand und den Vertriebenenverbänden, zwischen den Republikanern und den rechten Denkfabriken der Wende, zwischen der vordem rechtsextremen und zwischenzeitlich zur christlich-konservativen Seite mutierten Zeitschrift »Mut« sowie der Tageszeitung »Die Welt« ist ihr Einfluß spürbar. Die von Gerd-Klaus Kaltenbrunner herausgegebene Buchreihe »Herderbücherei Initiative« wie auch kleinere, weniger bekannte Zeitschriften für ein überwiegend akademisches Publikum (Junge Freiheit, Nation Europa, Elemente usw.) leben vom Geist der »konservativen Revolution«. Im Angebot sind unter anderem politisch-philosophische Begründungen der »Nation« als zentraler Kategorie eines Volkes (Willms), Forderungen nach »geistig-politischer Wende« (Rohrmoser) und Beendigung der zerstörerischen »Vergangenheitsbewältigung« (Mohler), das Herunterspielen der deutschen Kriegsschuld (Diwald),

Plädoyers für die rassische Reinheit der Deutschen (Hepp) und neue Eliten (Kaltenbrunner). Strömungen der Neuen Rechten waren in den Gründungsprozeß der Partei »Die Grünen« und ihrer Vorläufer ebenso involviert wie bei der Programmentwicklung der Republikaner.

Was vor Jahren noch als politische Skurrilität hätte bezeichnet werden können, beginnt heute vor dem Hintergrund offen aufbrechender Fremdenfeindlichkeit aus dem Schatten von Randzirkeln herauszutreten: »wissenschaftliche« Begründungen der Fremdenfeindlichkeit, vorgetragen nicht von sozialen Außenseitern oder Randbereichen jugendlicher Subkulturen, sondern von honorigen Hochschullehrern. Im Juni 1981 erschien das von elf deutschen Universitätsprofessoren unterzeichnete »Heidelberger Manifest«. Dort ist von der »Unterwanderung« des deutschen Volkes durch Ausländer die Rede, von der Überfremdung des »Volkstums« und der Notwendigkeit, den europäischen »Organismus aus erhaltenswerten Völkern« frei von Ausländern zu halten. Dieses Dokument eines akademischen Rassismus beginnt, so scheint es, Früchte zu tragen. Was heute im Ergebnis »Hoyerswerda ist ausländerfrei« militant kulminiert, wird in Kreisen der Neuen Rechten schon länger vorgedacht, »wissenschaftlich« bewiesen und in Randzonen konservativ-nationalistischer Öffentlichkeit gehandelt. Was hier mit Parolen (»Ausländer raus«) zum Ausdruck kommt, findet sich dort als feinsinnige Sprachschöpfung wieder: »Ethnopluralismus« steht als Sammelbegriff für die Trennung der Ethnien. So unterschiedlich die Methoden, so ähnlich sind doch die Ziele: Das rassisch reine, das kulturell homogene Deutschland soll es sein, von keiner »Vergangenheitsbewältigung« in seiner machtstaatlichen Fülle getrübt, nach innen homogen, nach außen als starke europäische Zentralmacht.

Der Hamburger Politikwissenschaftler Wolfgang Gessenharter, einer der besten Kenner der Neuen Rechten, hat in seinem Buch »Kippt die Republik?« eine Vielzahl von Berührungspunkten, personellen, ideologischen und politischen Verstrickungen zwischen dem etablierten Konservatismus und den Gruppen der Neuen Rechten nachgezeichnet (Gessenharter, 1994). Nachzutragen bleibt hier das Beispiel der Münchener Affäre um die Ausstellung über Verbrechen der Wehrmacht im März 1997. Diese vom Hamburger Institut für Sozialforschung verantwortete Ausstellung stieß auf den erbitterten Protest der CSU, die darin eine Verunglimpfung des deutschen Volkes sah. Bemerkenswert an den Vorgängen ist in unserem Zusammenhang nicht nur die größte Neonazi-Demonstration seit Jahrzehnten, die am 1. März in München Tausende Neonazis mobilisierte und letztlich im Hinblick auf die Ablehnung der Ausstellung die gleichen Interessen vertrat wie die CSU. Hervorzuheben ist vor allem der ideologische und kulturkämpferische Zusammenhang: in der objektiven Bündniskonstellation zwischen der Neuen Rechten, den Neonazis und den Nationalkonservativen in der CSU. Die rhetorische Figur der Diskreditierung des deutschen Volkes durch Kritik an der Wehrmacht und den deutschen Soldaten ist eine genuin rechtsextreme Ideologie, die in Kreisen der Neuen Rechten seit Jahrzehnten intellektuell gepflegt wird, anläßlich der Wehrmachtsausstellung nun aber ihre Hüter am rechten Rand verläßt, von Teilen der CSU aufgegriffen und von ihr in eine Kampagne verwandelt wird und so die Neonazis auf die Straße treibt. Bündniskonstellationen dieser Art waren es, die letztlich die Weimarer Republik zu Fall gebracht haben.

Die »Neue Rechte« in der Bundesrepublik ist bislang ein Phänomen sich elitär verstehender politisch-intellektueller Zirkel und Kleingruppen. Es blüht eher im Verborgenen, abseits des politischen Getriebes. Aufmerksamkeit verdient es, wie das Beispiel der Wehrmachtsausstellung zeigt, im Hinblick auf seine Einflüsse im konservativen Lager, aber auch bezüglich einer poröser werdenden allgemeinen Bindung an demokratische Normen und Verfahren. Das »Ende der Ideologien«, die geringe Attraktivität der »ismen«, das Mißtrauen in die politische Klasse und die Suche nach künftigen Orientierungen nach dem Ende des Ost-West-Konflikts eröffnen eine geistige Tabula rasa, auf der auch, so scheint es, antidemokratische Ideen von rechts Platz finden könnten.

Die bisherigen Bezüge im politischen Denken auf Carl

Schmitt, Ernst Jünger und andere Konservative waren immer partikulär, rudimentär, bedienten sich eines geistigen Steinbruchs, der aufgrund seiner Nähe zum Nationalsozialismus als solcher verpönt war. Hier setzt die Neue Rechte an: Sie versucht, am weitesten in Frankreich, aus dem geistesgeschichtlichen Erbe der »konservativen Revolution« eine in sich geschlossene rechte politische Theorie zu entwickeln – gegen Liberalismus und Demokratie, für den starken Staat und für eine Festung Europa. Kern einer solchen Theorie ist der Begriff der »Gemeinschaft«, den es, so die Neue Rechte, gegen »die Gesellschaft« vorzubringen gelte. Das Wiederaufleben von Ideen der »konservativen Revolution« ist eine offenbar breiter werdende elitär-intellektuelle Ausdrucksform des Protest gegen Verwerfungen der modernen Gesellschaft. Die falsche Vision eines ethnisch und kulturell homogenen, organisch gegliederten Volkes im starken, den Volkswillen verkörpernden Staat und, umgekehrt, die Konzeption eines »Befreiungsnationalismus« von unten werden ausgespielt gegen die Vorstellung einer pluralistischen, individualistischen, sich in Interessen-Kämpfen aufzehrenden, nach innen und außen offenen Gesellschaft. Die Realisierung dieser Vision kann, darauf wäre nachhaltig zu bestehen, nur um den Preis der Demokratie, der Toleranz und der Liberalität selbst erkauft werden. Die geistige Herausforderung der Neuen Rechten liegt darin, daß das Verhältnis von Gemeinschaft und Gesellschaft angesichts vielfältiger Erosionsprozesse neu zu bestimmen wäre. Unter dem Aspekt fundamentalistischer Strömungen gegen die Demokratie ist die Neue Rechte heute ein kleines, aber beachtenswertes intellektuelles Bollwerk gegen den Liberalismus in der Tradition der antibürgerlichen »Revolte gegen die moderne Welt« (Julius Evola).

Angriff von links

Keine andere politische Theorie hat so viele unterschiedliche Strömungen hervorgebracht wie der Marxismus, nicht wenige davon weisen fundamentalistische Züge auf. Zwar wäre es verfehlt, den Marxismus als solchen als fundamentalistisch zu bezeichnen. Aber fundamentalistische Angriffe auf die Demokratie von links erfolgen im wesentlichen in zwei Zusammenhängen, die sich zeitlich, organisatorisch und politisch deutlich voneinander unterscheiden. Der eine resultiert aus der Spaltung der Arbeiterbewegung in einen reformistischen und einen orthodoxen Flügel in den zwanziger Jahren. Die kommunistische Orthodoxie beharrt bis heute auf der antikapitalistischen Ideologie eines notwendigen Sturzes des Systems und der Errichtung einer Diktatur des Proletariats unter der Führung der zur revolutionären Partei versammelten selbsternannten proletarischen Avantgarde. Das utopische Ziel einer klassenlosen Gesellschaft und die damit verbundene irdische Heilserwartung verweisen auf eine chiliastische Struktur kommunistischer Ideologien. Lenins historisch so folgenreiche Heiligsprechung der kommunistischen Partei, die sich in nichts unterscheidet von den Führerideologien fundamentalistischer Organisationen, treibt den Marxismus-Leninismus in die historische Ausweglosigkeit und den weltweiten politischen Bankrott in den achtziger Jahren. Die andere Attacke erfolgte fünfzig Jahre später, ebenfalls im Zusammenhang einer politischen Spaltung. Im Zuge des Zerbrechens der Studentenbewegung Ende der sechziger Jahre radikalisieren sich Teile daraus und bilden gewaltbereite, terroristische Kleingruppen. Marxistisch-leninistische Orthodoxie und linker Terrorismus sind die fundamentalistischen Grundmuster des Angriffs von links. Betrachten wir diese beiden Aspekte etwas genauer vom Blickwinkel der historischen Entwicklung aus.

Die Ideen des Kommunismus vor und nach Marx und Engels weisen von ihrem Ansatz her bereits eine fundamentalistische Struktur auf. Zwar hatten ihm die beiden eine wissenschaftliche Grundlage gegeben – vor allem in den Schriften zur politischen Ökonomie des Kapitalismus, die auf den rationalistischen, empirischen und theoretischen Maßstäben der zeitgenössischen Ökonomie und Philosophie aufbauten –, doch ihre Geschichtskonzeption trägt utopische Züge und ist voller chiliastischer Heilserwartungen. Marx und Engels be-

greifen die Geschichte als einen voranschreitenden, gesetz-
mäßigen, aber widerspruchsvollen Prozeß, der allerdings eine
Weiterentwicklung und ein Endziel aufweist: die klassenlose,
kommunistische Gesellschaft. Diese Auffassung versteht die
Fortschritte der bürgerlichen Gesellschaft auf politischem
Gebiet und bei der Entwicklung der Technik als eine notwendige, allerdings zu überwindende Etappe auf dem Weg zum
historischen Endziel. Die bürgerliche Demokratie und die
kapitalistische Wirtschaftsordnung werden als solche nicht
akzeptiert; sie hätten keinen eigenen Wert, sondern seien
bloße Zwischenstadien der weiteren historischen Entwicklung, die es durch die organisierten Kämpfe der Arbeiterbewegung zu überwinden gelte. Besonders in der deutschen Sozialdemokratie vor dem Ersten Weltkrieg gewann, beeinflußt
durch die Theoretiker Bebel und Kautsky, die chiliastische
Auffassung eine beherrschende Dominanz. Der Gang der
Geschichte führe mit gesetzmäßiger Notwendigkeit über bestimmte Stufen der bürgerlichen Entwicklung hin zum Sozialismus. Kautsky verkündete den Sieg des Proletariats als eine
Naturnotwendigkeit.

Lenin hat diesem Gedankengebäude Anfang des Jahrhunderts in seiner Schrift »Was tun?« eine entscheidende und für
die weitere Entwicklung sehr folgenreiche Wendung hinzuge-
fügt. Nach seiner Auffassung ist die Arbeiterbewegung nicht
aus sich heraus in der Lage, das Heft in die Hand zu nehmen,
es fehlt ihr an Klassenbewußtsein und Handlungsfähigkeit.
Notwendig ist Lenin zufolge eine starke Partei der Arbeiterklasse, die als revolutionäre Avantgarde als einzige imstande
ist, die Lage richtig einzuschätzen und politische Konsequenzen daraus zu ziehen. Unter dem Gesichtspunkt des Fundamentalismus holt Lenin die Heilserwartungen einer unbe-
stimmten Zukunft der klassenlosen Gesellschaft zurück ins
irdische Glück der revolutionären Partei. Sie gewinnt eine
quasi-religiöse Bedeutung, denn sie ist unfehlbar; sie verlangt
unbedingten Gehorsam, Linientreue und Gefolgschaft.

Die Folgen dieser Auffassung sind bekannt. Die KPdSU
beanspruchte schon bald nach der russischen Oktoberrevo-
lution den absoluten Führungsanspruch, der nach dem Zwei-

ten Weltkrieg zum allesbeherrschenden Machtfaktor im sowjetischen Einflußbereich wurde. Mit wenigen Ausnahmen – etwa der eurokommunistischen Parteien in den siebziger Jahren – nahmen auch alle übrigen KPs eine unbedingte Führungsrolle für sich in Anspruch sowohl in der Arbeiterbewegung als auch in den sozialistischen Staaten Osteuropas, Chinas, Nordkoreas und Kubas. Vor allem die stalinistischen Säuberungen in der Sowjetunion, aber auch in anderen kommunistischen Ländern zeigen, welches Gewaltpotential entfaltet wurde, um die absolutistische Machtposition der marxistisch-leninistischen Parteien zu festigen. Sie wurden zu selbstgerechten und selbsternannten Heilsbringern und gaben sich rasch totalitäre Strukturen, die sich nicht mehr von der Funktion von Führern und Führungsapparaten in anderen fundamentalistischen Organisationen unterschieden. Der bürokratische Zentralismus der Parteiapparate in den osteuropäischen Staaten hat diese Entwicklungsdynamik bis in die achtziger Jahre so weit beschleunigt, daß sie am Ende in geradezu konsequenter Weise von extremen Formen des Realitätsverlustes befallen und dadurch gänzlich reformunfähig wurden und wohl auch deshalb sang- und klanglos in die politische Bedeutungslosigkeit verschwanden.

Es gehört zu den Treppenwitzen der Weltgeschichte, daß ein Teil der steckbrieflich gesuchten deutschen Terroristen Zuflucht ausgerechnet in der DDR gefunden hat. Denn anfangs hatte die selbsternannte revolutionäre Avantgarde eine antiautoritäre Konzeption vertreten, die sich gerade nicht mit den etablierten und bürokratisierten Parteien des real existierenden Sozialismus befreunden mochte. Das Selbstverständnis des sich Ende der sechziger Jahre entwickelnden linken Terrorismus ist entscheidend geprägt durch die für gescheitert erklärte Studentenrevolte einerseits und eine Diagnose des Staates, die eine gewaltsame Perspektive nahelegte. Die Niederschlagung der Pariser Mai-Unruhen 1968, der Tod des Studentenführers Rudi Dutschke und des Studenten Benno Ohnesorg, Diffamierungen der Protestbewegung vor allem durch die Springer-Presse und nicht zuletzt das harte polizeiliche Einschreiten gegen demonstrierende Studenten machten die angestrebten gesellschaftlichen Veränderungen auf friedlichem Weg in den Augen der ersten RAF-Generation aussichtslos. Während der überwiegende Teil der Studentenbewegung das Projekt einer breit angelegten demokratischen Reform des Bildungswesens, der Justiz und der industriellen Arbeitswelt entwickelte, Bündnispartner in den etablierten Institutionen fand und über die Jungsozialisten und die Jungdemokraten auch den Weg über die politischen Parteien ging, kehrten andere der Politik den Rücken oder setzten auf berufliche Karrieren in akademischen Berufsfeldern. Eine Folge davon war die Spaltung der Studentenbewegung in einen reformistischen und einen linksorthodoxen Teil und die nachfolgende Ausdifferenzierung zahlreicher Unterströmungen.

Der strategisch begründete, fundamentalistischen Mustern folgende Weg der RAF in die Gewalt war so das Ergebnis einer veränderten politischen Kräftekonstellation der Protestbewegung gegen Ende der sechziger Jahre. Sie rechtfertigte diesen Weg durch die Anlehnung an revolutionäre Vorbilder aus Befreiungsbewegungen der Dritten Welt, aus den Reaktionen des Staates und der Öffentlichkeit und nicht zuletzt durch den Bezug auf die Traditionen der sozialistischen Ideengeschichte. Die politischen Vorstellungen der »Rote-Armee-Fraktion« fußen auf einer sehr selektiven Ausbeutung der marxistischen Theorien: Sie nehmen diejenigen Bruchstücke aus dieser Theorietradition auf, die zur Rechtfertigung der eigenen Praxis verwendet werden können. Dazu gehören vor allem die Imperialismustheorien und der Faschismusvorwurf. Der Angriff von links behauptet, die Bundesrepublik sei ein durch demokratische Formen nur notdürftig kaschierter, im Kern faschistischer Staat, der Minderheiten unterdrücke und auf schleichendem Weg neue Formen des Faschismus entwickele. Die Reaktionen der Öffentlichkeit, der Justiz, der Polizei und des Gesetzgebers auf die Aktionen der RAF wurden grundsätzlich als »faschistisch« und als Beleg für die Richtigkeit der eigenen Auffassung eingeschätzt.

Doch der Faschismusvorwurf wurde nicht nur seitens der RAF vertreten. Ideologischen Flankenschutz fand diese absurd anmutende Deutung in Teilen des linksintellektuellen Spektrums. Das »Kursbuch«, eine der renommiertesten links-intellektuellen Zeitschriften, behauptete in der Ausgabe Nr. 31 vom Mai 1973, der spätkapitalistische Staat unterscheide sich nur graduell von einem faschistischen System. Diese These wurde fortgeführt in Teilen der linken Diskussionen. Während des »deutschen Herbstes«, der Entführung des Arbeit-geber-Präsidenten Schleyer im September 1977, konzentrierte der »Berliner Extra-Dienst«, ein Vorläufer der »tageszeitung«, seine Einschätzung der staatlichen Repression gegenüber dem Terrorismus auf die These, hier zeige sich der Beleg für die faschistische Qualität des Staates (Jaschke, 1991, S. 272ff.). Dies mußten die Terroristen als Bestätigung ihrer Diagnose lesen und letztlich auch als Rechtfertigung für ihre militante Praxis. Solche Deutungen innerhalb der linken Szene haben, gerade weil sie vor der Praxis und der Umsetzung ihrer Dia-gnosen in Konzepte des illegalen Widerstandes zurück-schreckten, zur Aufwertung der sich revolutionär verstehen-den Praxis der RAF objektiv beigetragen.

Die Strategie des »bewaffneten Kampfes«, die am Ende auf die wahnhafte Vorstellung zulief, mit militärischen Mitteln dem Staat den Krieg erklären zu müssen, fußte auf mehreren, miteinander verbundenen Annahmen. Die Gewalt wurde le-gitimiert an den Vorbildern Mao Tse-tungs, Ho Tschi Minhs und Che Guevaras, deren Konzept der »Stadt-Guerilla« da-von ausging, »daß der getarnte, zivile, bewaffnete Kämpfer sich wie ›der Fisch im Wasser‹ in einer mit ihm sympathisie-renden und ihn unterstützenden Bevölkerung bewegt und je-derzeit in sie untertauchen kann« (Fetscher/Münkler/Lud-wig, 1981, S. 25). In einer verzerrenden Wiederaufnahme der Leninschen Imperialismustheorie behauptete die RAF, die Bundesrepublik und alle kapitalistischen Länder richteten ihre Politik darauf aus, Länder der Dritten Welt wirtschaftlich, po-litisch und militärisch zu unterjochen und auszubeuten, des-halb seien Konzeptionen des »antiimperialistischen Kampfes« notwendig. Beide Grundauffassungen der RAF, der Faschis-musvorwurf und die angeblich notwendige antiimperialisti-sche Front, begründeten eine Praxis, die Gewalt als legitimes

Mittel der Politik ausdrücklich rechtfertigte. Eine völlig überzogene und propagandistisch instrumentalisierte Auffassung von notwendigem »Widerstand« sollte Gewalt als folgerichtige Strategie der Ausgebeuteten und Unterdrückten legitimieren. Die »Propaganda durch die Tat« (Kropotkin) sollte dem Volk die Augen öffnen, die faschistische Qualität des Staates entlarven und das revolutionäre Bewußtsein des Volkes vorantreiben. Das Arrangement weiter Teile der studentischen Protestbewegung mit bürgerlichen Lebensformen, angepaßten Berufsbiographien im höheren Dienst an Schulen und Hochschulen und gutbezahlten Positionen im Medienbereich rückte die RAF in deren Selbstverständnis in die gesellschaftliche Rolle des einzig übriggebliebenen wahren Kämpfers für die hehren Ziele der Revolution. Die im Verlauf der siebziger Jahre zunehmende gesellschaftliche und politische Isolierung der RAF und der nachfolgenden Generation von Terroristen bestärkte noch ihre Selbststilisierung als einzige revolutionäre Avantgarde – ein Elitenkonzept, das wohl kennzeichnend für den Fundamentalismus schlechthin ist. Neben diesen offensiven Legitimationen des »bewaffneten Kampfes« trat die defensive, die Auffassung, sich gegen den Terror des Staates nur durch Gegenterror wehren zu können.

Die Gewaltstrategie der RAF hat einen wunden Punkt des technischen Fortschritts offengelegt. Zu Beginn der siebziger Jahre war in der westlichen Welt die Struktur der elektronischen Medien so weit ausdifferenziert, daß von jedem Ort der Welt relativ schnell Nachrichten und Bilder an andere, weit entfernte Orte gelangen konnten. Der Terrorismus setzt bis heute auf diese Entwicklung: Die »Mithilfe« der Medien bei gewalttätigen Aktionen wie etwa Entführungen geht ein ins Kalkül der terroristischen Strategie. Zur Zeit des RAF-Terrors war die Ermordung israelischer Olympiateilnehmer bei den Spielen 1972 in München durch ein palästinensisches Kommando ein für die RAF zweifellos ermutigendes Beispiel dafür, wie heftig die Medien auf die terroristische Gewalt reagierten und wie leicht es für die terroristischen Akteure werden würde, die Medien für ihre Zwecke einzuspannen. Der technische Fortschritt im Bereich der audiovisuellen Medien machte schnell deutlich, daß es einer Handvoll entschlossener »Genossen« durch entsprechende Aktionen gelingen konnte, ihre Vorstellungen massenwirksam unter die Leute zu bringen.

Wenn man den linken Terrorismus unter dem Gesichtspunkt des Fundamentalismus betrachtet, dann gewinnt der moralische Rigorismus vieler seiner Anhänger eine besondere Bedeutung. Die erste RAF-Generation zehrte, wie auch ihre Sympathisanten in der linksextremen Szene, nicht nur von politischen Analysen und strategischen Überlegungen. Sie war Teil eines in vielen westlichen Gesellschaften sich herausbildenden Jugendprotests. Wie bei allen Jugendbewegungen spielten auch hier moralisch geprägte politische Einschätzungen eine herausragende Rolle. Die Empörung über das Verhalten der Amerikaner im Vietnamkrieg erwies sich als Katalysator für den Kampf gegen die Unterdrückung der Dritten Welt durch die imperialistischen USA, für das friedenspolitische Engagement, für soziale Gerechtigkeit und für neue Formen des Protests. Trafen die Amerikaner in den fünfziger Jahren zwar wegen ihrer Entnazifizierungspolitik auf Vorbehalte der Kriegsgeneration, so überwog doch ihre Funktion im historischen Prozeß der Befreiung Deutschlands von der NS-Diktatur. Dies änderte sich für die jüngere Generation Ende der sechziger Jahre grundlegend, denn die Funktion der US-Armee in Vietnam und die Rolle der Bundesrepublik als politischer Verbündeter der Amerikaner im Vietnamkrieg machte beide zum Feindbild der revoltierenden Studenten. In der Bundesrepublik haben die Verstrickungen der Väter-Generation in die Verbrechen des Nationalsozialismus, die »Unfähigkeit zu trauern« (Mitscherlich) und die schleichende Rückkehr ehemaliger Nationalsozialisten in hohe Staatsämter und führende Positionen in Wirtschaft und Gesellschaft die moralische Dimension der Protestbewegung verstärkt. Der moralische Rigorismus entwickelte sich bei der RAF schrittweise zu einem moralischen Fundamentalismus, der ihre politischen Vorstellungen und die »Strategie des bewaffneten Kampfes« zusammenschweißte. Er landete dort, wo alle Fundamentalismen sich zusammenfinden: bei der simplen Einteilung der Welt in Gut und Böse, Freund und Feind. Fetscher, Münkler und Ludwig nennen das die »moralisch gesteuerte Komplexitätsreduktion der politischen Welt: Zwischen Faschist und Antifaschist, Imperialist und Antiimperialist, Revolutionär und Opportunist fällt die Entscheidung, der sich keiner entziehen kann. Schon der Versuch, diese Entscheidung zu umgehen, war in den Augen der ›RAF‹ der Übertritt ins feindliche Lager. In der moralisch dualisierten Welt gibt es nur gutes und schlechtes Handeln, Freund und Feind. Dazwischen lauert der Verrat – und sei es in Gestalt eines politischen Kompromisses« (Fetscher/Münkler/Winkler, 1981, S. 180).

Man könnte heute, fast dreißig Jahre nach dem Beginn des linken Terrorismus in Deutschland, fragen, wie es zu dem gewaltigen Realitätsverlust eines kleinen, militanten Teils der Protestbewegung einschließlich seiner intellektuellen Sympathisanten kommen konnte. Persönliche oder analytische Schwächen der beteiligten Akteure spielen dabei nur eine untergeordnete Rolle, denn obwohl die Zahl gewaltbereiter Aktivisten klein blieb, konnten sie dennoch auf nicht wenige Sympathien im radikalen linken Spektrum zählen. Aber auch die andere denkbare Deutung des Geschehens überzeugt nicht: Die in der damaligen Debatte der Linken insgesamt weitverbreitete These, die Überreaktionen des Staates hätten die RAF zuerst in die politische Isolation und dann in den Terror hineingetrieben, belegt zwar einen wichtigen Teilaspekt, doch die Terroristen selbst werden so aus der persönlichen Verantwortung entlassen. Naheliegend ist vielmehr die Annahme einer fatalen Dynamik des Protests, die sich im Verlauf weniger Jahre verdichtet zum Syndrom der fundamentalistischen »politischen Religion« (Voegelin). Theorie und Praxis hatten sich zu einer allumfassenden Weltanschauung verknotet, deren Inhalte durch Sendungsbewußtsein und Heilsgewißheit zu einem geschlossenen System wurden. Darin war kein Platz mehr für realitätsangemessene Einschätzungen, für Augenmaß und das geduldige »Bohren dicker Bretter«, das Max Weber fünfzig Jahre zuvor zur Kardinaltugend demokratischer Politik erklärt hatte.

Perspektiven des linken und des rechten Fundamentalismus

Der politische Fundamentalismus in diesem Jahrhundert zeigt ein auf den ersten Blick widersprüchliches Gesicht. Er existiert heute in zahllosen politischen Sekten, Randzirkeln und Kleinparteien und kann sich der beständigen Beobachtung durch die Verfassungsschutzbehörden sicher sein. Politische Strömungen, die sich als Fortsetzung des Nationalsozialismus oder Kommunismus über deren historischem Ende hinaus verstehen, fristen ein Schattendasein im politischen Spektrum. Anders verhält es sich bei den modernisierten Formen des Extremismus. Sowohl von links als auch von rechts haben populistische Varianten für Furore gesorgt. In den neuen Bundesländern und in Ost-Berlin ist die PDS zum Sammelbecken der Wende-Verlierer geworden. Sie verkörpert die angeblich guten Seiten der untergegangenen DDR, Arbeit für alle, intakte Kindergärten und soziale Einrichtungen. Ihr ist es, zumal in den Wohnquartieren der ehemaligen DDR-Eliten, wie etwa den Ostberliner Bezirken Lichtenberg, Marzahn, Hohenschönhausen oder Friedrichshain, gelungen, eine soziale Mentalität populistisch auf den Punkt zu bringen: Das »Wir-Gefühl« einer besonderen Schicksalsgemeinschaft der Ostdeutschen, die sich von den Zumutungen des Westens bedroht fühlen und dagegen zusammenstehen müssen.

Die PDS und ihre Anhängerschaft kultivieren die Distanz zu allem, was aus dem Westen kommt, vor allem durch die Moralisierung der sozialen Verwerfungen im Osten. Ihr populistischer Ansatz zielt auf die moralische Rettung derjenigen DDR-Biographien, die von der Wende besonders bedroht waren und sind. Die ehemaligen SED- und Stasi-Aktivisten wollen den Sinn ihrer politischen Lebensläufe bewahren. Bei den Arbeitslosen, von Arbeitslosigkeit Bedrohten und den Deklassierten, eben den sozialen Wende-Verlierern, geht es um das sozialmoralische Überzuckern der abgebrochenen oder zerstörten alten Erwerbsbiographien. Politisch fährt die PDS zweigleisig. Die Parteiführung ist langfristig bestrebt, die sozialistische Alternative offenzuhalten für den Tag X. Gleichzeitig gibt sie vor, die rechtsstaatlichen Grundlagen der Verfassung zu akzeptieren – ein unlösbarer Widerspruch, der die PDS insgesamt als eine Kraft des politischen Fundamentalismus von links erkennbar macht.

Auch der Populismus von rechts spielt auf der Klaviatur der Emotionen und der sozialen Ängste. Arbeitslosigkeit, drohender Arbeitsplatzverlust und hohe Mieten sind, so heißt es von den Republikanern über Haider bis hin zu Le Pen, Folge von zu vielen Ausländern. Eine in der Sache haltlose, aggressive und ethnische Konflikte schürende, simple politische Philosophie bedient jene Modernisierungsverlierer, deren innere Bindung an demokratische Werte und Verfahren sich gelockert hat, noch ehe sie an Festigkeit gewinnen konnte. Die anhaltenden Erfolgsgeschichten der FPÖ und des Front National setzen hinter die bequeme Protestwahl-These dicke Fragezeichen. Rassistische, demokratiefeindliche Einstellungen im Wählerpotential der Rechtspopulisten gewinnen an Dauerhaftigkeit und verlängern eine bloß kurzfristige Protesthaltung in rassistische soziale Mentalitäten. Den rechtspopulistischen Parteien ist immer wieder – und zu Recht – vorgehalten worden, sie hätten keine umfassenden politischen Programme, ihre Personaldecke sei dürftig und ihre Arbeit in den Parlamenten ineffektiv. Eine solche Kritik begeht einen rationalistischen Fehlschluß. Erfolgskriterien des Rechtsextremismus sind nicht demokratische Spielregeln, sondern das Zelebrieren politischer Religion, die Mobilisierung von Ängsten, die Zurichtung der Politik auf einfache Botschaften wie »Deutschland den Deutschen« und die massenwirksame Präsentation innerer und äußerer Feinde und Aggressoren.

Eine ernsthafte, dem Beginn der dreißiger Jahre vergleichbare Gefahr scheint von den politischen Extremismen nach fünfzig Jahren Demokratie in Deutschland nicht auszugehen, einmal abgesehen von der latenten oder offenen Gewaltbereitschaft einiger militanter Zirkel. Auf der anderen Seite jedoch hat der politische Fundamentalismus in diesem Jahrhundert mächtige Diktaturen hervorgebracht, die nicht nur Millionen Opfer gekostet, sondern zudem den Prozeß der

Demokratisierung für Jahre und Jahrzehnte aufgehalten haben. Für die Zukunft wird von entscheidender Bedeutung sein, ob und inwieweit das politische System Vorkehrungen treffen kann, die eine Wiederholung des Weges in die Diktatur erschweren. Das Verfassungsprinzip der streitbaren Demokratie ist trotz aller Mängel ein wichtiges Instrument, um die Demokratie langfristig zu befestigen (Jaschke, 1991). Aber, könnte man hier einwerfen, wußte nicht schon Marx, daß sich die Geschichte nicht wiederholt, und wenn, dann nur als Farce? Besteht heute die Gefahr durch den politischen Fundamentalismus nicht abseits des legalistischen Weges über Wahlen viel eher in der schleichenden inneren Unterhöhlung der demokratischen politischen Kultur?

Die wichtigsten Nachwirkungen des linken und des rechten Extremismus, den klassischen Formen des politischen Fundamentalismus in Deutschland in diesem Jahrhundert, sind heute trotz relativer Erfolge der Parteien links- und rechtsaußen nicht in den Flügelparteien selbst zu sehen. Ihr Erbe wird gegenwärtig verwaltet von politischen Orientierungs- und Handlungsmustern auch in der politischen Mitte, die von spezifischen Eigenschaften gekennzeichnet sind. Politischer Fanatismus mit kämpferischen Zügen politischer Religion, begleitet von radikaler, realitätsblinder Rhetorik, von aggressiven anti-modernistischen Positionen, ist in der Tagespolitik bei Parteien, Verbänden und in der Publizistik mit Händen zu greifen, ohne daß man ihn als »extremistisch« bezeichnen könnte. Die Verweigerung kompromißbereiten Dialogs, verbunden mit einer Politik unverrückbarer Prinzipien, erschwert den demokratischen Prozeß und rückt die politische Auseinandersetzung in die Nähe des Kampfes fundamentalistischer Weltanschauungen. Das zynische Plädoyer für das Abwälzen der Krisenlasten auf die »kleinen Leute«, das Schüren von Fremdenhaß oder das uneinsichtige Beharren auf einer riskanten und lebensfeindlichen Atompolitik sind die wohl markantesten Beispiele eines angepaßten politischen Fanatismus, der an die Fundamente von Sozialstaatlichkeit, Demokratie und Liberalität Hand anlegt.

Fundamentalistische Aspekte
der Alternativbewegungen

Die Etablierung des Industriesystems und seines politischen und gesellschaftlichen Überbaus in Deutschland hat mächtige, in Parteien und Verbänden organisierte Fürsprecher gefunden, die es verstanden haben, die Modernisierung mit euphorischen Zukunftserwartungen zu verbinden. Sie hat aber auch frühzeitig Widerstand hervorgerufen, der sich den klassischen Zuordnungen rechts oder links entzieht. Zwischen praktisch angelegten Reformen und ideologisch verbrämten Heilslehren, zwischen weitsichtigen Analysen gesellschaftlicher Realität und apokalyptischen Weltuntergangsphantasien spannt sich ein breiter Bogen alternativen Denkens und Handelns, der allein durch die Kritik an den herrschenden Zuständen miteinander verbunden ist, der die Übel der modernen Welt zu überwinden versucht und ein besseres Leben verspricht. Nicht zufällig spannt sich der Bogen zwischen dem ausgehenden 19. Jahrhundert und dem Ende der Weimarer Republik zu einer Zeit, als schnelle und tiefgreifende Veränderungen sich rasch zu ökonomischen, politischen und gesellschaftlich-kulturellen Krisen verdichten. Es ist eine Zeit gewaltiger Umbrüche, in der Fortschrittshoffnungen, restaurative und revolutionäre Bestrebungen den gesellschaftlichen Grundkonsens zerbrechen lassen.

Es ist schwer, so unterschiedlichen Strömungen wie der Lebensreform, der Jugendbewegung, der Anthroposophie, den Landkommunen und spiritistischen Zirkeln um die Jahrhundertwende ein einheitliches Etikett aufzudrücken, doch der kleinste gemeinsame Nenner der frühen Alternativbewegungen war die Suche nach Alternativen zur vorherrschenden bürgerlichen Lebensweise und nach einem dritten Weg zwischen dem expandierenden Kapitalismus und den proletarischen Revolutionsträumen. Voraussetzungen dieser Position waren Skepsis und Zweifel gegenüber der Richtung des ökonomischen, gesellschaftlichen und politischen Fortschritts, die nun zum Handeln drängten. Das ist wohl das herausragende Kennzeichen aller Alternativbewegungen: Es bleibt nicht bei der Kritik an der Gesellschaft und bei theoretischen oder literarischen Gegenentwürfen, sondern die Praxis kommt zu ihrem Recht, ein besseres Leben läßt sich nicht nur am Schreibtisch entwerfen. Heute finden sich Spuren dieser Tradition im Umfeld der Grünen und der heutigen Alternativbewegungen oder auch der sogenannten neuen sozialen Bewegungen. Mittlerweile anerkannte und verbreitete Formen des politischen, pädagogischen und gesellschaftlichen Engagements wie die Reformpädagogik, die vegetarische Lebensweise und alternative Wohn- und Arbeitsformen sind in der Tradition der frühen Alternativbewegungen verwurzelt. Ihre Etablierung ist ein Hinweis darauf, daß einst fundamentalistische Theorien und Praktiken durchaus in konventionelle gesellschaftliche Bereiche eingepaßt werden können; sie zeigt aber auch das theoretisch nicht lösbare Problem vielfältiger Grauzonen zwischen Fundamentalismus und Demokratie.

Zu den ältesten Zweigen der alternativen Bewegungen gehören die Lebensreformer und die damit verbundene Naturheilkunde. Krankheiten wurden auf üble Begleiterscheinungen der modernen Zivilisation und der zunehmenden Entfremdung zwischen Mensch und Natur zurückgeführt, denen es mit gesunder Luft, verschiedenen Naturtherapien und einer gesunden Lebensweise zu begegnen gelte. Nicht die Gesetze der Vernunft oder des kapitalistischen Wirtschaftens standen im Vordergrund, sondern die ewigen Gesetze der Natur. Zahlreiche Gruppen, Vereine, Bünde und intellektuelle Moden können der sogenannten Lebensreformbewegung mehr oder weniger zugerechnet werden: Stadtfeindschaft und agrarromantische »Hinaus-aufs-Land«-Rufe begleiteten die Naturheil-, Bodenreform- und Gartenstadtbewegung, die Anhänger der Freikörperkultur (»Die Natur kennt keine Kleider«), die Abstinenzlerbünde, die Freireligiösen, Anthroposophen und Vegetarier. Um die Jahrhundertwende reiht sich die Wandervogelbewegung, die später zur bündischen Jugend wird, ein in das bunte Panorama modernitätskritischer Strömungen. Das antikapitalistische und antimodernistische Motiv vieler Lebensreformer kommt in einer programmatischen Schrift aus dem Jahr 1910 zum Ausdruck:

»Der moderne Krämergeist ist in unseren Augen eine der ver-
werflichsten Erscheinungen. Geschäfte machen, offenbar der
einzige Lebenszweck vieler Menschen, heißt heute doch
nichts anderes, als an dem, was andere Leute schufen, Geld zu
verdienen. ... Wir sind uns so ziemlich darin einig, daß es eigentlich keinen anderen Erwerb geben dürfte, als den Lohn
für geleistete Arbeit, eingeschlossen das geistige und künstle-
rische Schaffen. Wir zweifeln sehr am Gelingen, auf der
Grundlage der heutigen kapitalistischen Wirtschaftsordnung
einen wohlgestalteten Bau aufzuführen. Deshalb sind wir Lebensreformer zumeist Feinde des Kapitalismus. Darin dürften
sich übrigens so ziemlich alle vorurteilslosen und weitsichtigen Kämpfer einig sein, daß der Kapitalismus keine segensrei-
che Einrichtung ist« (zit. nach: Frecot u.a., 1978, S. 243).

Die Lebensreform, theoretisch gespeist von vagen antikapitalistischen Ressentiments, Ideologien einer heilen Welt, Gemeinschaftsrhetorik und bisweilen auch völkischen Tupfern,
blieb nicht auf einer Ebene theoretischer Diskussionen stehen, sie verlangte nach Praxis. Die auf Geist und Körper zie-
lende Lebensreform wurde am weitgehendsten umgesetzt in
den kommunitären Siedlungsprojekten, beginnend mit der
legendären, 1893 gegründeten »Vegetarischen Obstbaukolo-
nie Eden« nahe Oranienburg. Dort lebten um 1910 mehr als
150 Kommunarden, denen es darum ging, auf genossen-
schaftlicher Basis die Prinzipien der vegetarischen Lebensweise in die Praxis umzusetzen. Das Projekt Eden basierte
auf den Theorien des Arztes und Ökonomen Franz Oppen-
heimer, der glaubte, mit dem Konzept der kommunitären
Genossenschaften den Kapitalismus genauso wie den Kommunismus überwinden zu können. Später schrieb Oppenhei-
mer: »Diese kleine Siedlung blüht wie eine Oase inmitten der
kapitalistischen Wüste mit ihrer Häßlichkeit, Verderbtheit
und körperlichen Degeneration« (in: Linse, 1983, S. 61).
Nach der Jahrhundertwende entstanden zahlreiche Siedlungsprojekte, weltanschaulich sehr unterschiedlich, doch
getragen von antimodernistischen Sozialutopien und romanti-
scher Zivilisationskritik. Kommunistische Siedlungen existier-
ten neben völkischen, anarcho-religiösen, anthroposophischen
und feministischen (Linse, 1983). Obwohl sie parteienfern

agierten, repräsentierten sie doch erstaunlicherweise die ganze zerklüftete Breite des ideologischen Spektrums zwischen dem Fin de siècle und 1933.

Ähnliches gilt für die deutsche Jugendbewegung, die sich über gut dreißig Jahre zwischen den ersten Berlin-Steglitzer Wandervogel-Gruppen über das legendäre Treffen auf dem Hohen Meißner 1913 erstreckt bis in den Beginn der dreißiger Jahre. Sie war zunächst eine von bildungsbürgerlichen Jugendlichen und jungen Erwachsenen getragene Revolte gegen die bleiernen wilhelminischen Konventionen, gegen den bloßen Zweck-Mittel-Rationalismus des modernen städtischen Lebens und ein Versuch, das Recht der Jugend auf Freiräume zu entwickeln und durchzusetzen, ein kultureller Aufbruch, der keineswegs fundamentalistische, sondern reformerische und kaum politische Züge trug. Die berühmte Meißner-Formel beim Treffen der freideutschen Jugend auf dem Hohen Meißner 1913 lautete: »Die Freideutsche Jugend will aus eigener Bestimmung vor eigener Verantwortung, mit innerer Wahrhaftigkeit ihr Leben gestalten. Für diese innere Freiheit tritt sie unter allen Umständen geschlossen ein. Zur gegenseitigen Verständigung werden Freideutsche Jugendtage abgehalten. Alle gemeinsamen Veranstaltungen der Freideutschen Jugend sind alkohol- und nikotinfrei« (Paetel, 1961, S. 45).

Erst in der Zeit nach dem Ersten Weltkrieg geriet die Jugendbewegung in den denkwürdigen Zangengriff eigenständiger Politisierung und Versuche von außen, sie politisch zu instrumentalisieren. Der »nationale Aufbruch« von rechts forderte den Schritt von der bündischen Gemeinschaft zur Volksgemeinschaft, die linken Kräfte verlangten nach der Solidarität aller Werktätigen gegen die kapitalistische Ausbeutung. Schon 1918 wurde der »Deutschnationale Jugendbund« gegründet, 1926 die Hitler-Jugend, beide beriefen sich auf Traditionen und Formen der Jugendbewegung. Auf dem linken Flügel war die 1919 gegründete »Entschiedene Jugend« Vorreiter des kommunistischen Flügels der Jugendbewegung. Sie ging zurück auf Gustav Wynekens schulreformerische Versuche und begann nun, auch gesellschaftspolitisch zu agieren. Nur kurze Zeit nach der Gründung löste sich die »Entschiedene Jugend« 1921 auf, und zahlreiche ihrer Anhänger traten zur KPD über.

»Was den wirklichen Einbruch echter Politik von hier in die Reihen der Jugendbewegung ausmacht«, schreibt Karl O. Paetel, einer der Führer der Jugendbewegung vom national-revolutionären Flügel, »ist die Forderung, es nicht beim welt-anschaulichen Bekenntnis des einzelnen bewenden zu lassen, sondern sich aktiv, handelnd einzuordnen in bestehende Kampffronten, d. h. sich konkret in freiwilliger Disziplin ›linken‹ Älteren-Verbänden zur Verfügung zu stellen, sie mit der *Unbedingtheit und dem eschatologischen Erneuerungswillen einer ›Neuen Zeit‹* im Sinne einer tiefgreifenden Menschheits-dämmerung zu durchdringen« (Paetel, 1961, S. 43; Hervor-hebung von mir).

Die Politisierung der Jugendbewegung geht einher mit der Herausbildung fundamentalistischer Züge an ihren politi-schen Rändern. Sie richten sich weniger, wie bei der Lebens-reformbewegung, gegen die Folgen der Industrialisierung und des technischen Fortschritts, sondern stärker gegen den politischen Fortschritt der Zeit, die Demokratisierung im Zeichen der Republik nach 1918/19. Die Gemeinschafts-ideale der Jugendbewegung gerieten in Konflikt zur Realität einer demokratischen Staats- und Verfassungsordnung, die sich in immer neuen Kämpfen zerrieb, ohne einen politi-schen Grundkonsens herstellen zu können. Die politische und kulturelle Zerrissenheit der Weimarer Republik findet Ausdruck in nicht wenigen Lebensläufen der Jugendbeweg-ten. Unter den vielen Protagonisten ist Eberhard Koebel (ge-nannt nach seinen Lappland-Fahrten »tusk«, der Deutsche) vielleicht derjenige, an dessen unangepaßter, wechselvoller und widersprüchlicher politischer Biographie sich dieser Aspekt am besten zeigen läßt (zum folgenden: Mogge, 1981).

Tusk, 1907 in Stuttgart als Sohn eines Richters geboren, wurde nach dem Abitur Graphiker beim Atlantis Verlag in Berlin. Nach einigen Jahren bei der Deutschen Freischar gründet er 1929 die »Deutsche Jungenschaft vom 1. Novem-ber 1929«, genannt d.j.1.11, die alle Unzufriedenen der Ju-gendbünde versammeln sollte. Durch seine abenteuerlichen

Lappland-Fahrten erwarb sich Tusk einen legendären, aber auch umstrittenen Ruf in der Jugendbewegung. Er war kein theoretischer Kopf, eher ein Mann der Tat, der verschwommene Ziele wie ein neues Deutschland durch Aktionismus glaubte voranzutreiben zu können. Winfried Mogge schildert die Aktivitäten von Tusk in jenen Jahren: »Koebel und seine Mitarbeiter kamen der Idealvorstellung dieser neuen Bünde am nächsten: der Treuegemeinschaft von Gleichgesinnten, mit starker Bindung an den charismatischen Führer, mit ordensähnlichem Selbstverständnis und geheimbündlerischer Logistik. In einigen Jahren hektischen Lebens, unterwegs mit einem Motorrad, auf Versammlungen, Lagern und Großfahrten, in Rundbriefen, Zeitschriften und Büchern führte Eberhard Koebel seine Vorstellungen von einem deutschen ›Jungenstaat‹ immer wieder aus« (Mogge, 1981, S. 28). 1932 tritt er der KPD bei mit der Begründung, die Zeiten ließen es nicht zu, aus Bequemlichkeit dem politischen Kampf fernzubleiben. Wenig später, im Sommer 1933, äußert er sich euphorisch über die NS-Machtergreifung und empfiehlt seinen Anhängern, sich den Siegern im politischen Tageskampf, den Nationalsozialisten, anzuschließen. Tusk emigriert 1934 über Schweden nach England. 1948 übersiedelt er nach Ost-Berlin und arbeitet dort als Rundfunkjournalist, Schriftsteller und Übersetzer. 1951 wird er, politisch nicht zuverlässig, aus der SED ausgeschlossen, 1953 wird sein Status als Verfolgter des Naziregimes aberkannt, 1955 stirbt er in Ost-Berlin.

Der fundamentalistische Grundzug der Alternativbewegungen bis 1933 läßt sich auf einen Ansatzpunkt konzentrieren. Die meisten Gruppen stellten die von ihnen proklamierten Gesetze der Natur über die Regeln und das Ethos des Vernunftbegriffs. Nicht aus der abwägenden individuellen Erkenntnis und Einsicht und der seit 1918/19 zur demokratischen Verfassung umgesetzten modernen Ratio sollten die Prinzipien des Lebens abgeleitet werden, sondern aus den über dem einzelnen stehenden ewigen Naturgesetzen. Diese bezogen sich nicht nur auf die gesunde, natürliche Lebensweise, sondern auch auf die Art des Zusammenlebens. Gemeinschaft ist hier der Schlüsselbegriff, der gegen die entfremdete Gesellschaft anonymisierter einzelner zur Geltung gebracht wird. Doch Gemeinschaft kann sehr unterschiedliches bedeuten. Gustav Landauer, auf den sich die anarchistischen und sozialistischen Projekte bezogen, propagierte weitgehend autonome Siedlungen willensstarker und hervorragender Menschen als wirkungsvolle antikapitalistische Strategie und Modell einer sozialistischen Gesellschaft. Umgekehrt verstanden die Völkischen unter Gemeinschaft den artgerechten Zusammenschluß von Deutschen nach ländlich-agrarischen, bäuerlichen Traditionen. Ideologien von der Schicksalsgemeinschaft der Deutschen und deren historischer Mission liegen da nicht fern, so daß antidemokratische Theorien und Bewegungen fast zwangsläufig zu historischen Begleiterscheinungen der frühen Alternativbewegungen wurden. Gemeinschaft konnte sowohl den »Bund« als solidarisches Band der auserwählten Mitglieder meinen als auch die sozialistische Gemeinschaft auf der Basis freiwilliger Assoziation und Gemeineigentum wie auch das ideelle und im kleinen Rahmen vorweggenommene Modell nationalsozialistischer »Volksgemeinschaft«. Phantasien über die Erlösung aus den Fallstricken der Moderne, aus der kalten Rationalität der Industriegesellschaft im Zeichen des Hakenkreuzes oder des Sowjetsterns wurden bereits in den frühen Alternativbewegungen angedacht, hier spannt sich in der Tat ein Bogen zwischen so unterschiedlichen Gruppierungen wie der frühen Lebensreform und der späten bündischen Jugend.

Eine kontinuierliche historische Traditionslinie alternativer Bewegungen in Deutschland gibt es nicht. Doch Gemeinschaftsrhetorik, Naturverklärung und scharfe Frontstellungen gegen die Gesellschaft, die parlamentarische Regierungsform und die bürgerliche Lebensweise, genährt von apokalyptischen Visionen, finden sich auch in den alternativen Bewegungen seit den siebziger Jahren. Zwischen Öko-Fundis, neureligiösen Sektierern und vielfältigen Selbsterfahrungsgruppen entwickelt sich ein untergründiger Fundamentalismus, dessen politische Bedeutung eher gering ist, seitdem der ökologische Fortschrittsskeptizismus institutionalisiert ist in der Partei Bündnis 90/Die Grünen und weit darüber hinaus.

Marktradikalismus:
Ein neuer Fundamentalismus der Mitte?

Schon in der Weimarer Republik gab es nicht nur die Bedrohung der Demokratie von den politischen Rändern her, sondern innere Auflösungserscheinungen im Rahmen eines Fundamentalismus der bürgerlichen Mitte, weil Demokratie und Republik dort von Anbeginn an wenig verankert waren und im Verlauf der Weltwirtschaftskrise mehr und mehr zurückgewiesen wurden. Anhänger von Demokratie und Republik fanden sich nur in Teilen der SPD und der liberalen DDP. Der überwiegende Teil der intellektuellen, wirtschaftlichen und politischen Eliten stand der neuen staatlichen Ordnung jedoch mehr oder weniger fern. Dieses Muster greift heute nicht mehr. Demokratie und Republik werden weitgehend als selbstverständlich angesehen. Der gegenwärtige Fundamentalismus der Mitte trägt andere Kennzeichen, die auf lange Sicht aber gleichfalls zu Erosionen der Demokratie führen können: Das Vertrauen auf den Markt als Regulationsinstanz zur Lösung wirtschaftlicher und sozialer Probleme hat sich in den zurückliegenden Jahren radikalisiert. Die Interessenverbände der Wirtschaft sind zu unbeirrbaren Propheten einer Religion geworden, die den Markt als obersten Wert verklärt und deren Anhänger sich nicht scheuen, als Prediger durch die Lande zu ziehen.

Der Marktfundamentalismus braucht Begriffe und öffentlich zelebrierte Krisenszenarien, um seinem Angriff auf die soziale Demokratie Nachdruck zu verleihen. Er hat sich in der ausufernden Debatte über die Globalisierung beharrlich eingenistet. Die Konkurrenzverhältnisse auf dem Weltmarkt erzwingen, so heißt es von den Banken über die Unternehmerverbände bis hin zur bürgerlich-liberalen Koalition, die Verbilligung der Arbeitskosten, die Senkung der Lohnnebenkosten, den Abbau sozialer Leistungen, die Deregulierung staatlicher Leistungen und umgekehrt eine Zurichtung der menschlichen Arbeitskraft, die ganz auf Flexibilität, Verfügbarkeit und Mobilität rund um die Sonne des Kapitals setzt. Der ökonomische Strukturwandel von der Produktions-

113

hin zur Dienstleistungsgesellschaft erfordere den Abbau von Subventionen, die Stärkung marktkonformer Ausbildung, die Belohnung von Leistung und Leistungsträgern und die Bestrafung der Leistungsschwachen, der unnützen Sozialhilfeempfänger, der Arbeits- und Leistungsunwilligen. Solche Vorstellungen, die in der wirtschaftspolitischen Theorie des Neoliberalismus und der Angebotstheorie schon lange bekannt sind, sind seit Jahrzehnten Bestandteil der Interessenpolitik des Unternehmerlagers. Doch im Verlauf der neunziger Jahre haben sie sich radikalisiert und einen ideologischen Siegeszug ohnegleichen angetreten.

Der alltägliche Rechtfertigungszwang der in die Defensive geratenen Sozialpolitiker zwischen dem christlich-konservativen Flügel der Union, den Wohlfahrtsverbänden, Gewerkschaften und der SPD ist ein deutliches Zeichen dafür, daß marktradikale Positionen im Zeichen angeblicher Sachzwänge an Zulauf gewinnen. Auf der Ebene des Alltagsverhaltens bildet sich indessen ein Marktradikalismus eigener Art, indem die sozialen Verlierer der Gesellschaft, Dauerarbeitslose und Sozialhilfeempfänger, ausländische mehr noch als deutsche, zu Gewinnern und Sozialschmarotzern umgedeutet werden, ohne daß die Bonner Politik solch gefährlichen Tatsachenverdrehungen energisch entgegentritt. Im Gegenteil. Sie schürt den Sozialneid durch unnütze Debatten über Lohnabstandsgebote, Sozialmißbrauch und durch eine Einschränkung der Arbeitserlaubnis für ausländische Beschäftigte, flankiert von einer Boulevardpresse, die sich am vermeintlichen Luxusleben von Asylbewerbern und ausländischen Sozialhilfeempfängern täglich echauffiert.

Der Marktradikalismus wandelt unterdessen sein Gesicht. Von einer interessenpolitisch begründeten und nachvollziehbaren wirtschaftspolitischen Position wird er immer deutlicher zu einer umfassenden politischen Ideologie, die sich unangreifbar gibt, indem sie auf die Globalisierung verweist, auf den Konkurrenzdruck und das angedrohte Abwandern von Unternehmen. Als politische Ideologie nimmt er jedoch fundamentalistische Züge an, indem Grundprinzipien der Demokratie direkt und und indirekt in Frage gestellt werden.

Der Marktradikalismus hat seine Anhänger in der politischen Arena, in Vorstandsetagen und Teilen der Publizistik und präsentiert sich als umfassende, alternativlose Heilslehre. Der Markt fungiert aus dieser Sicht als nicht hintergehbares Kräftezentrum für die Lösung wirtschaftlicher und sozialer Probleme. Demokratie erscheint in dieser Schlachtordnung als eigentümlich zweitrangig; volkswirtschaftliche Prosperität und individuelles Wohlergehen haben Vorrang. Nirgendwo zeigt sich dieser neue bürgerlich-liberale Fundamentalismus so klar wie in der zynischen Mißachtung eines substantiellen Verfassungsprinzips im Grundgesetz (Artikel 20, durch die »Ewigkeitsklausel« des Artikel 79 für unabänderlich erklärt), daß nämlich die Bundesrepublik ein sozialer Rechtsstaat ist, eine soziale Demokratie, und daß Demokratie und Sozialstaat nicht entkoppelt werden dürfen.

Der Präsident des Bundesverbands der Deutschen Industrie, Henkel, ging so weit, eine Änderung der Verfassung zu fordern, um »die Anpassungsgeschwindigkeit an neue Verhältnisse zu erhöhen« und politische Entscheidungsprozesse zu vereinfachen und zu verkürzen. Konkret schlägt Henkel die Einführung eines Mehrheitswahlrechts nach britischem Vorbild vor und eine Schwächung des Bundesrats, der nur noch Einspruch erheben dürfe, »wenn tatsächlich Länderinteressen substantiell betroffen sind« (Die Woche, 18. 7. 1997, S. 5). Einmal ganz abgesehen davon, daß die föderale Ordnung im Rahmen der erwähnten »Ewigkeitsklausel« zum substantiellen Bestand des Grundgesetzes gehört und damit jeder parlamentarischen Aufhebung entzogen ist, bedeutet Henkels Vorstoß zweierlei: die Bekräftigung eines unabdingbaren Primats der Ökonomie, des Marktes und des Profits und die Bereitschaft, demokratische Essentials zugunsten des Marktes zur Disposition zu stellen. Vielleicht ist diese Attacke nur ein erster Versuchsballon des Unternehmerlagers, denn dies gehört zum Arsenal der Marktradikalen: die Trennung von Demokratie und Sozialstaat und damit die Aushöhlung der Demokratie von innen heraus. Solidarität, sozialer Ausgleich, Kompensation sozialer Benachteiligungen und das Prinzip der Fürsorge – Leitlinien der Sozialpolitik und der Demokratie – verschwinden zugunsten von Ellenbogenmentalität und dem Streben nach legaler, halblegaler und illegaler Anhäufung von materiellen und statusbezogenen Gütern.

»Fast scheint es so«, bemerkt der Kölner Politikwissenschaftler Christoph Butterwegge, »als sei dem Sozialstaat nach dem ›Sieg über den Staatssozialismus‹ der Krieg erklärt worden« (Butterwegge, 1996, S. 210). Die Offensive des Marktradikalismus zersetzt die soziale Demokratie nicht nur direkt durch die Politik der Entsolidarisierung, sondern auch indirekt durch die Gleichgültigkeit gegenüber den sozialen Folgen. Die dreiste Umverteilung von unten nach oben nimmt die Verschärfung von Armut in Teilen der Bevölkerung, die Perspektivlosigkeit der Arbeitslosen, die Gewaltpotentiale bei Jugendlichen und die Verkümmerung der Allgemeinbildung an Schulen und Hochschulen in Kauf. Der Marktradikalismus setzt auf die kompensatorische Kraft seiner Ideologie und vertraut auf die unablässig gepredigten Tugenden: Ehrgeiz, Durchsetzungsfähigkeit, Ellenbogenmentalität, Leistungsbereitschaft, verbunden mit der Bereitschaft, sozial Schwache, »Leistungsunwillige« und »Sozialschmarotzer« zu diskreditieren. Marktrationales Verhalten verdrängt das Handeln nach den Prinzipien der Vernunft. Ob die Werte des Marktradikalismus in der Lage sein werden, den Verfall der öffentlichen Ordnung und der sozialen Demokratie langfristig aufzuhalten, darf bezweifelt werden, denn das vieldiskutierte Lohnabstandsgebot läßt sich auch anders interpretieren: Das Ausmaß sozialer Ungleichheit, der Abstand zwischen oben und unten, darf in funktionierenden parlamentarischen Demokratien nicht zu groß werden. Überschreitet er eine gewisse Grenze, wird die soziale und damit auch politische Integration der Gesellschaft unmöglich. Für die deutsche Gesellschaft ist nicht bekannt, wo diese Grenze verläuft, doch dem Marktfundamentalismus scheint daran gelegen, sie auf riskante Weise auszutesten.

IV.

Variationen des Fundamentalismus in der Gegenwart

Fundamentalistische Strömungen und Bewegungen in der deutschen Geistes- und Sozialgeschichte sind, wie der Blick auf die jüngere Geschichte zeigt, keineswegs neu. Dennoch würde man, wenn überhaupt, erst in den neunziger Jahren von einer Zeit des Fundamentalismus reden. Denn das weltweite Erwachen des organisierten und teilweise militanten Fundamentalismus und die Wirkungen auf die europäischen Gesellschaften ist zeittypisch verbunden mit den neunziger Jahren. Vor allem legt die nachlassende Überzeugungskraft rationalistischer, vernunftzentrierter politischer Ideologien und Programme erst am Ende des Jahrhunderts nahe, von einer eigenartigen Gemengelage auszugehen, von einer umfassenden Orientierungskrise, in der fundamentalistische Ansätze ein eigenständiges Gewicht erlangen könnten. Das tatsächliche Ausmaß fundamentalistischer Strömungen in der Bundesrepublik ist kaum abzuschätzen. Zu sehr verschränken sich organisatorisch manifeste Tendenzen mit unorganisierten, auf der Ebene von Meinungen und Verhaltensweisen verbleibenden, nicht an die gesellschaftliche Oberfläche tretenden Potentialen. Pfürtner (1991) und Meyer (1989) haben religiösen, politischen und kulturellen Fundamentalismus unterschieden und damit jene Artikulationsformen benannt, die wohl von entscheidender Bedeutung sind, obwohl sie sich nicht immer voneinander trennen lassen.

Ein Überblick über das Phänomen des Fundamentalismus insgesamt ist weder beabsichtigt noch gegenwärtig zu leisten. Rechnet man zum Fundamentalismus nicht nur organisierte Gruppen, sondern auch unorganisierte Meinungs- und Orientierungssegmente in der Gesellschaft, die zentrale Voraussetzungen der kulturellen Moderne mehr oder weniger aktiv ablehnen, wie etwa die prinzipielle Ungewißheit und Offenheit und die Legitimationszwänge kultureller Überzeugungen, dann ist das Potential des Fundamentalismus sehr groß und kaum abgrenzbar. Unsere Studien über islamistische, christliche, okkulte und politische Varianten in der Bundesrepublik haben exemplarischen Charakter. Sie sollen verdeutlichen, welche Vielfalt sich derzeit abzeichnet, auf welche Weise und aus welchen Gründen fundamentalistische Bewegungen in der Gegenwartsgesellschaft Fuß fassen. Islamische, christliche, okkulte und politische Fundamentalisten folgen der idealtypischen Unterscheidung von religiösen, kulturellen und politischen Varianten. Doch diese Gemeinsamkeit verdeckt ihre unterschiedlichen Strukturen. Das betrifft nicht nur inhaltliche Ziele und Programmatiken, sondern mehr noch das Ausmaß der jeweiligen Integration in und die Duldung durch die Gesellschaft sowie die soziale Funktion für die beteiligten Anhänger.

Die herangezogenen Beispiele sind keineswegs willkürlich ausgewählt. Sie repräsentieren vielmehr die gegen Ende des Jahrhunderts typischen Formen eines vielgestaltigen Fundamentalismus, der sich nur in der gemeinsamen Frontstellung gegen die vernunftzentrierte, säkulare und sich auf die Traditionen der Aufklärung beziehenden westlichen Gesellschaftsordnung einig ist. Der islamische Fundamentalismus entwikkelt sich im Rahmen einer migrationsbedingten ethnischen und religiösen Minderheit. Die Attraktivität seiner religiösen Inhalte ist nur zu verstehen, wenn man die zugrundeliegenden sozialen Konflikte und die Identitätsprobleme vor allem der jungen Migranten in einer Gesellschaft berücksichtigt, die ihre kulturelle Hegemonie verteidigt, die Kultur der Migranten ignoriert oder diskriminiert und diesen selbst die vollen Bürgerrechte verweigert. Deshalb hat der islamische Fundamentalismus der Migranten in Deutschland wenig zu tun mit den Re-Islamisierungsbewegungen im türkischen und arabischen Raum, er ist keineswegs bloß eine von dort abhängige deutsche Variante. Die ökonomischen und sozialen Bedingungen, die das Leben der Migranten in einer fremden Kultur prägen, bilden einen anderen, eurozentrierten Hintergrund, der grundverschieden ist von der Ausgangslage islamischer Gesellschaften im Orient. Der Islam im Westen ist vielgestaltig, er bietet Übergangs- und Misch-Identitäten vor allem für junge Migranten der zweiten und dritten Generation: »Indem sie sich zum Islam bekennen, berufen sich viele Jugendliche muslimischer Herkunft auf eine Gemeinschaftsidentität und vollziehen einen freiwilligen kulturellen Bruch mit den herrschenden Werten eben jener Nation, deren Bürger sie de jure sind, von der sie jedoch de facto – ihrer Erfahrung nach – ausgeschlossen sind« (Kepel, 1996, S. 204).

Andere Entstehungshintergründe und einen anderen Verlauf hat der christliche Fundamentalismus im Rahmen der katholischen Kirche. Er formiert sich in den siebziger Jahren und bekämpft die vorsichtigen Liberalisierungsbestrebungen des Zweiten Vatikanischen Konzils (1962–1965), die säkularen Ansprüche der Reformbewegung nach 1968 und die weltweiten sozialrevolutionären Tendenzen innerhalb der katholischen Kirche wie etwa die lateinamerikanische Befreiungstheologie. Der christliche Fundamentalismus zielt auf die Abkehr vom »Vernunft«-Dogma und will die göttliche Weltordnung mit Politik und Gesellschaft in einer säkularisierten Welt verzahnen: Er ist insofern eine kirchenpolitische konservative Gegenbewegung. Es geht um das, was Gilles Kepel die umfassend angelegte, von mächtigen Kirchenfürsten unterstützte oder geduldete »Re-Christianisierung« genannt hat (Kepel, 1994).

Okkultismus und New Age sind in eigentümlicher Weise zugleich fundamentalistisch wie auch unpolitisch. Ihre Radikalität besteht vor allem darin, den Vernunftglauben der modernen Wissenschaft und Technik in Frage zu stellen. Die Grundlagen der Rationalität und des Fortschritts gelten dem Okkultismus nichts. Er zielt auf die unbeantworteten Fragen der Moderne, auf Transzendenz und Übersinnlichkeit und besteht auf der Eigenmächtigkeit des Unerklärlichen. Doch er ist unpolitisch, denn seine Anhänger sind durchaus integriert in die Gesellschaft; er breitet sich in den Nischen der

Freizeit- und Wochenendgesellschaft aus. Das unterscheidet ihn von den neuen religiösen Bewegungen der siebziger Jahre. Die Baghwan-Bewegung, »Hare Krishna«, die Vereinigungskirche und »Transzendentale Meditation« wurden zu Kristallisationspunkten und Auffangbecken für Aussteiger und von der Jugendrevolte Ende der sechziger Jahre Enttäuschte. Die religiösen Sekten entwickelten einen umfassenden Anspruch fundamentalistischer Weltabgeschiedenheit, der den ganzen Lebensrhythmus ihrer Anhänger für sich reklamierte, sie dadurch immer weiter aus ihrem gewohnten Alltag herauslöste und sie aus der Gesellschaft desintegrierte. Sektenkarrieren von idealistischen jungen Menschen, die zu Außenseitern wurden, waren die Folge.

Der Okkultismus hingegen beläßt seine Sympathisanten in ihren bürgerlichen Lebensumständen, wirkt aber dadurch um so nachhaltiger, denn auf diese Weise drängt das okkultistische Gedankengut leichter in die etablierten Zonen der Gesellschaft und der Öffentlichkeit und unterhöhlt die Prinzipien der Vernunft, der Aufklärung und der Demokratie. Der Okkultismus in Deutschland kann freilich nicht losgelöst von seiner Geschichte betrachtet werden. Er gehört zu den vielfältigen geistigen Strömungen im Umfeld der völkischen Bewegung, die dem Nationalsozialismus den Weg geebnet haben. Daher ist es ratsam, ihn in seinen historischen Zusammenhängen zu betrachten; erst dann zeigt sich auch seine politische und gesellschaftsverändernde Kraft.

Politischer Fundamentalismus schließlich widerspricht aus unterschiedlichen Gründen der demokratischen und liberalen Verfassungsordnung und zielt darauf ab, das politische und gesellschaftliche Werte- und Ordnungssystem insgesamt durch ein anderes zu ersetzen. Diese Variante, die dem Muster des Fundamentalismus als Weltbeherrschung folgt, ist zwar politisch schwach, doch angesichts der Erfahrungen in diesem Jahrhundert mit den beiden wesentlichen Spielarten, dem Stalinismus und dem Nationalsozialismus, muß diese gegenwärtige Schwäche relativiert werden. In den Übergangsgesellschaften Ost- und Südosteuropas ist mittelfristig die Gefahr einer Renaissance altkommunistischer Bewegungen, verbunden mit nationalistischen Zielrichtungen, keineswegs ausgeschlossen. In Westeuropa haben populistische Varianten des Rechtsextremismus bemerkenswerte Erfolge erzielen können: so in Österreich (FPÖ) und Frankreich (Front National).

Islamischer Fundamentalismus in Deutschland

Im Vergleich zu anderen europäischen Ländern ist Deutschland in den achtziger und neunziger Jahren zum wichtigsten Einwanderungsland vor Frankreich geworden: Zwei Drittel der gesamten Zuwanderung nach Westeuropa entfielen auf die Bundesrepublik. Im Jahr 1995 lebten hier sieben Millionen Ausländer, darunter 1,2 Millionen im Inland geborene Kinder mit ausländischem Paß. 18 Prozent der Nichtdeutschen haben einen türkischen Paß, weitere 18 Prozent kommen aus einem der Nachfolgestaaten Jugoslawiens. Ferner leben in der Bundesrepublik mehr als drei Millionen Aussiedler volksdeutscher Abstammung, die zwar automatisch einen Anspruch auf die deutsche Staatsbürgerschaft haben, deren soziale Situation aber durchaus mit der der übrigen Zuwanderer vergleichbar ist (Fassmann/Münz, 1996, S. 32). Im Aufnahmeland treffen die Migranten auf eine Rechtsordnung und eine soziale Mentalität, die trotzig und zählebig am Gaststatus der Wanderer ebenso festhalten wie am Prinzip der ethnisch homogenen Gemeinschaft der Deutschen. Das erschwert ihre soziale Integration und fördert desintegrative, auch fundamentalistische Identitätsbildungen.

Betrachtet man das Problem aus dem historischen Blickwinkel, so ist unübersehbar, daß Migration die europäische Geschichte seit der industriellen Revolution begleitet; sie ist der europäische Normalfall und nicht die Ausnahme. Allerdings haben sich die Gewichte verschoben. Europa war zunächst ein Auswanderungskontinent, denkt man etwa an die vielen Emigranten in die USA Ende des 19. und in der ersten Hälfte des 20. Jahrhunderts. Mittlerweile ist der Kontinent jedoch zu einem Einwanderungsgebiet geworden. Die Ausländer in Deutschland und Europa bilden keine homogene Gemeinschaft, sondern ethnisch und sozial sehr differenzierte Gruppen. Fünf Kategorien von Zuwanderern lassen sich unterscheiden: In Holland, Großbritannien und Frankreich stellen Menschen aus den ehemaligen Kolonien, zum Teil mit der Nationalität des Aufnahmelandes ausgestattet, einen wesentlichen Teil der Zuwanderung. Als »ethnische Wanderer« gelten diejenigen, die mit gleicher Volkszugehörigkeit zumeist aus wirtschaftlichen, aber auch aus politischen Gründen ihr Herkunftsland verlassen und Aufnahme in einem anderen finden. Jüdische und volksdeutsche Emigranten aus Osteuropa, die nach Deutschland kommen, sind über die Nachkriegsjahrzehnte die wichtigsten Beispiele. Die früher als »Gastarbeiter« bezeichneten Arbeitsmigranten aus Süd- und Südosteuropa, in den sechziger Jahren aus Arbeitskräftemangel von den westeuropäischen Zentren angeworben, gehören zum dritten Typus der Wanderungen. Die beiden übrigen sind Flüchtlingsmigranten aus politischen Spannungsgebieten und schließlich die sonstigen Zuwanderer.

Der Islamismus in Deutschland, der vor allem bei jungen, hier geborenen und aufgewachsenen Türken Resonanz findet, hat vorrangig soziale Wurzeln. Nur den kleinen, fanatischen, aber politisch unbedeutenden Sektierern geht es darum, eine islamische Gesellschaftsordnung in Deutschland zu errichten. Ernst zu nehmen ist der Islamismus jedoch als Ventil für die strukturell benachteiligten Jugendlichen, deren Integration in die Gesellschaft erschwert oder verhindert wird durch den politischen Islam. Die gespaltene Identität junger Migranten und vielfältige Diskriminierungen seitens der deutschen Aufnahmegesellschaft schaffen die Voraussetzungen für einen Fundamentalismus, der in religiösen Formen sozialen Protest ausdrückt und der im Aufbau befindlichen türkischen Parallel- und Gegengesellschaft in Deutschland künftig möglicherweise eine fatale und konfliktreiche Richtung weisen könnte. Das Desinteresse, das viele Deutsche den Migranten gegenüber zeigen, erstreckt sich bis hin zu den fundamentalistischen Ausprägungen selbst, die in der deutschen Öffentlichkeit wenig bekannt sind und bislang weitgehend nur von den Debatten besorgter Fachleute aufgegriffen worden sind.

Die Furcht vor und das Unverständnis gegenüber dem islamischen Fundamentalismus in der deutschen Öffentlichkeit ist geprägt von Bildern ferner Orte und fremder Kulturen, an denen sich Unbegreifliches, eben Furchterregendes, abspielt: willkürliche Erschießungen von Einheimischen und von Europäern durch Mörderbanden in Algerien und neuerdings in Ägypten, die zeitweilige Eroberung der Staatsmacht in der Türkei durch die islamistische Refah-Partei, Bilder aus Afghanistan, die tiefverschleierte aus dem öffentlichen Leben und von ihren Arbeitsplätzen verbannte Frauen zeigen. Das vom iranischen Mullah-Regime gefällte Todesurteil gegen den Schriftsteller Salman Rushdie hat in den europäischen Gesellschaften das Bild des fundamentalistischen Islam als einer finsteren und gewalttätigen Form mittelalterlicher Despotie ins Zentrum gerückt. Doch derartige öffentliche Großereignisse verdecken die Strukturen und Traditionen des Fundamentalismus, der sich weniger spektakulär entwickelt hat.

In Deutschland waren schon in den siebziger Jahren politisch extreme Gruppen bekannt, vor allem Kommunisten und Nationalisten wie etwa die rechtsextremen türkischen Grauen Wölfe. Das Bundesinnenministerium hat sehr früh mit zahlreichen Vereinsverboten auf extremistische Ausländerorganisationen reagiert. Dabei ging es zunächst um jugoslawische und palästinensische Organisationen in Deutschland. 1967 wurde der Kroatische Ausschuß, 1968 die Kroatische Revolutionäre Bruderschaft verboten, 1976 der Kroatische Nationale Widerstand und der Kroatische Verein Drina. 1972 wurden die Generalunion Palästinensischer Studenten und die Generalunion Palästinensischer Arbeiter aufgelöst. 1983 wurde die besonders militante linksextreme türkische Organisation Devrimci Sol verboten. Später machte die 1978 gegründete kurdische PKK von sich reden, die auch in Deutschland für die Rechte der Kurden eintritt und den türkisch-kurdischen Konflikt thematisiert. Die 1993 vom Bundesinnenminister wegen verfassungsfeindlicher Aktivitäten einschließlich gewalttätiger Anschläge verbotene PKK ist je-

123

doch keine islamistische Partei, sondern eine marxistisch-leninistische Kaderorganisation traditionellen Typs.

Trotz des durch die Verbotspolitik der Behörden demonstrierten, wenig liberalen Klimas gegenüber extremistischen Gruppierungen setzt sich die Tradition der politischen Arbeit von Ausländern am Rande des politischen Spektrums fort, doch es sind nicht mehr die traditionellen links- oder rechtsextremistischen Gruppen, die vorangehen, sondern islamistische. Erst in den achtziger Jahren machen sich islamistische Gruppen in Deutschland öffentlich bemerkbar. Die palästinensische Hamas-Bewegung, die libanesische Hizb-Allah, die algerische FIS und verschiedene proiranische Gruppen sind auch in der Bundesrepublik aktiv (Verfassungsschutzbericht NRW, 1994, S. 229 ff.). Die Ziele dieser Organisationen bestehen nicht in innenpolitischen Veränderungen in der Bundesrepublik, sondern sie werben für die Politik ihrer Bewegungen in den Ländern des Nahen Ostens und unterstützen sie auch von Mitteleuropa aus. Bemerkenswerterweise ist der Anteil der Jugendlichen und jungen Erwachsenen in diesen radikal-islamistischen Organisationen besonders hoch (Sag, 1996, S. 453).

Doch der Islamismus hat viele sehr verschiedenartige Gesichter, von denen die militanten wohl eher noch die unbedeutendsten sind. Neben den Ablegern nahöstlicher Bewegungen, die von Deutschland aus die Politik ihrer Zentralen in den Herkunftsländern unterstützen, ist seit einigen Jahren auch von hausgemachten, in Deutschland unter Bedingungen der Migration und der sozialen Ausgrenzung entstehenden islamisch-fundamentalistischen Strömungen die Rede. Ihre Politik zielt auf Veränderungen in Deutschland. Dabei entwickelte sich weder ein gleichförmiger Islam noch eine einheitliche Form des Fundamentalismus. Die sich herausbildenden ethnischen Gemeinschaften lebten und leben ihre eigene, durchaus unterschiedliche Form des Islam. Türken, Bosnier, Asiaten und Araber, aber auch amerikanische Black Muslims und andere praktizieren ihre Lebens- und Glaubenswelten nicht nur entlang der ethnischen Trennlinie, sondern innerethnisch noch verschieden nach Generationen, Intensität des Glaubens und Nähe oder Distanz zu den Werten und der Kultur der Aufnahmegesellschaft. Allein innerhalb der Gruppe der Türken finden sich sunnitische, alevitische, schiitische und andere Richtungen.

Islamischer Fundamentalismus unter den rund zweieinhalb Millionen in Deutschland lebenden Muslimen, zumal innerhalb der größten Migrantengruppe, den Türken, ist eine historisch neuartige Erscheinung. Er ist Teil der prekären Stellung des Islam in Europa, die im Kern Integrationsprobleme, Ausschluß- und Diskriminierungsmechanismen der Aufnahmegesellschaften umfaßt und auf der Seite der Zuwanderer zum Problem des Aufbaus einer persönlichen, aber auch einer Gruppenidentität führt. Der Kulturkonflikt zwischen islamischen Migranten und den Einheimischen, aber auch innerhalb der Gruppe der Zuwanderer insgesamt, ist die fortgeschrittene Form eines Konflikts, der am Anfang mit Arbeitsbeziehungen zu tun hat und sich von dort weiterentwickelt hin zu Fragen der familiären Integration und der ethnisch-religiösen Identität. Er war schon lange absehbar, doch die ausbleibende und verdrängte, überfällige Debatte über den Charakter der Bundesrepublik als einer Zuwanderungsgesellschaft hat erheblich dazu beigetragen, daß er sich nun in verschärfter Form herausbildet.

Die erste Phase der Arbeitsmigration war geprägt durch den Gaststatus der türkischen Arbeiter, die in Wohnheimen relativ isoliert lebten, ihre deutsche Umgebung vorwiegend unter dem Gesichtspunkt der Erwerbsquelle betrachteten und die Perspektive der Heimkehr nicht aus den Augen verloren. Fragen der sozialen und familiären Integration stellten sich schon deshalb nicht, weil die ersten Gastarbeiter eine homogene Gruppe junger Männer war, die in Deutschland arbeitete, aber ihre familiären Bindungen in die Heimat weiterhin unterhielt. Faruk Şen, Leiter des Zentrums für Türkeistudien an der Universität Essen, beschreibt die heute bei den Älteren fortwirkende Gastarbeitermentalität der ersten Migrantengeneration mit den Verhaltensregeln: nicht auffallen, Beleidigungen hinunterschlucken, wenig Anpassung an die hiesige Gesellschaft, Festhalten an traditionellen Werten, Bescheidenheit am Arbeitsplatz, Orientierung an der Türkei, auch bei politischer Arbeit (Şen, 1996, S. 267). Fragen der wechselseitigen Anerkennung fremder Kulturen und Religionen blieben unter diesen Bedingungen außen vor und wurden gleichsam kompensiert durch den für beide Teile ökonomischen Nutzen: des Arbeitskräftebedarfs einerseits und der auskömmlichen Erwerbsarbeit andererseits.

Erst Mitte der siebziger Jahre, während des Familiennachzugs und der absehbaren Dauerexistenz in der Bundesrepublik und einer zunehmenden Zahl hier aufgewachsener Kinder, änderte sich die Wahrnehmung des Gastlandes. Soziale und kulturelle Beziehungen beschränkten sich nicht mehr auf das Heimatland, sondern bezogen sich stärker auf die neue Heimat. Das für die nachwachsende Generation der Einwanderer typische Problem der gespaltenen Identität, des weder der türkischen noch der deutschen Gemeinschaft wirklich Zugehörens, entwickelt sich seitdem in aller Schärfe. Heute sind unter den sieben Millionen in Deutschland lebenden Ausländern 1,2 Millionen hier geborene Kinder mit ausländischem Paß. Das soziale Profil von Ausländern als »Gastarbeitern« hat sich drastisch verändert. Durch den Familiennachzug und die erste ausländische Rentnergeneration sind nur noch 2,1 von sieben Millionen Ausländern erwerbstätig (Rudolph, 1996, S. 169), so daß auch von daher praktische Fragen jenseits des Arbeitsplatzes eine größere Bedeutung gewinnen und die soziale Integration in einem weiten Sinne auf der Tagesordnung steht.

Der Prozeß des Seßhaftwerdens war begleitet vom Bemühen, Anschluß zu finden an andere in der fremden Gesellschaft, und vom Versuch, Gemeinschaften aufzubauen, die von ähnlichen Lebenserfahrungen und -perspektiven zehren. Im Rahmen des sich herausbildenden türkischen Vereinswesens spielten nun religiöse Gemeinschaften eine bedeutende Rolle, denn sie verknüpften die Kultur der Herkunft mit dem Verlangen nach Geborgenheit in der neuen Gesellschaft. »Enttäuschungen über die fehlende Anerkennung in der Aufnahmegesellschaft fördern eine Rückbesinnung auf eigene Werte, die, bündig formuliert, im Islam repräsentiert werden« (Karakaşoğlu, 1996, S. 24). Deshalb hat der Islam für die türkische Minderheit in Deutschland immer auch eine wichtige, neben die eigentlichen religiösen Inhalte tretende soziale Integrationsfunktion. Im Laufe der siebziger Jahre entwickelte sich eine türkisch-islamische Infrastruktur, die heute etwa 2000 Vereine und Organisationen umfaßt. Organisatorisch zusammengehalten werden sie von Dachverbänden, die sich politisch und religiös durchaus voneinander unterscheiden.

Die wichtigsten sind: der traditionalistische Verband der Islamischen Kulturzentren und – als größter Verband – die von der Türkei geförderte Türkische Union der Anstalt für Religion, die über 700 Vereine umfaßt (Karakaşoğlu, 1996, S. 25 f.). Das Schwergewicht der Arbeit der türkischen Vereine besteht in Hilfestellungen bei sozialen Angelegenheiten, in politischer Interessendurchsetzung und natürlich in der Bereitstellung einer religiösen Infrastruktur. Förderung und Unterstützung lokaler Initiativen bei der Einrichtung neuer Moscheen, Forderungen nach der Einführung des kommunalen Wahlrechts, die Einrichtung von Korankursen und anderer Formen der Arbeit mit Kindern und Jugendlichen sowie ein generell erfahrener Zugang zu den deutschen Behörden machen die Arbeit der Vereine zu einer direkten Interessenvertretung für die in Deutschland lebenden Türken.

Türkische Läden und Geschäfte, vor allem in den Stadtteilen und Wohnbezirken mit hohem Anteil ausländischer Wohnbevölkerung, sind wichtige Eckpfeiler der türkischen Infrastruktur, denn sie fördern die innerethnische Kommunikation, den Austausch von Waren und Dienstleistungen und schaffen ein kommerzielles alternatives Refugium. Aber sie sind ebensosehr ein Mosaikstein im Aufbau einer türkischen Parallel- oder sogar Gegengesellschaft. Radikale islamistische Vereine machen sich dies zunutze. Seriöse Schätzungen gehen davon aus, daß etwa ein Sechstel aller türkischen Lebensmittelgeschäfte in Deutschland von Anhängern von Milli Görüş betrieben werden, einer streng islamistischen Gruppe, die der türkischen Refah-Partei des zeitweiligen Ministerpräsidenten Erbakan nahesteht (Der Spiegel 7/1996, S. 49).

Erst Anfang der achtziger Jahre entwickelt sich in Deutschland eine radikale Ausprägung des Islamismus innerhalb der Infrastruktur der Vereine. Aus der Türkei kommende islamische Geistliche fanden hier ein günstiges Betätigungsfeld, denn in dem liberalen religiösen Klima der Bundesrepublik konnten sich auch fundamentalistische Strömungen entfalten, die in der Türkei selbst geächtet oder sogar verboten waren (Heine, 1990, S. 100f.). Gewiß haben auch die Re-Islamisierung in der Türkei und der Aufschwung anderer fundamentalistischer Bewegungen im Nahen Osten Impulse gegeben, doch es handelt sich um eine unter Bedingungen der Migration und der Marginalisierung in Deutschland entstehende und wachsende Tendenz, zu deren Erklärung die innergesellschaftlichen Verhältnisse des Aufnahmelandes eine herausragende Rolle spielen.

Aufschlußreich sind die Berichte der Sicherheitsbehörden. Folgt man dem Verfassungsschutzbericht für das Jahr 1995, so bewegt sich die Zahl der Mitglieder islamisch-extremistischer Vereinigungen in Deutschland bei etwa 31000. Gemessen an den über sechs Millionen Inländern ohne deutschen Paß und den rund zweieinhalb Millionen Muslimen darunter sind das nicht viele, doch die Tendenz ist steigend. Erst seit dem Jahr 1981 beobachten die Sicherheitsbehörden den radikalen Islamismus. Seit 1981 (3000 Mitglieder) registrieren sie einen kontinuierlich ansteigenden Zulauf. Besonders auffällig ist die Verschiebung der Gewichte im Gesamtbereich des von den Verfassungsschutzbehörden registrierten politischen Extremismus: Innerhalb des politischen Extremismus unter den in Deutschland lebenden Türken betrug der Anteil des Islamismus im Jahr 1985 43 Prozent, zehn Jahre danach ist er auf 75 Prozent angestiegen.* Daraus ließe sich unschwer folgern, daß der Islamismus heute die attraktivste Form der politisch und religiös begründeten Nicht-Integration in die Aufnahmegesellschaft darstellt.

Das Gewaltpotential des Islamismus, von den Verfassungs-

* Vgl. Verfassungsschutzbericht 1995, hrsg. vom Bundesminister des Innern, S. 206, sowie die Angaben in: Verfassungsschutz in Hessen 1985, S. 41f.

schutzbehörden für 1995 mit 272 bekanntgewordenen Gewalttaten angegeben, schärft die Aufmerksamkeit für militante Aktionsformen. Innerhalb der Migranten in Deutschland sind die Türken die weitaus stärkste Gruppe, daher ist es kaum verwunderlich, daß türkische islamisch-extremistische Organisationen als die bedeutendsten eingeschätzt werden. Die 1985 als Sammelbecken für die Anhänger der seinerzeit in der Türkei verbotenen Nationalen Heilspartei gegründeten »Islamische Gemeinschaft Milli Görüş e.V.« umfaßt den Angaben zufolge mehr als 26000 Mitglieder. Sie tritt für die Ablösung der laizistischen Staatsordnung in der Türkei ein und fordert einen islamischen Gottesstaat. Langfristiges Ziel ist die weltweite Islamisierung. Milli Görüş ist der radikale Ableger der türkischen Refah-Partei des Ministerpräsidenten Erbakan, der 1996 an die Spitze eines gemäßigten fundamentalistischen Regimes in der Türkei gelangte. Ähnliche Ziele vertritt der Kölner »Verband der islamischen Vereine und Gemeinden e.V.«, der dezidiert antidemokratische und antisemitische Ziele vertritt (Verfassungsschutzbericht 1995, S. 231 ff.).

Eine nicht geringe Bedeutung für die Re-Islamisierung der deutschen Türken spielt der Aufbau einer eigenständigen, von der deutschen streng geschiedenen Medienkultur. Sie verzahnt ethnische, kulturelle, nationalistische und religiöse Aspekte des Lebens in der fremden Gesellschaft und eröffnet Möglichkeiten der Kommunikation, der Information und der Identitätsfindung. Nachdem in den sechziger und siebziger Jahren ein türkischer Kinomarkt und in den siebziger und achtziger Jahren ein eigenständiger türkischer Videomarkt in den Nischen der audiovisuellen Kultur entstand, ist in den neunziger Jahren türkisches Fernsehen auch in Deutschland zu empfangen: seit Mitte der neunziger Jahre vor allem auch der der Refah-Partei Erbakans nahestehende, stark religiös geprägte Sender Kanal 7. Gemessen an der hohen Verkabelungsdichte türkischer Haushalte, an dem im Vergleich zu Deutschen noch stärkeren Fernsehkonsum und an der Bevorzugung türkischer Programme durch die Jugendlichen dürfte das in der deutschen Mehrheitskultur so gut wie unbekannte türkische Fernsehen sowohl zur Ausprägung einer türkischen Parallelgesellschaft in Deutschland beitragen wie auch zur Verbreitung islamistischer Orientierungen (Becker, 1996).

Die Existenz einer türkischen Medienkultur in Deutschland erleichtert die Arbeit der islamistischen Gruppen, denn diese können an die hier vermittelten und bekräftigten Werte und Orientierungen anknüpfen. Peter Heine hat die propagandistischen und ideologischen Auswirkungen wie folgt beschrieben: »Die Leiter der religiösen Organisationen filtern für ihre Mitglieder die deutsche Realität und stellen damit eine Verstärkung der kulturellen Differenzen her. Einerseits fördern sie damit die Isolation, bewirken aber in den Organisationen zugleich einen verstärkten Zusammenhalt, der die ethnische und religiöse Identität verstärkt. Hier erhalten die Mitglieder die ideologische Basis und Bestärkung ihrer ethnischen und kulturellen Lebensweise, die durch das fremde Umfeld in Frage gestellt worden war. Nicht zuletzt diese fundamentalistischen Organisationen haben bewirkt, daß sich unter den türkischen Arbeitsmigranten eine Struktur entwickelt hat, in der sie ihren ethnischen, religiösen und kulturellen Traditionen folgen und sie in einer Gemeinschaft ausleben können« (Heine, 1990, S. 100).

Schätzungen über die Resonanz islamistischer Vereinigungen unter den in Deutschland lebenden Türken sind schwierig. Die Mitgliederzahlen deuten auf eine kleine Minderheit, die Zahl der fundamentalistisch orientierten Aktivisten dürfte noch darunter liegen. Allerdings sagen die Zahlen wenig aus über die Richtung, in der sich der islamische Fundamentalismus in Deutschland bewegen wird. Cem Özdemir, türkischstämmiger Bundestagsabgeordneter von Bündnis 90/Die Grünen, beziffert das Sympathisantenpotential der Islamisten auf etwa 20 Prozent (Der Spiegel 7/1996, S. 44). Vor allem unter Jugendlichen und jungen Erwachsenen gewinnt er an Boden. Eine an der Universität Bielefeld im Herbst 1995 durchgeführte Befragung von 1200 türkischen Jugendlichen im Alter zwischen 15 und 21 Jahren erbrachte ein relativ großes Interesse an islamischen Orientierungen, so daß keineswegs von einer schnellen und konfliktarmen Integration türkischer Jugendlicher in die soziale und kulturelle Welt des Westens ausgegangen werden kann. Rund ein Drittel der Befragten gab an, die Freizeit vorwiegend mit türkischen Jugendlichen zu verbringen. Über zwei Drittel bekundeten großes Interesse an Fragen des Islam, gut die Hälfte identifizierte sich mit einem Überlegenheitsanspruch des Islam gegenüber den westlichen Werten, und ein Viertel war sogar bereit, an der politischen Durchsetzung dieses Anspruchs mitzuwirken. Rund ein Drittel der Befragten fühlte sich durch die islamistische Milli Görüş teilweise oder gut vertreten, ebenso viele konnten sich mit den nationalistischen »Grauen Wölfen« identifizieren.

Die Autoren dieser Umfrage sehen die Ursachen für die Islamisierungstendenzen in alltäglichen Unterlegenheitserfahrungen türkischer Jugendlicher. Das Interesse der Jugendlichen an fundamentalistischen Alternativen sei dann besonders hoch, »wenn sie für sich persönlich in der Mehrheitsgesellschaft deutlich schlechtere Bildungs- und Berufspositionen und damit allgemein schlechtere Zukunftschancen antizipieren. Angesichts der sich verschlechternden Arbeitsmarktsituation gerade auch für Personen mit niedriger schulischer Qualifikation (zumal in den großen Städten mit ihrem abnehmenden Produktionsgewerbe) bildet dies vor dem Hintergrund zusätzlicher Diskriminierungserfahrungen keine erfreuliche Zukunftsperspektive« (Heitmeyer/Müller/Schröder, 1997, S. 27). Radikale islamistische Positionen bieten also scheinbar einen Ausweg aus verzweifelten Lebensperspektiven und eine Kompensation durch die Demonstration von Stärke und Überlegenheit, verbunden mit einer ideologisch begründeten aggressiven Abkehr von den säkularen westlichen Werten. Folgt man dieser Deutung, dann sind es am ehesten die schlecht ausgebildeten, von Arbeitslosigkeit eher betroffenen, objektiv am meisten desintegrierten türkischen Jugendlichen, die sich vom radikalen Islamismus angezogen fühlen.

Keineswegs im Widerspruch dazu steht die Rolle der Intellektuellen, der vergleichsweise integrierten Studenten und Akademiker. Sag zufolge sind sie die aktiven Träger und Aktivisten der islamistischen Bewegung in Deutschland: »Seit den achtziger Jahren ist zu beobachten, daß sich die soziale Zusammensetzung der islamischen Bewegung gewandelt hat. Es sind nicht mehr Jugendliche der untersten Gesellschaftsschichten sowie Jugendliche, die in dieser Gesellschaft keine Perspektive haben oder als Randgruppen bezeichnet werden. Es sind junge Menschen, die beste Voraussetzungen für einen sozialen Aufstieg besitzen, und Vertreter der Mittelschicht, die sich in Deutschland verselbständigt bzw. verankert hat. Genau diese junge neue Schicht in diesen Organisationen prägt die Form und Qualität der Auseinandersetzung mit der Mehrheitsgesellschaft, die auf einem intellektuellen Niveau stattfindet. Diese neue intellektuelle Schicht erweitert die Einflußmöglichkeiten auf die Jugendlichen« (Sag, 1996, S. 466).

Für die Islamisierungstendenzen unter türkischen Jugendlichen können zunächst einige interne Gründe angeführt werden, die in der Wirkungsweise der kulturellen und sozialen türkischen Infrastruktur selber liegen. Die Dynamik der türkischen Vereinsbildung verweist auf die Entwicklung von den anfänglichen Arbeiterkulturvereinen hin zu einer nahezu alle Lebensbereiche umfassenden, vor allem Jugendliche und junge Erwachsene einbeziehenden, durchaus vielfältigen sozialen Infrastruktur. Die Geschichte der Vereine verläuft in mehreren Etappen: Die Arbeiter- und Freizeitvereine der Anfänge entwickeln sich zu religiös orientierten Vereinen, die den Bau von Moscheen als zentrale Aufgabe begreifen; nach dem Zusammenschluß zu Dachverbänden erfolgt eine Politisierung, die den politischen Islam in den Mittelpunkt rückt. »Ein weiter Weg von den Freizeitclubs der früheren Junggesellen über die reinen Moscheevereine, als sie anfingen, Weib und Kind nachzuholen, bis hin zur geschlossenen Gesellschaft, nachdem die Politik sich ihrer annahm und der ›Khomeini-Faktor‹ sie daran erinnerte, daß der Islam mehr sei als das Gebet im stillen Kämmerlein: nämlich eine gottgewollte, allumfassende Lebensordnung, die jede Anpassung an, jeden freundschaftlichen und vertrauensvollen, gleichberechtigten Umgang mit ›Ungläubigen‹ verbietet« (Binswanger, 1990, S. 53).

Die türkische Infrastruktur erweist sich im Vergleich mit deutschen Angeboten der sozialen Arbeit und der Ausländerarbeit vielfach als überlegen, denn hier konkurrieren die türkischen Jugendlichen nicht mit den deutschen, und ihre spezifischen Probleme der gespaltenen Identität können mit weitreichender Anerkennung rechnen. Neben religiösen und politischen Schulungen bieten die Vereine vielfältige Angebote, »sie umfassen u.a. tägliche Hausaufgabenhilfen, Vortragsveranstaltungen, sportliche Aktivitäten, auch im Bereich des Kampfsportes, Gesprächskreise zu politischen, lebenskundlichen und sozialen Themen, Computerkurse und … ein spezifisches Angebot an Jugendbüchern« (Hocker, 1996, S. 432), die nicht selten indoktrinieren, indem die jugendlichen Helden nach mancherlei Irrungen und Wirrungen in der gottlosen Kultur Europas den Weg zum Islam finden. Als wichtige Orte der Kommunikation, der Religions- und Politikvermittlung fungieren die Moscheen, die mehr als religiöse Zentren sind.

Der Geschäftsführer des Bielefelder Ausländerbeirates berichtet über eine Verselbständigung der Jugendarbeit in den Moscheen seit 1991. Sie ist vielfältiger geworden: »Um die Attraktivität für die Jugendlichen zu erhöhen, werden neben Ballspielen und Malaktionen die Herstellung von islamischen Kalendern und kostenloser Nachhilfeunterricht organisiert. Des weiteren wird Sozialbetreuung für Hilfsbedürftige, finanzielle Unterstützung für arbeitslose Jugendliche und Studierende geleistet. Die Aus- und Weiterbildung auf religiösem, beruflichem und schulischem Gebiet wird unterstützt. Sozialrechtliche Beratungen wie z. B. über den Umgang mit Behörden, das Schulsystem, Seelsorge, Betreuung der von Kriminalität und Drogenkonsum Betroffenen, Organisation von Korankursen, Näh- und Sprachkursen für Frauen usw. werden angeboten« (Sag, 1996, S. 463 f.).

Rechnet man zu den Moscheen noch die ausgeprägte Vereinsstruktur und die mittlerweile entstandene türkische Medienkultur hinzu, so ergibt sich das Bild einer im Aufbau befindlichen, von der deutschen Mehrheitskultur weithin unbemerkten oder mit Gleichgültigkeit bedachten türkischen

Parallel- oder Gegengesellschaft. Die politischen und ideologischen Inhalte dieser Entwicklung dürfen nicht übersehen werden, denn die Propagandisten des politischen Islam gewinnen an Boden, Tendenzen zur Selbstisolation in einer als feindlich empfundenen deutschen sozialen Umwelt werden stärker. Doch die Annahme wäre verfehlt, die Ausprägung einer türkischen Infrastruktur sei unmittelbar gleichbedeutend mit dem Anwachsen des Fundamentalismus. Wie die Geschichte der ethnischen Minderheiten in Amerika und anderen Einwanderungsgesellschaften zeigt, ist die Entstehung von »ethnic communities« nicht gleichbedeutend mit dem Hervortreten des Fundamentalismus. Entscheidend ist vielmehr die auf den ersten Blick widersprüchliche Entwicklung einer solchen Gemeinschaft, die aber in sich doch auseinanderstrebende, ja gespaltene Ausmaße annimmt.

Faruk Şen hat darauf hingewiesen, daß die Türken in Deutschland zu einer sehr heterogenen Bevölkerungsgruppe geworden sind. Während die erste Gastarbeitergeneration aus jüngeren erwachsenen Arbeitern bestand und insofern homogene Züge aufwies, hat sich dies seit dem Familienzuzug geändert. Nun sind neben den Geschlechter- auch alle Altersgruppen vertreten, wobei Generationskonflikte sich deutlich bemerkbar machen; der Anteil der Jugendlichen mit besserer Schul- und Berufsausbildung nimmt zu; mittelständisch orientierte Selbständige erweitern das Bild der früher homogenen türkischen Arbeiterschaft; nicht zuletzt begleiten unterschiedliche politische und religiöse Überzeugungen diesen Prozeß, so daß auch innerhalb der türkischen Bevölkerungsgruppe in Deutschland eine Pluralisierung der Lebensentwürfe stattfindet. Nicht die Ausprägung der türkischen Community selbst, sondern die Bruchlinien der damit verbundenen sozialen und kulturellen Spaltungen und die daraus folgenden Konfliktlinien sind eine wichtige Basis des Fundamentalismus: »Türkische Migranten können sich angesichts einer zunehmenden Heterogenität der türkischen Gesellschaft in Deutschland und der damit verbundenen Vielzahl von Gruppierungen mit unterschiedlichsten Zielsetzungen nicht mehr auf das ›Wir-Gefühl‹ der ehemaligen

Gastarbeiter beziehen. Die Vielfalt der Lebensformen hat somit zu gesellschaftlichen Desintegrationsprozessen innerhalb der türkischen Community geführt, wodurch teilweise eine verstärkte Hinwendung zu extremeren Vorstellungen nationaler oder religiöser Art begünstigt wird« (Şen, 1996, S. 266f.).

Neben diesen internen, aus der Entwicklung der türkischen Gemeinschaft hervorgehenden Begründungen gibt es eine Reihe von politischen und gesellschaftlichen Entstehungshintergründen für das Anwachsen des Fundamentalismus. Dazu gehört vor allem die anhaltende strukturelle Benachteiligung der Ausländer auf dem Arbeits- und dem Wohnungsmarkt. Ein Großteil der 6,9 Millionen Ausländer in Deutschland lebt in prekären wirtschaftlichen und sozialen Verhältnissen. Sie verrichten häufig noch immer belastende und gefährliche Arbeiten, ihre gesundheitlichen Risiken sind größer, sie sind eher von Arbeitslosigkeit bedroht, ihre Bildungschancen sind geringer, und sie verdienen im Schnitt weniger als ihre deutschen Kollegen. Im Jahr 1994 waren 60 Prozent der ausländischen Arbeitnehmer insgesamt un- oder angelernte Arbeiter (Deutsche: 12 Prozent); innerhalb der zweiten Generation der Zuwanderer (16- bis 25jährige) waren es 34 Prozent (Deutsche: 6 Prozent, vgl. Rudolph, 1996, S. 171). Gemessen am Schwellenwert von 50 Prozent des durchschnittlichen Einkommens lebten nach Angaben des Statistischen Bundesamtes im Jahr 1993 27 Prozent der Ausländer in Einkommensarmut – mehr als doppelt so viele wie in der Vergleichsgruppe der Deutschen (11 Prozent; vgl. Statistisches Bundesamt, 1994, S. 600). In dem 1994 vom Paritätischen Wohlfahrtsverband und dem DGB vorgelegten Armutsbericht – dem ersten gesamtdeutschen überhaupt – werden diese in Deutschland lebenden Ausländer zu einer der wichtigsten Armutsrisikogruppen gezählt: »In Westdeutschland stellen sie die am stärksten von Armut betroffene Gruppe: 37,2 Prozent der Ausländer waren 1992 in zwei oder mehr Bereichen unterversorgt: 44,2 Prozent waren wohnraum- und 16,7 Prozent einkommensunterversorgt. Über die Hälfte verfügte über keinen beruflichen Bildungsabschluß« (Hanesch u.a., 1994, S. 39). Mehr als jedes andere

Merkmal weise die Nationalität einen engen Zusammenhang mit Unterversorgungsrisiken in der Bundesrepublik Deutschland auf, und es lasse sich somit bei den Ausländern von einer ausgesprochenen Armutsgruppe sprechen (a.a.O., S. 173). Dies betrifft nicht allein die faktischen Lebensverhältnisse, sondern auch die möglichen Risiken und ihre Verschärfung. Bis Ende der siebziger Jahre war das Risiko der damaligen westdeutschen Gastarbeiter, zu Sozialhilfeempfängern zu werden, niedriger als das ihrer deutschen Kollegen. Seitdem ist ihr Sozialhilferisiko unter den Bedingungen steigender Arbeitslosigkeit, rückläufiger Industriearbeitsplätze und verstärkter Konkurrenz auf dem Arbeitsmarkt durch Zuwanderung jedoch steil angestiegen. Es war im Jahr 1992 viermal höher als das der Deutschen (Hauser, 1995, S. 9).

Die Wohnsituation der Migranten weist einige auffällige Besonderheiten auf, die auf eine starke strukturelle Benachteiligung durch verschiedene Faktoren hindeuten. Vorurteile deutscher Vermieter und ein schmales Wohnbudget bei gleichzeitiger allgemeiner Wohnraumknappheit und hohen Mieten führen zu verminderter Konkurrenzfähigkeit und schließlich zur einzig noch verbleibenden Alternative in abgewohnten Altbauvierteln. Letztlich fördern diese Rahmenbedingungen die Entstehung von Ausländergettos. Innerhalb der Städte ist die Konzentration der Migranten sehr unterschiedlich, doch sie folgt einem eindeutigen Muster. In den für sie noch bezahlbaren großstädtischen Altbaugebieten der Gründerzeit und traditionellen innerstädtischen Arbeitervierteln, in den frühindustriellen Arbeiterwohngebieten, wie sie typisch etwa im Ruhrgebiet anzutreffen sind, und in den großstädtischen Hochhausneubauten der sechziger und siebziger Jahre, leben besonders viele Ausländer. Damit hat sich die mit der ersten Gastarbeiterwelle zu Beginn der sechziger Jahre einsetzende ethnische Unterschichtung der deutschen Gesellschaft längerfristig fortgesetzt. Sie bildet sich sozialräumlich ab und führt zu stabilen Strukturen ethnischer Diskriminierung, nicht nur auf dem Arbeits-, sondern auch auf dem Wohnungsmarkt. Hier kumulieren Verkehrs- und Umweltbelastungen, hohe Wohndichte und schlechte Wohnqualität. Bedenkt man die relativ großen Familien, die auf kommunale Einrichtungen gerade im Kinder- und Jugendbereich angewiesen sind, und die relativ unterdurchschnittliche Versorgung der Migranten mit Wohnraum, so folgt daraus eine eindeutige strukturelle Benachteiligung. Die Sparpolitik der überschuldeten kommunalen Haushalte geht vor allem zu Lasten der kinderreichen ausländischen Familien, die in besonderem Maße auf die kommunalen sozialen Infrastrukturen, auf Jugendfreizeitstätten und kommunale Bildungs- und Beschäftigungsangebote für Jugendliche angewiesen sind. Ausländer in Deutschland sind, insgesamt gesehen, auffallend schlecht mit Wohnraum versorgt; sie leben häufig in belasteten Stadtteilen und Quartieren, und schon aufgrund ihrer relativ schlechten Einkommenslage sind sie selten in der Lage, um bessere Wohnungen zu konkurrieren.

Ausländische Familien sind größer als deutsche. Im Jahr 1993 hatten 22 Prozent der ausländischen Haushalte zwei und mehr Kinder und nur acht Prozent der deutschen (Thränhardt, 1995, S. 8). Damit treffen die erschwerten Lebensbedingungen für kinderreiche Familien in der Stadt die ausländischen ungleich härter als die deutschen. Für die ausländischen Jugendlichen hat dies gravierende Folgen für ihre gesamte Sozialisation und ihre Chancen auf dem Bildungs- und Arbeitsmarkt, denn die Sozialstrukturen, Mentalitäten und sozialen Milieus der benachteiligten Wohngebiete sind für ihre Entwicklung nicht förderlich. Typisch für ihre Sozialisationsbedingungen sind die stadträumliche »hohe Konzentration von sozial und ökonomisch erfolgs- und durchsetzungsschwachen Gruppen (neben den Zuwanderern alte Menschen, Arbeitslose und Niedrigverdienende)« und die »hohe Konzentration von sozial benachteiligten Gruppen (Langzeitarbeitslose, Drogen- und Alkoholabhängige, Kinderreiche, Alleinerziehende, Jugendliche ohne Ausbildung und ohne Arbeit, SozialhilfeempfängerInnen)« (Waltz/Krummacher, 1996). Es kann daher nicht verwundern, daß ausländische Jugendliche in der beruflichen Bildung schlechte Karten haben. 1987/88 stand nur ein Viertel der 16- bis 19jährigen ausländischen Jugendlichen in einem Berufsausbildungsver-

137

hältnis, weitere zwölf Prozent besuchten eine weiterführende Schule (Funcke, 1991, S. 9 ff.).

Anhaltende strukturelle Diskriminierungen im Arbeits- und Wohnungsmarkt und in der Ausbildung treffen die zweite Generation der Zuwanderer besonders hart, denn ihre Lebensplanungen sind denen ihrer Eltern nicht vergleichbar. Diese Generation kennt keine andere Perspektive als das Leben in Deutschland. Diskriminierungen, wie sie oben skizziert wurden, benachteiligen sie gegenüber den deutschen Altersgenossen allein aufgrund ihrer ethnischen Herkunft und erschweren die Integration und die Gleichbehandlung. Sie könnten mittelfristig dazu führen, daß die türkische Vereinsstruktur sich zu einem Selbsthilfe-Netzwerk und einer Solidargemeinschaft unter islamistischen Vorzeichen weiterentwickelt, welche die Integration junger Türken in die deutsche Gesellschaft sogar aktiv verhindert. Sie fördern aber auch soziale Protestformen, von denen die fundamentalistische Variante gewiß die attraktivste ist, denn sie verbindet die Aneignung der kulturellen und religiösen Herkunft mit der ideologisch begründeten radikalen Ablehnung der westlichen säkularen Werte.

Verstärkt wird diese Perspektive durch das Selbstverständnis der deutschen Aufnahmegesellschaft, die entgegen aller freundlichen Rhetorik nicht auf Integration angelegt ist. Die herrschende Politik und die dominanten gesellschaftlichen Auffassungen verneinen den Charakter Deutschlands als Einwanderungsland, sie bekräftigen die ethnische Homogenität der Deutschen und betonen den Gaststatus der hier lebenden Ausländer – zumindest solange sie keinen deutschen Paß haben. Die fremdenfeindlichen Anschläge zu Beginn der neunziger Jahre haben die ohnehin prekäre Existenz von Ausländern in Deutschland zur offenen und alltäglichen Bedrohung werden lassen. Während die Älteren unter den Migranten aufgrund ihrer Verbundenheit mit dem Herkunftsland, verwandtschaftlicher Beziehungen dorthin und oft geringer Deutschkenntnisse diese Länder noch als Heimat verstehen können, sind die Migranten der zweiten Generation in gewisser Weise heimatlos. Als Türken in Deutschland aufgewachsen, unter Bedingungen geringer Kenntnisse der Heimat ihrer Eltern und weitreichenden Diskriminierungen in Deutschland ist für sie der Aufbau einer stabilen Identität schwierig. Sie sind hin- und hergerissen zwischen den Kulturen. Islamistische, fundamentalistische Angebote umwerben diese defizitäre Stelle in der Biographie junger Migranten: Sie bieten eine Identität über die radikale Aneignung ihrer vermeintlichen Traditionen und Werte und rationalisieren den auf den Migranten liegenden Druck der Diskriminierung, indem sie ihn zu einer Ideologie des feindlichen deutschen Umfeldes umdeuten. Fundamentalistische Strömungen bei den Migranten haben daher soziale und nicht religiöse Wurzeln. Ihre Ausbreitung hängt wesentlich vom Grad der Zuwendung ab, den die deutsche Gesellschaft ihnen zuteil werden läßt.

Christlicher Fundamentalismus

Der Fundamentalismus im Namen des Christentums ist so alt wie das Christentum selbst. Er ist keineswegs, wie etwa der Fundamentalismus islamischer Migranten in Großbritannien, Frankreich und der Bundesrepublik, eine historisch neuartige und sich entwickelnde Erscheinung. Seit der Kirchenspaltung in Protestantismus und Katholizismus läßt sich eine Zweiteilung beobachten, die beide Kirchen seit langem begleitet und eine Grundstruktur des christlichen Fundamentalismus bildet. Während im Umfeld der evangelischen Kirche zahlreiche Sekten sich immer wieder auf die wortgetreue Interpretation der Bibel als einziger Quelle des Lebens und der Orientierung beriefen und somit einen biblischen Fundamentalismus innerhalb und neben der protestantischen Kirche etablierten, äußert sich der katholische Fundamentalismus anders. Er ist wesentlich Klerikalismus, unerschütterliches Bekenntnis zur Amtskirche, ihren Traditionen und ihrer Bibelauslegung (Pfürtner, 1991, S. 28 ff.). Fundamentalistische Strömungen der Gegenwart stehen in der mehr oder weniger engen Nachfolge ähnlicher Bewegungen der Kirchengeschichte. Deshalb bedarf es eines Blickes auf die spezifische Situation der Kirchen in den neunziger Jahren in Deutschland, um die Bedeutung des Fundamentalismus heute genauer einschätzen zu können.

Volle Gotteshäuser an Feiertagen, gutbesuchte Kirchentage und bemerkenswerte Aktionen wie das letztlich erfolglose Kirchenvolksbegehren der Katholiken könnten zu der Annahme verleiten, kirchliches Leben spiele eine bedeutende Rolle. Hirtenworte und Verlautbarungen der Bischofskonferenzen erwecken den Eindruck des öffentlichen Gehörs der christlichen Konfessionen. Vor allem die weitverzweigte Organisationsstruktur der Kirchen scheint ein Garant zu sein für großen Einfluß in Politik und Gesellschaft. Rechtliche und steuerliche Privilegien und die letztlich nicht konsequente Trennung von Kirche und Staat garantieren den Kirchen eine verbandspolitische Vorrangstellung. Ihr Einfluß im schulischen, publizistischen und sozialen Bereich, bei den Wohlfahrtsverbänden und Krankenhäusern und ihr politischer Machtanspruch bei Teilen von CDU und CSU machen sie zu einer der nach wie vor bedeutendsten Interessengruppen im politischen und gesellschaftlichen Leben.

Dies kann jedoch nicht darüber hinwegtäuschen, daß die Kirchen seit Jahrzehnten unter einer Akzeptanzkrise in der Bevölkerung leiden, die auf lange Sicht ihre privilegierte Stellung gefährden könnte. Die Krise der christlichen Konfessionen findet einen beredten Ausdruck im rückläufigen Interesse an ihren Angeboten. Im Jahr 1993 gehörten 13 Prozent der westdeutschen Bundesbürger keiner der beiden Amtskirchen an, dreißig Jahre zuvor waren es nur 2,8 Prozent; in Ostdeutschland waren 1993 70 Prozent der Bevölkerung konfessionslos. In der evangelischen Kirche sank die Zahl der Mitglieder zwischen 1960 und 1989 im alten Bundesgebiet von 29 auf 25 Millionen, in der katholischen stieg sie im gleichen Zeitraum von 25 auf 27 Millionen an.* Doch diese Zunahme ist trügerisch, denn nur die große Zahl von katholischen Einwanderern aus Italien und Spanien vermochte die

* Vgl. zu den Zahlen in diesem und im folgenden Abschnitt: Datenreport 1992, S. 189 ff. und 602 ff., und Datenreport 1994, S. 170 ff. und 554 ff.

Mitgliederzahlen zu stabilisieren. Vor allem die Jüngeren in den neuen Ländern sind eine für die Kirchen verlorene Generation. Bei den über 54jährigen in der ehemaligen DDR gehört jeder zweite einer christlichen Kirche an, bei den 18- bis 34jährigen gilt dies nur für jeden fünften. Das nachlassende Interesse an Taufen und Trauungen spricht eine deutliche Sprache. In beiden Kirchen hat sich diese Form des religiösen Interesses binnen dreißig Jahren nahezu halbiert. Doch auch bei den Jüngeren in Westdeutschland ist die Kirchenbindung nicht eben hoch. Sie besuchen wesentlich weniger Gottesdienste als die Älteren. Betrachtet man diese Entwicklung über einen längeren Zeitraum, so zeigt sich, daß Gottesdienste auf eine dramatisch gesunkene Gegenliebe stoßen. Allein die katholische Kirche verlor zwischen 1960 und 1989 5,8 Millionen Besucher, 1989 besuchten nur noch 23 Prozent aller Katholiken regelmäßig die Sonntagsmesse (1966: 64 Prozent), von den evangelischen Christen gingen 1989 gerade noch 5 Prozent zum Sonntagsgottesdienst (1966: 20 Prozent).

Die formelle Zugehörigkeit zur Kirche sagt wenig aus über das kirchliche Leben und die religiösen Überzeugungen und Praktiken. Kirchenbindung und persönliche Religiosität sind nicht identisch. Die Distanz zu den beiden Amtskirchen ist auch innerhalb derjenigen weit verbreitet, die noch Kirchensteuern zahlen. Das öffentliche Ansehen der Kirchen nimmt jedenfalls im Vergleich zu anderen politischen Institutionen einen der hinteren Plätze ein (Ipos, 1992). Es ist sehr wohl denkbar, viele verschiedenartige individuelle Wege außerhalb der beiden Großkirchen zu gehen. Sowohl bei den Konfessionslosen als auch bei Mitgliedern zahlreicher kleiner Religionsgemeinschaften und Sekten findet Religiosität einen alternativen Ausdruck. Dennoch entwickelt sich die Bundesrepublik scheinbar unaufhaltsam zu einer durch und durch säkularen Gesellschaft, bei der religiöse und kirchliche Bindungen eine nur noch marginale Rolle spielen. Im Jahr 1991 stuften sich nur mehr 11 Prozent der Bevölkerung in Westdeutschland als tief bzw. sehr religiös ein (Ostdeutschland: 5 Prozent). Als unentschieden oder überhaupt nicht religiös bezeichneten sich im Westen 20 Prozent (Ostdeutschland: 59 Prozent). Sie äußerten ein gleichgültiges oder wenig ausgeprägtes Interesse an Fragen der Religion und der Kirche. Läßt man regionale Unterschiede außer acht, etwa die vergleichsweise starke Akzeptanz des Katholizismus in weiten Teilen Bayerns oder die äußerst schwach ausgeprägte Religiosität in den neuen Ländern sowie den Stadt/Land-Unterschied, so kann man insgesamt doch von einer recht schwachen Kirchenbindung und Religiosität in Deutschland in den neunziger Jahren sprechen.

Kirchenzugehörigkeit und religiöse Praxis heute haben die Selbstverständlichkeit zurückliegender Jahrzehnte längst eingebüßt. Die kapitalistische Dreifaltigkeit von Geld, Macht und Prestige verlangt nach arbeitsmarktgerechter Ausbildung und flexibler Leistungs- und Anpassungsbereitschaft, sie fragt nicht nach religiösen Werten oder moralischen Tugenden. Heute wäre eher umgekehrt zu fragen, worin die Attraktivität kirchengebundener christlicher Überzeugungen besteht. Warum lohnt es sich überhaupt noch, einer der beiden Konfessionen anzugehören? Die Krise der Amtskirchen steht in engem Zusammenhang mit veränderten gesellschaftlichen Werten. Die katholische mehr noch als die evangelische Kirche hat sich in Fragen der nichtehelichen Lebensgemeinschaften und der Empfängnisverhütung ins gesellschaftliche Abseits manövriert. Der Zölibat und das Dogma des päpstlichen Alleinvertretungsanspruchs lassen sich mit Demokratisierung und der Offenheit einer modernen liberalen und pluralistischen Gesellschaft nicht vereinbaren. Doch es sind nicht nur Werte und Inhalte, die in Widerspruch zu einer demokratischen und liberalen Gesellschaft geraten, sondern auch der kirchliche Bürokratismus, das geschlossene System von nicht hinterfragbaren Entscheidungen und Glaubensinhalten, die systematische Diskriminierung der Frauen in der katholischen Kirche und die generelle Reformunwilligkeit. Die liberale Gesellschaft und die Kirche haben einen schärfer werdenden Interessenkonflikt auszutragen.

Eine der immer schon zentralen kirchlichen Aufgaben hat darunter gelitten: Die Seelsorge als wichtiger kirchlicher Funktionsbereich hat sich innerhalb weniger Jahrzehnte aus der Kirche herausverlagert in nichtkirchliche Bereiche professioneller Beratung. Der Aufschwung der Psychotherapie und der Lebensberatung, der Boom des kaum überschaubaren Psychomarktes seit den siebziger Jahren ist auch als ein Indiz für den Funktionsverlust der Kirchen zu verstehen. Gilles Kepel zieht aus der Krise der Kirche die Schlußfolgerung einer derzeit gegenläufigen Entwicklung: »Einerseits scheinen Säkularisierung und Entchristlichung so weit fortgeschritten zu sein wie nie zuvor – andererseits entstehen allenthalben Re-Christianisierungsbewegungen« (Kepel, 1994, S. 79). Diese wenden sich gegen den Prozeß der Säkularisierung, der Entkirchlichung, gegen die moderne Welt des Liberalismus, und sie bekämpfen die innerkirchlichen demokratischen und sozialistischen Bewegungen wie etwa die lateinamerikanische Befreiungstheologie.

Innerhalb der katholischen Kirche können mehrere jeweils international agierende fundamentalistische Strömungen unterschieden werden. Die wohl bedeutendste ist die papistische, auf die Stärkung der Amtskirche und ihrer Traditionen bedachte Form, die sich in Organisationen wie Comunione e Liberazione oder dem Opus Dei äußert. Comunione e Liberazione entstand in den fünfziger Jahren in Italien als studentische Gruppe, die eine integrale christliche Kultur anstrebt. Ihr ging es nicht um eine Modernisierung des Christentums, sondern umgekehrt um eine Re-Christianisierung der modernen Gesellschaft, um eine Aufhebung der Trennung von Kirche und Staat. Der Laizismus und die säkularen Grundlagen der modernen Gesellschaft sind deshalb die Hauptfeinde. Die Organisation betreibt eine Doppelstrategie. Von unten sind Jugend- und Sozialarbeit Formen und Mittel, um unter Jugendlichen zu mobilisieren, von oben infiltriert sie wirtschaftliche und kulturelle Eliten. Rückhalt aus dem Vatikan erhielt sie nicht zuletzt durch die Protektion der Kardinäle Lustiger und Ratzinger. 1982 billigte man ihr den Status einer religiösen Laienbewegung zu (Kepel, 1994, S. 114).

Doch nicht nur bei Comunione e Liberazione hat der Vatikan den katholischen Fundamentalismus hoffähig gemacht bzw. ihn innerkirchlich aufgewertet. Ähnlich verlief das Verhältnis von Kirche und Opus Dei. Das »Werk Gottes« entstand als katholische Laienbewegung in Spanien zur Franco-Zeit. Es ist heute in neunzig Ländern der Erde vertreten und umfaßt rund 80000 Mitglieder (Walf, 1989, S. 252). Seinem Ziel, der systematischen Infiltration der Kirche, scheint Opus Dei mittlerweile recht nahe gekommen zu sein. Unter den Kardinälen und Bischöfen und in der näheren Umgebung des Papstes, in den Kongregationen, ist eine Vielzahl von Mitgliedern des Opus plaziert, so daß man im Hinblick auf die Entwicklung der letzten Jahrzehnte von einer erfolgreichen Unterwanderung sprechen kann (Mettner, 1993, S. 53 ff.).

An dieser Organisation fällt nicht nur der geheimbündlerische und elitäre Anspruch auf, sondern vor allem die allgemeinpolitische Zielrichtung einer streng hierarchisch gegliederten, vom Vatikan anerkannten *pressure group*. Ihr Fundamentalismus äußert sich in der Verteidigung und Ausgestaltung traditionalistischer katholischer Glaubensinhalte, aber auch in der Auffassung, die Trennung von Staat und Kirche müsse überwunden werden: Die Gesellschaft selbst sei nach den Maßstäben der katholischen Lehre zu formen. Zur Umsetzung dieser Programmatik missioniert Opus Dei mit einer strategischen, auf Infiltration und Anwerbung hochrangiger Bündnispartner angelegten politischen Strategie. Im Hochschul- und Medienbereich, in politischen Institutionen und Wirtschaftsunternehmen mit einem Schwerpunkt in Lateinamerika hat das Opus Dei erfolgreich Fuß gefaßt. Es unterhält Akademien, Denkfabriken und Stiftungen, die sich der Schulung, Einflußnahme und der Anknüpfung von Beziehungen in Wissenschaft, Wirtschaft und Politik widmen.

Opus Dei operiert nicht gegen, sondern mit Duldung und aktiver Unterstützung des Vatikans. Die Vorgänger von Papst Johannes Paul II., Paul VI. und Johannes XXIII., hatten die reaktionären, restaurativen und antidemokratischen Zielsetzungen des Opus nicht direkt gefördert. Anders ist die Kirchenpolitik des polnischen Papstes. Seine Sympathien für Opus hat er umgesetzt in eine kirchenpolitische Strategie der

Anerkennung und Integration. Das Opus untersteht seit 1982 in Form einer sogenannten Personalprälatur, einer Art personellem, nicht territorialem Bistum, direkt dem Papst, der den Einspruch führender Bischöfe dabei überging. Als Höhepunkt der innerkirchlichen Aufwertung des Opus Dei durch den Papst gilt die Seligsprechung des Opus-Dei-Gründers Escriva am 17. Mai 1992 in Rom: »De facto kanonisiert der Papst nicht nur die Person Escrivas, sondern das Kirchen- und Gesellschaftsbild des Opus Dei, das extremistisch die zentralen Strukturelemente wie strenge Hierarchie, unbedingter Gehorsam, Uniformität und Sicherheit verkörpert« (Mettner, 1993, S. 35).

Opus Dei ist wohl die mächtigste, aber nicht die einzige fundamentalistische Strömung innerhalb der katholischen Kirche. Die Ordensritter vom Heiligen Grabe sind eine kleine, weltweit rund 20000, in Deutschland etwa 1000 Mitglieder zählende Gruppierung, die sich in der Tradition der mittelalterlichen Kreuzritter als elitäre Vorhut des erzkonservativen Katholizismus versteht (vgl. Koch/Schröm, 1995). Ihre geheimbündlerische Struktur verschleiert ihren gesellschaftlichen Einfluß, doch die bekanntgewordene Mitgliederliste läßt darauf schließen, daß diese Variante des traditionalistischen Katholizismus in den wirtschaftlichen und politischen Machtzentralen vertreten ist. In Deutschland zählen zu den Ordensrittern Bankiers, Industrielle und Spitzenpolitiker. Der ehemalige Präsident des Sparkassen- und Giroverbandes Helmut Geiger gehört ebenso zu diesem Kreis wie die Ex-Ministerpräsidenten Max Streibl (CSU) und Hans Filbinger (CDU).*

Aus der Perspektive einer demokratischen und liberalen Entwicklung der Gesellschaft sind die katholischen Geheimbünde vor allem deshalb von großer Bedeutung, weil sie nicht außerhalb oder am Rande der Gesellschaft agieren, sondern schrittweise ins Zentrum der katholischen Hierarchie vordringen und somit nicht nur Kirchenpolitik mitbestimmen, sondern auch im Zeichen der Kirche selbst viel-

* Angaben nach Kennzeichen D (ZDF) vom 29. 10. 1997

fältigen Einfluß auf Katholiken in den Schaltzentralen der Gesellschaft nehmen können.

Doch in der Geschichte der katholischen Kirche entwikkelten sich auch antipapistische, schismatische und charismatische Bewegungen gegen die römische Amtskirche, die bisweilen den Sektenstatus überwinden konnten und durchaus nennenswerte Gefolgschaft um sich versammelten. Zu den wichtigsten gehört die Gruppe um den französischen Erzbischof Marcel Lefèbvre, der sämtliche liberale Neuerungen des Zweiten Vatikanischen Konzils ablehnte und zu Beginn der siebziger Jahre zum Bruch mit Rom aufrief. Die Modernisierung der Liturgie, die Ökumene, Ansätze zu einer Neubestimmung von Moral und Ethik, kurzum alle Reformbemühungen stoßen auf die erbitterte Ablehnung der traditionalistischen Nachfolger Lefèbvres.

»Keine Autorität«, schrieb Lefèbvre 1974, auf dem Höhepunkt der Spannungen mit dem Vatikan, »selbst nicht die höchste in der Hierarchie, kann uns zwingen, von unserem katholischen Glauben, wie er seit neunzehn Jahrhunderten vom Lehramt der Kirche erklärt und gelehrt wurde, abzuweichen oder denselben abzuschwächen« (Pfürtner, 1991, S. 34). Der Vatikan pendelte Lefèbvre gegenüber zwischen einer Strategie der Duldung und der Mäßigung auf der einen und Disziplinierungen auf der anderen Seite, bevor es zur Exkommunikation kam. 1988 weihte Lefèbvre trotz eines päpstlichen Verbotes vier Priester zu Bischöfen, womit die Abspaltung von der katholischen Kirche besiegelt war.

Okkultismus und New Age

Zu den Gewinnern der Krise der Amtskirchen gehören vielfältige okkulte Strömungen, die den Orientierungspluralismus und das Abschmelzen bisher fraglos übernommener traditioneller Weltbilder und Wahrheiten für sich nutzen. Sie bieten den theoretischen und praktischen Gegenentwurf zur Vernunft- und Wissenschaftsgläubigkeit der westlichen Gesellschaften und eine Alternative zu der verwalteten Traditionsreligion der Amtskirchen. Wahrsagen, Magie, Kartenlegen, Handauflegen, spiritistische Praktiken, Aberglaube und geheimes Wissen gehören zu den Praktiken des Okkultismus, die auch nach der europäischen Aufklärung neben den etablierten Formen der Religion ein zählebiges und seit den siebziger Jahren attraktiver werdendes Schattendasein führen, als ginge es darum, der »Entzauberung der Welt« (Max Weber) den Zauber vergangener und fremder Volkskulturen entgegenzuhalten. Die Vielfalt und gesellschaftliche Akzeptanz sind so breit, daß eine enge und genaue Definition des Okkultismus schwerfällt. Das Tragen von Amuletten, der Glaube an alte Bauernregeln, die geheimnisvollen Kräfte des Mondes und die Prognosen der Astrologie, Handlesen und Horoskope gehören gewiß zu den alltäglichen, weichen und gesellschaftlich weitverbreiteten Formen, deren Anhänger kaum als Okkultisten angesehen werden. Auf der anderen Seite stehen jedoch Praktiken wie schwarze Messen, Exorzismus oder Geistheilung, die von kleinen Gruppen innerhalb des esoterisch-okkulten Spektrums gepflegt werden. Sie deuten auf eine sektenförmig organisierte, schärfere Abgrenzung von den Konventionen der Mehrheitsgesellschaft.

Okkultismus könnte nach einer Definition des Theologen Hans-Jürgen Ruppert umschrieben werden als »ein Bündel weltanschaulicher Richtungen und Praktiken, die beanspruchen, das Wissen und den Umgang mit den unsichtbaren, geheimnisvollen Seiten der Natur und des menschlichen Geistes besonders zu pflegen. Er bezieht sich einerseits auf bestimmte okkulte Praktiken wie Magie, Pendeln, Wahrsagen oder die Vielzahl spiritistischer Praktiken der Geister- und Totenbefragung mit Hilfe des wandernden Gläschens, klopfender Tische oder anderer Indikatoren. Andererseits ist aber auch das sogenannte Geheimwissen gemeint, wie es von okkulten Weltanschauungsgemeinschaften … in sogenannten Geheimwissenschaften systematisiert wird, die den Horizont der herkömmlichen Natur- und Menschenerkenntnis in okkulte Bereiche hinein erweitern« (Ruppert, 1990, S. 11).

Esoterik als moderne Ausprägung des Okkulten unterscheidet sich inhaltlich wenig davon, denn bei ihr »handelt es sich um eine unübersichtliche Mischung aus Spiritismus, Magie, Mythos, neuem Heidentum, Astrologie, Ufologie, fernöstlichen Weisheitslehren und pseudomedizinischen Heilsmethoden« (Ewald, 1996, S. 5). Die unübersichtliche Szene des modernen Okkultismus läßt sich nach Gunther Klosinski (1996) in drei Richtungen unterteilen:

– Die *neue Spiritualität* vereinigt eine Haltung der Innerlichkeit und Frömmigkeit mit religiösen Glaubenssätzen und magischen Ritualen, die häufig aus mehreren Kulturen und Religionen zusammengesetzt sind. Der *Spiritismus* als eine radikalisierte Variante basiert auf der Annahme, »daß neben der für uns wahrnehmbaren, grobstofflichen Welt eine feinstoffliche Welt der Geister und Verstorbenen existiert, wobei eine Kommunikation zwischen diesen Welten durch entsprechend begabte Mittlerpersonen (Medien) oder aber durch entsprechende Techniken möglich ist« (a.a.O., S. 36).

– Die übergreifende Gemeinsamkeit der *New-Age-Szene* besteht darin, daß sie dem analytisch-rationalen, das Ganze in Teile zerlegenden westlichen Denken eine synthetische, ganzheitliche Weltsicht gegenüberstellt. Mensch, Natur und Kosmos sind demnach miteinander verwoben, sie sind eins. »Naturreligiöse Elemente, ferner spiritistische, okkulte, magische, mystische, ökologische und pazifistische Elemente verbinden sich locker zu einer Lebenseinstellung und Lebenshaltung, bei der alle bisherigen Erkenntnisse aufgenommen, bewertet und – je nach ihrem Stellenwert – in ein System höherer Ordnung eingefügt und transformiert werden« (a.a.O., S. 37).

– Bei den vielen Strömungen des *Human Potential Movement* konzentriert sich die Annahme, der einzelne könne durch das Erlernen spezifischer Techniken abseits der herkömmlichen Religion und Wissenschaft zu höheren Einsichten und zu einer Vervollkommnung seiner Selbst gelangen. Selbsterfahrungsgruppen und andere Psychotechniken verbinden sich mit fernöstlichen Heilslehren und führen zu einer kaum überschaubaren Vielfalt von Psychokulten, die weit hineinreichen in die etablierten Formen der Homöopathie und der Psychotherapie.

Der Okkultismus verachtet die instrumentelle Vernunft, die bloß noch technische Rationalität der modernen Gesellschaft ebenso wie die ewigen Wahrheiten der Kirche und verspricht einem erlebnishungrigen Publikum Möglichkeiten der Selbsterfahrung und Anstöße auf dem Weg zu individuellem Glück. Seine Faszination scheint in der Unmittelbarkeit zu liegen: Weder die Dogmen traditioneller christlich-religiöser Weltanschauung noch die Komplexität eines realistischen Einblicks in die Strukturen der Gesellschaft oder der beschwerliche Weg des realpolitischen Bohrens dicker Bretter behindern und verstellen die okkulte Erkenntnis. Der Zugriff darauf, sogar auf die Zukunft allgemein und auf die Perspektiven des eigenen Lebens, erfolgt direkt, schnell und sicher, wenn man bereit ist, an die Rituale des Okkultismus zu glauben und ihre theoretischen Voraussetzungen nicht in Frage zu stellen. Spirituelles Wahrnehmen, Meditation, Selbsterfahrung und Führerglaube treten an die Stelle des Selberdenkens durch Lernen, Reflexion und Erkenntnis. Der darin immer schon eingebaute Zweifel, die Ungewißheit und die Vorläufigkeit eines rationalen Zugangs zur Welt werden ersetzt durch die Selbstgewißheit unmittelbarer Intuition.

Steigende Auflagenzahlen und die Gründung von Esoterik-Reihen bei angesehenen Verlagen, Neueinrichtungen von Esoterik-Fachbuchhandlungen in den Städten und Esoterik-Regalen in etablierten Buchhandlungen, eine Vielzahl von Workshops, Messen und sonstigen Veranstaltungen verleihen der modernen Esoterik den Anschein des Seriösen und des Alternativen. Der Markt ist unüberschaubar und kaum erforscht. Über die Verbreitung ist wenig bekannt, zumal es viele Abstufungen des Interesses und des Engagements gibt. Der Berliner Religionswissenschaftler Hartmut Zinser geht nach eigenen Befragungen davon aus, daß die Esoterik seit den achtziger Jahren an Terrain und Ansehen gewinnt. Folgt man seinen Überlegungen, so hat der Okkultismus gerade in Zeiten sozialer Krisen und Umbrüche eine beachtliche Faszinationskraft, denn er »suggeriert eine Synthesis allen Wissens, Handelns und Glaubens in einem ganzheitlichen Weltbild, in dem auch jeder einzelne sich mit seinen Problemen als psychisches und physisches Wesen aufgehoben wähnen kann und auch noch die kleineren und größeren, aber nie ausbleibenden Katastrophen des Lebens durch kosmologische Spekulationen einen Sinn erhalten sollen« (Zinser, 1996, S. 37f.).

Eine Befragung von 700 14- bis 18jährigen Frankfurter Jugendlichen erbrachte einen hohen Bekanntheitsgrad okkulter Praktiken (88 Prozent). Fast die Hälfte der Befragten gab an, wenigstens eine dieser Praktiken schon einmal selbst ausprobiert zu haben – allerdings überwiegend aus Neugier und Interesse am Außergewöhnlichen (Eimuth, 1996, S. 19). Dies bestätigt die Shell-Jugendstudie aus dem Jahr 1997. In den regelmäßig erhobenen sogenannten »Haß-Listen«, auf der besonders stark abgelehnte oder verachtete jugendkulturelle Zusammenhänge aufgeführt sind, taucht für das Jahr 1996 erstmals die Bezeichnung »okkulte Gruppen« auf. Nach den Hooligans, den Faschos/Neonazis und den Skinheads gelten demzufolge die okkulten Gruppen auf Rang vier bei 51 Prozent der befragten Jugendlichen als besonders verachtenswert. Dieser Befund spricht nicht allein für eine breite aktive Ablehnung, sondern vor allem für einen relativ gestiegenen Bekanntheitsgrad des Okkultismus bei Jugendlichen (Jugendwerk, 1997, S. 365).

Der Okkultismus baut auf mehreren problematisch gewordenen Lebenszusammenhängen auf, die er kritisiert und daraus seine Attraktivität entfaltet. Da ist zum einen die krisenhafte Entwicklung des Vernunftbegriffs. Umweltzerstörung, Kriege und Gewalt sind die Folgen einer bloß noch »instrumentellen Vernunft« (Horkheimer), die offenbar zu einer wirksamen Befriedung der Welt kaum beizutragen vermag. Im Zusammenhang damit ist die moderne Wissenschaft einerseits allumfassend geworden, ihre Erkenntnisse prägen noch die kleinsten Details der alltäglichen, technisch gewordenen Haushaltsführung, eine Kultur des Expertenwissens beherrscht den öffentlichen Diskurs. Gleichzeitig aber können existentielle Lebensfragen wie die Bedeutung des Todes und der Transzendenz wissenschaftlich nicht geklärt werden. Hier bietet der Okkultismus einen alternativen Ansatz, der um so faszinierender für seine Anhänger ist, als sie sich – bis auf die Anhänger der harten Sektenszene – nicht aus ihren bürgerlichen Lebensumständen lösen müssen, okkulte Praktiken nach Feierabend gewinnen so die Qualität von Probehandeln, das nur nützlich, aber kaum schädlich sein kann. Darüber hinaus ist die Individualisierung der Gesellschaft, die Lösung des einzelnen aus traditionellen Bindungen, auch und gerade kirchlichen, ein Vorgang, der Sinn- und Orientierungsfragen hinterläßt und Platz schafft für die fragwürdigen Offerten des Okkultismus. In der lebensgeschichtlich offener gewordenen Situation des von der gesellschaftlichen Entwicklung aufgezwungenen Selber-konstruieren-Müssens der Lebensentwürfe verspricht der Okkultismus eine Verbindung von Individualität und Gemeinschaft. Er bietet in den Augen seiner Anhänger unmittelbare und unbürokratische Hilfe bei persönlichen Sinnfragen und Schutz durch kleine Gemeinschaften der Eingeweihten und »Wissenden«, die sich kritischen Fragen von außen durch die Exklusivität der Praktiken gar nicht mehr stellen müssen. Besonders offen dafür sind Jugendliche und junge Erwachsene. Der Okkultismus propagiert das Ausleben von Phantasien, neuartige Erlebnisse und unmittelbaren Zugang zu den Geheimnissen einer schwer durchschaubaren Welt. Er lockt mit Antworten auf Sinn- und Existenzfragen, die wir Erwachsenen, wie es Klosinski formuliert, »im faustischen Pakt mit der Wissenschaft, dem Kapitalismus und dem Materialismus ›verkauft‹, also sozusagen verloren haben« (Klosinski, 1996, S. 45).

Esoterik und Okkultismus könnte man als harmlose, politisch und gesellschaftlich wenig einflußreiche Spinnereien abtun, deren Schaden allenfalls darin besteht, daß die Leidensgeschichten ihrer Anhänger womöglich durch okkulte Praktiken noch verstärkt werden; unzählige Berichte von ehemaligen Sekten-Anhängern weisen in diese Richtung. Doch diese Einschätzung erweist sich als vorschnell, wenn man die historischen Zusammenhänge in diesem Jahrhundert in Rechnung stellt. Die Vorgeschichte des Nationalsozialismus ist auch eine Geschichte der Attraktivität des Okkulten für die nationalsozialistische Ideologie. Führende Nationalsozialisten wie Gottfried Feder, Rudolf Heß, Dietrich Eckart und andere waren praktizierende Okkultisten. Begriffe und Ausgangspunkte wie der Glaube an die Volksseele, das organisch-biologistische Menschenbild, die Aufwertung quasi-religiöser Rituale und die Zurückweisung rationaler Denkweisen und Verfahren sind philosophische Traditionsbestände, die das rechtsextreme antidemokratische Denken in der Weimarer Republik kennzeichnen und sich heute in der Esoterik und im Okkultismus mehr oder weniger wiederfinden (Ewald, 1996).

Kurt Sontheimers 1962 zuerst vorgelegte Untersuchung des antidemokratischen Denkens in der Weimarer Republik mutet heute, 35 Jahre später, seltsam aktuell an: »Wie sehr auch diese geistigen Positionen, die ein ›Wiedererwachen vergessener Traumwelten‹ zum Ziel hatten, Stationen einer Flucht aus der Umklammerung durch die industrielle Zivilisation des 20. Jahrhunderts waren, sie waren wirksam durch ihre starke negative Bindung an die Welt der Gegenwart, deren Sosein ja den Protest herausgefordert hatte. Die leidenschaftliche Absage an die technische Zivilisation, an den von der Ratio geprägten Geist der Neuzeit, wirkte wie ein Fanal in eine Zeit hinein, die angesichts der sich auftürmenden politischen, wirtschaftlichen und sozialen Probleme den Glauben an die ordnende Kraft der Vernunft allzu leicht aufzugeben geneigt war. Die Versenkung in den Mythos, die Sehnsucht nach mystischen Erlebnissen, das zeitgenössische Schwelgen in einer von dunklem Tiefsinn durchwebten Sprache erschien wie die Rückeroberung verlorenen Landes und befriedigten ein diffuses Verlangen vieler Zeitgenossen nach Innerlichkeit und Tiefe« (Sontheimer, 1978, S. 48 f.).

Am Rande der aktuellen Esoterikszene tummeln sich neu-heidnische Gruppen, die an diese Traditionen anknüpfen. Sie nennen sich Nordischer Ring, Die Goden, Armanen-Orden oder – 1990 gegründet – Arbeitsgemeinschaft naturreligiöser Stammesverbände. Sie glauben an ein germanisches Erbe, eine rassische und kulturelle Eigenart des nordischen Menschen, eine heidnische deutsche Urkultur, die später durch das Christentum und das Judentum verfälscht und politisch durch die »undeutsche« demokratische Verfassung und den republikanischen Gedanken verraten wurde. Aus einem solchen Gedankengebäude, das sich im Kern unschwer als fundamentalistisch bezeichnen läßt, da es sich gegen den Gedanken der Aufklärung und der Demokratie richtet, lassen sich zwei Praktiken ableiten. Sie belegen beispielhaft, wie leicht Religion und Politik miteinander zu verbinden sind.

Auf der einen Seite entwickelt die neuheidnische Szene religiöse Praktiken des neuheidnischen Glaubens. Sie zeigen sich in Naturmagie, Runenkunde, rituellen Kultstätten wie den Externsteinen am Teutoburger Wald, in der Pflege germanischen Brauchtums und alter kalendarischer Riten, die sich nach Stonehenge richten und nicht nach der Zeitrechnung nach Christus. Diese Praxis umfaßt eine ganzheitliche neuheidnische Lebensweise, die zumal in den ökologischen Aspekten keineswegs ganz abseits der Mehrheitsgesellschaft steht. Über die »Artgemeinschaft« schreibt die Journalistin Franziska Hundseder: »Unter Religion versteht sie das Vertrauen auf die Kraft und die angestammte Art ›nordischen‹ Wesens, die Verehrung der Natur und der Eltern und Ahnen. In einem ›Sittengesetz‹, einer Art Verhaltenscodex für ihre Mitglieder, heißt es: ›Das Sittengesetz in uns gebietet Tapferkeit und Mut in jeder Lage, Kühnheit und Wehrhaftigkeit bis zur Todesverachtung gegen jeden Feind von Familie, Sippe, Land, Volk, germanischer Art und germanischen Glaubens‹« (Hundseder, 1997, S. 14).

Auf der anderen Seite steht jedoch die naheliegende politische Konsequenz: Rassismus, Ablehnung der Demokratie und der modernen Zivilisation überhaupt. Hans-Günther Fröhlich, Ordensritter der geheimbündlerischen »Tempelhofgesellschaft«, verbindet in seiner Zukunftsvision Religion und Politik wie folgt: »Der Geist des Ur-Nordens, des alten Atlantis, Thules, des freien Germaniens wird über die dampfenden Schlachtfelder hinziehen und uns die Gnade des Sieges gewähren, die Aufgabe der Neuordnung auferlegen, die Vollendung der Zeiten übertragen« (zit. nach: Blick nach rechts 2/1997, S. 5). In der Satzung des Armanen-Ordens, der zurückreicht bis zur Thule-Gesellschaft um 1920, heißt es: »Der Armanen-Orden ist das ario-germanische Volk als Hauptstamm der arischen Rasse, in allen Lebensbereichen geordnet nach seiner natürlichen geistigen, seelischen und körperlichen Eigenart ... Die Zugehörigkeit zum Armanen-Orden wird daher nur durch artgerechte Geburt in diese Volksgemeinschaft erworben. Daher ist der Armanen-Orden eine naturgegebene und keine künstliche Gemeinschaft ... Angehöriger der Armanen-Orden ist jeder Ario-Germane, der geistig, seelisch und körperlich mit den germanischen Göttermythen als Urbilder germanischer Wesensart ... übereinstimmt« (Fromm, 1993, S. 24).

Thule, die Legende von einem sagenumwobenen Land nördlich von Britannien, war Namensgeber für die »Thule-Gesellschaft«, einer Vorläuferorganisation der Nationalsozialisten. Sie ging aus dem Germanenorden hervor und spielte 1918/19 eine reaktionäre Rolle beim Versuch, die Münchener Räterepublik zu beseitigen. Auf der Grundlage eines extremen Antisemitismus entwarf sie Programme eines auf dem Rassegedanken gegründeten deutschen Staates in Form einer Diktatur.

Heute berufen sich wohl nicht zufällig verschiedene Organisationen der rechtsextremen Szene auf die Thule-Legende. Das »Thule-Netz« ist ein Zusammenschluß von vierzehn Mailboxen und dient dem elektronischen Informationsaustausch der rechtsextremen Szene in der Bundesrepublik. Das »Thule-Seminar« ist ein Forum für die Intellektuellen der Neuen Rechten, es organisierte seit Anfang der achtziger Jahre Publikationen und Veranstaltungen und verstand sich als deutscher Ableger der französischen Nouvelle Droite um Alain de Benoist. Neuheidnische Ideen gehören zum Programm der Neuen Rechten und spielen auch in den Zirkeln der deutschen Neuen Rechten eine nicht unwichtige Rolle. Auch im Lager des offenen Neonazismus benennen sich einige kleinere Gruppen nach neuheidnischen Traditionen und verknüpfen Esoterik und Politik, Religion und Nazismus. Der Berliner »Asgard-Bund« und seine Jugendorganisation »Wotans Volk« gehören ebenso dazu wie etwa die »Vandalen – Ariogermanische Kampfgemeinschaft«.

Politischer Fundamentalismus

Politischer Fundamentalismus in Deutschland äußert sich in zahlreichen Schattierungen. Kennzeichnend ist die Mißachtung oder sogar die Verachtung demokratischer Verfahren und Spielregeln als Mittel der politischen Auseinandersetzung unter den Voraussetzungen der absoluten Gewißheit über den richtigen Weg. Der Fundamentalismus bekämpft aber auch die Zielvorgaben einer demokratischen, offenen Republik, vor allem die Vorläufigkeit und Revidierbarkeit politischer Entscheidungen. Zum politischen Fundamentalismus gehören die organisierten Formen des politischen Extremismus, wie sie jährlich in den Verfassungsschutzberichten des Bundes und der Länder verzeichnet sind. Betrachtet man sie über einen längeren Zeitraum, so zeigt sich die Kontinuität eines mehr oder weniger starken politischen Randes rechts- und linksaußen, in dem sich Kleinparteien, Kulturvereine und andere Gruppierungen tummeln. Sowohl im Hinblick auf die Mittel als auch die Ziele lehnen sie mehr oder weniger demokratische Inhalte ab und plädieren für eine gänzlich andere Republik.

Von politischer Bedeutung waren, gemessen an diesen Berichten, in den fünfziger Jahren die KPD, die 1956 vom Bundesverfassungsgericht verboten wurde, die NPD Ende der sechziger Jahre, als sie in sieben Länderparlamente einziehen konnte, der Linksterrorismus in den siebziger Jahren, der durch die hohe Gewaltbereitschaft gegenüber Repräsentanten des Staates und der Wirtschaft von sich reden machte, und schließlich die »Republikaner«, die nach 1989 zumindest zeitweilig für öffentliches Aufsehen sorgten, indem sie in zahlreiche Kommunal- und einige Länderparlamente gewählt wurden. Seit der Vereinigung 1989/90 steht die PDS für neue Formen eines linken Extremismus, der in einem seltsam konservativen Gewand daherkommt, weil die liberaldemokratischen Strukturen der Bundesrepublik bei einem großen Teil der Anhängerschaft noch nicht angekommen sind und einstweilen verdrängt werden von DDR-Nostalgie und strikt antikapitalistischer Rhetorik.

Betrachtet man diese Spielarten des Extremismus als Formen des modernen Fundamentalismus, so bietet sich zunächst die offizielle, in der Rechtsprechung und in der Praxis der Innenbehörden geläufige Definition an, die von einem Verstoß gegen die freiheitliche, demokratische Grundordnung ausgeht. Demnach gehört zum Kreis des politischen Extremismus, wer gegen fundamentale Prinzipien der Verfassung verstößt: Achtung vor den Menschenrechten, die Volkssouveränität, die Gewaltenteilung, die Ablehnung von Gewalt und das pluralistische Mehrparteienprinzip sind die wichtigsten. Bei allen von den Verfassungsschutzberichten aufgeführten Organisationen kann mit mehr oder weniger Plausibilität von solchen Verfassungsverstößen ausgegangen werden, weil ihre politische Programmatik, ihre Praxis in Versammlungen, Wahlkämpfen und anderen politischen Veranstaltungen und nicht zuletzt ihre Publizistik entsprechende Anhaltspunkte bieten. Auch wenn man bedenkt, daß Verfassungsschutzberichte durchaus politischen Interessen der etablierten Parteien folgen und hier und da unliebsame Konkurrenten um Wählerstimmen ausgeschaltet werden sollen, wie etwa die Republikaner und die PDS, ändert dies nichts an den vielfach nachgewiesenen, demokratisch zweifelhaften Praktiken und Zielen extremistischer Parteien und Vereinigungen. Beschränkt man den politischen Fundamentalismus jedoch auf den politischen Extremismus in der Bundesrepublik, dann handelt es sich um Phänomene an den Rändern der Links-Rechts-Achse, letztlich um kleine Minderheiten, die das Zentrum und die Mitte der Gesellschaft zwar provozieren, dort selbst aber keinen Platz finden.

Es besteht jedoch kein Grund für diese Beschränkung, wenn man zentrale Wesensmerkmale des Fundamentalismus daraufhin untersucht, ob und wie sie im politischen Betrieb vertreten sind. Auch in der politischen Mitte findet man Überzeugungen, die von prinzipieller Feindschaft gegenüber dem Kompromiß und dem offenen argumentativen Diskurs gekennzeichnet sind. Begriffe wie Dogmatiker, Hardliner oder »Fundis« haben sich im politischen Sprachgebrauch dafür durchgesetzt. Die Verklärung der eigenen Position zu einzig wahren und wahrhaftigen, die Abwertung des politischen Gegners zum Trojanischen Pferd fremder Mächte oder zur prinzipiellen Gefahr für das Gemeinwesen gehören zum propagandistischen Arsenal der etablierten Parteien in der Tagespolitik. Solche Konfliktszenarien finden sich alltäglich in Parlamentsdebatten und öffentlichen Auseinandersetzungen. Sie sind Bestandteil einer politischen Kultur, die dem öffentlich ausgetragenen Konflikt bestimmte Rituale und Rhetoriken verleiht. Man könnte sie gewiß als weichen Fundamentalismus bezeichnen, da sie situativ geprägt und oft nicht prinzipieller Natur sind.

Auch diesseits des politischen Extremismus finden sich geistig-politische Strömungen, die organisatorisch und politisch in den Grauzonen zwischen Extremismus und Demokratie operieren, gleichwohl aber dezidiert fundamentalistische Positionen vertreten. In der Geschichte der Partei Die Grünen finden sich dafür ebensolche Beispiele wie innerhalb der neuen sozialen Bewegungen und in den Nischen des politischen Konservatismus. Selbst die alltäglichen politischen Gespräche enthalten eine Fülle fundamentalistischer Überzeugungen. Die Pflege apokalyptischer Untergangsszenarien in Verbindung mit der Gewißheit über den allein richtigen Weg liegen eng beieinander. Die Streichung des prinzipiellen Ungewißheitsvorbehalts demokratischer Gesinnung und Verfahren, »die Verweigerung von Kooperation, Kompromiß und Diskurs, der Griff nach der ganzen Macht als Voraussetzung wahrer Politik und die Unzurechnungsfähigkeitserklärung für die Gesamtheit der politischen Kontrahenten« zählt Thomas Meyer zu den politischen Haltungen im Geiste des Fundamentalismus (Meyer, 1989, S. 275). Er findet sie mit zahlreichen Beispielen bei den grünen Fundis, den Tramperts und Ebermanns, Bahros und Ditfurths.

Doch lassen sich in anderen politischen Spektren ähnliche Muster politischer Deutungen aufspüren. Wo die Ausländer oder Asylbewerber für alle sozialen Probleme verantwortlich gemacht werden, die Männer für das größte Unglück gehalten werden oder andere soziale Gruppen für alle Übel herhalten müssen, denen mit radikalen Lösungen begegnet werden müsse, da zeigen sich die Spuren des Fundamentalismus in den alltäglichen Überzeugungen.

In der Frühgeschichte der Grünen haben sich zwei verschiedene Spielarten des Fundamentalismus herausgebildet. Die eine bezog sich auf politische Verfahrensregeln und Bündniskonstellationen. Der fundamentalistische Flügel verweigerte sich parlamentarischen Bündnissen und realpolitischen Verfahren in den Parlamenten aus einer grundsätzlichen Geringschätzung parlamentarischer Arbeit heraus, aber auch mit der Befürchtung, die Dynamik und Verbundenheit mit der Basis könne durch Bündnisse korrumpiert werden. Die Furcht, durch parlamentarische Zusammenarbeit die Reinheit der grünen Lehre zu verraten, gründete auf der Annahme, Kooperation führe zur Institutionalisierung des grünen Protests und damit zugleich zu einer unerwünschten Basisferne. Der SPD wurde überdies unterstellt, die Grünen durch parlamentarische Umarmung politisch ersticken zu wollen. Bis heute sind die weitgehend realpolitisch gewendeten Grünen nicht frei von fundamentalistischen Strömungen in der Tradition grundsätzlicher Verweigerung gegenüber parlamentarischen Kooperationen und Verfahren.

Von größerer Bedeutung ist die zweite Spielart des grünen Fundamentalismus, denn sie betrifft die Partei und ihr Umfeld in den neuen sozialen Bewegungen als ganze, vor allem in programmatischer Hinsicht. Um diesen Hintergrund zu verstehen, ist ein Rekurs auf die Frühgeschichte der Grünen notwendig. Entstehungshintergrund in den siebziger Jahren war die Kritik an den Folgen des technischen Fortschritts für die Lebenswelt, die sich allmählich im Bündnis mit der Bürgerinitiativbewegung zu einer radikalen Kritik des Fortschrittsparadigmas entwickelte. Die Auseinandersetzungen um die Atomstandorte in Wyhl, Wackersdorf und Gorleben oder der Kampf gegen die Startbahn West richteten sich nicht nur gegen risikoreiche großtechnische Anlagen als solche, sie waren vielmehr Ausdruck einer grundsätzlichen Infragestellung der spätindustriellen Technologiepolitik, die sich in den Augen der Kritiker in lebensfeindlicher Weise gegen die Menschen richtete. Eine solche Sichtweise zielt natürlich nicht auf Einzelfragen und -probleme, sondern auf die Grundlagen der industriekapitalistischen Produktions- und Lebensweise. Großtechnologische Anlagen sind daher in der grünen Lesart eher als Symbole für das Zerstörungspotential des Industriesystems zu begreifen. Sie stehen für die Selbstzerstörung der Industriegesellschaft, wenn man so weitermacht wie bisher. Die möglichen Entwicklungspfade der Umkehr legen die fundamentalistische Versuchung nahe, denn die zerstörerischen Wege in die ökologische Apokalypse sind nicht kompromißfähig: Es bedarf einer radikalen Kehrtwende, wobei demokratische Grundregeln bisweilen zur Disposition gestellt wurden. Dies betrifft beispielsweise die parlamentarische Mehrheitsregel und die Bindewirkung der damit getroffenen Entscheidungen. Das Bestehen auf höheren Einsichten und Wahrheiten jenseits der Mehrheitsregel öffnet einer religiös anmutenden Kreuzzugsmentalität Tür und Tor und stellt demokratisch legitimierte Verfahren in fundamentalistischer Weise ins Abseits.

Das Selbstverständnis der grünen »Fundis« erinnert an das, was Eric Voegelin in seinem gleichnamigen Buch von 1938 im Hinblick auf Faschismus, Nationalsozialismus und Kommunismus »Politische Religion« genannt hat: Der Mythos der Erlösung aus der Logik der Vernichtung, aus dem mit der Vernunft nicht mehr faßbaren schrecklichen Szenario allgegenwärtiger Bedrohung führt zu einem kompromißlosen Aktionismus des Absoluten und des Unbedingten. Grüner Fundamentalismus in diesem Sinne ist in das Selbstverständnis und die Programmatik der Partei und der ihr nahestehenden sozialen Bewegungen gleichsam schon eingebaut. Strittig war lediglich, wie weit fundamentalistische Rufe nach einer radikalen und konsequenten Umkehr der industriegesellschaftlichen Entwicklung in politische Taktik umgemünzt werden sollten.

Mitte der achtziger Jahre umfaßte die Partei Die Grünen nach Notizen eines Parteitagsbeobachters das politisch-ideologische Spektrum »extremer«, »radikaler« und »gemäßigter Fundamentalisten« neben den später sich durchsetzenden »Vermittlern«, »Ökosozialisten«, »Realpolitikern« und »Ökolibertären« (Murphy/Roth, 1987, S. 309). Die auf ihre Weise gleichfalls fundamentalistischen konservativen Lebensschützer um den Öko-Bauern Baldur Springmann hatten die Partei bereits kurz nach der Gründung verlassen.

Neben den grün-alternativen Bewegungen sind es vor allem konservative Zirkel innerhalb und außerhalb von CDU/CSU, die in der deutschen Nachkriegsgeschichte fundamentalistische Tendenzen entwickelt und gepflegt haben. Das zähe geschichtsrevisionistische Beharren auf großdeutschen Vorstellungen hat die deutsche Ostpolitik auf Jahre hinaus behindert, bevor diese politischen Kräfte in den siebziger Jahren in die Defensive gerieten.

Innerhalb des Konservatismus in Deutschland ist noch der Einfluß der Neuen Rechten hervorzuheben, die in der Trias von Freiheit, Gleichheit und Brüderlichkeit den politischen Hauptfeind sieht und die Errungenschaften der Französischen Revolution und der auf ihr basierenden demokratischen Verfassungssysteme am liebsten rückgängig machen würde. Es sind vor allem kleine, sich elitär verstehende Zeitungen und Zeitschriften in der Grauzone zwischem dem konservativen und dem rechtsextremen Spektrum, darunter »Staatsbriefe«, »criticon«, »Junge Freiheit«, »Nation Europa« und Diskussionszirkel wie das »Thule-Seminar«, die bemüht sind, solche Ideen aufzugreifen, zu diskutieren und zu verbreiten. Der Erfolg der kulturkämpferischen französischen Nouvelle Droite dient dabei gleichermaßen als Vor- und auch als Leitbild. Ihr Credo lautet: Der politischen Machtergreifung geht die geistig-kulturelle voraus, der Zeitgeist muß nach rechts gewendet werden, um der künftigen politischen Rechten ein unverfängliches, NS-unbelastetes Programm zu geben. Gewiß – die genannten Zeitschriften und Diskussionszirkel sind zahlenmäßig klein, ihr Einfluß ist schwer zu bestimmen, und sie sollten nicht überbewertet werden.

V.

Die Faszination
fundamentalistischer Orientierungen

Was für Außenstehende unverständlich und fremd, abschrek-
kend oder gar moralisch verwerflich ist, gilt für die Anhänger
fundamentalistischer Bewegungen durchaus als Erfüllung,
Lebenssinn, zumindest aber als attraktiv. Faszination nach
innen und brüske Distanzierung von außen bildet jene Grenze zwischen Dazugehören und Außerhalbstehen, die das Verständnis erschwert oder gar unmöglich macht. Vielleicht ist
es wirklich so, daß uns, wie Horst-Eberhard Richter am
Beispiel von Neonazis gezeigt hat, nur die Verabscheuung
vor der Faszination des Verabscheuten zu bewahren vermag
(Richter, 1994). In der öffentlichen Wahrnehmung werden
Lebensläufe von Menschen, die in fundamentalistischen Bewegungen agieren, häufig erst in der Mitte oder am Ende
ihrer Karrieren wahrgenommen, erst dann, wenn sie gewalttätig geworden oder in den Augen der Eltern fast aussichtslos
in die Fänge obskurer Sekten geraten sind. Dies ist ein biographischer Zeitpunkt, zu dem die Stigmatisierungen der
Medien oder der Anti-Gruppen längst gegriffen haben und
die Akteure in vorderster Front vor der Wahl stehen, nach-
zugeben, was einer politischen und persönlichen Niederlage
gleichkommt, oder dagegenzuhalten, was eine intensive Bindung an die Organisation und die fortschreitende Desintegration aus der Gesellschaft zur Folge hat. Extremisten, Terroristen, religiös motivierte Fundamentalisten, die als solche
öffentlich in Erscheinung treten, haben Jahre hinter sich,
während derer sie sich in ihren Organisationen orientieren,
zurechtfinden und selber Funktionen übernehmen. Im Gegensatz zu den Ausgrenzungen, Miß- und Verachtungen des

Staates und der Mehrheitsgesellschaft fühlen sich die Akteure durchaus, zumal in den anfänglichen und mittleren Phasen ihres Engagements, fasziniert von der Ideologie, der sie folgen. Die nur von wenigen durchlaufene Endphase, gekennzeichnet von der Akzeptanz des Untergrunds und der Gewaltanwendung, liegt in der Logik der Sache. Das Verständnis von und die Auseinandersetzung mit dem Fundamentalismus darf diese subjektive Seite nicht übersehen. Sosehr der Fundamentalismus entschiedene demokratische Gegenwehr verdient, so sehr haben die dort engagierten Menschen einen Anspruch auf Verständnis ihrer Lebensgeschichten – was keineswegs Sympathie oder Unterstützung bedeutet. Vor allem die Einstiegsphase offenbart Gründe dafür, warum und in welcher Weise die Gesellschaft desintegrierende Funktionen hat, warum sie Menschen in fundamentalistische Zusammenhänge hineintreibt.

Die Frage nach der persönlichkeitspsychologischen Verankerung von Fundamentalismus und Extremismus ist nicht neu. Adornos Studien über die Strukturen des »autoritären Charakters« aus den vierziger Jahren, verfaßt im amerikanischen Exil und vor dem Hintergrund des Nationalsozialismus in Deutschland, gehören zu den bekanntesten. Er macht die autoritäre Struktur der bürgerlichen Familie unter kapitalistischen Bedingungen letztlich dafür verantwortlich, daß Menschen bereit sind, sich zu verbiegen, sich anzupassen, sich zu unterwerfen, den eigenen Verstand hintanzustellen und einem Führer und dessen Parolen blindlings zu folgen. »Die Demütigung wird nicht gespürt«, faßt Horst-Eberhard Richter die klassischen Studien zusammen, »wenn der Führer sich zu besonderer Idealisierung anbietet und das Gefühl vermittelt, daß man mit ihm und durch ihn an der Erfüllung einer großen Aufgabe teilnimmt« (Richter, 1994).

Unter den neueren Studien sei auf die des Marburger Religionswissenschaftlers Stephan Pfürtner verwiesen, der eine »Profilskizze fundamentalistischer Mentalität« vorgeschlagen hat (Pfürtner, 1991, S. 166ff.). Diese Mentalität sei gekennzeichnet vom Führerglauben der einfordernden Gruppe, einer ganzheitlichen Hingabe, die allen Einsatz verlange, vorgegebene und nicht hinterfragbare Verhaltensregeln, Befreiung vom Zwang funktionaler und sozialer Rationalität und letztlich auch einer »emotionalen Ergriffenheit durch die Gruppe oder Bewegung, so etwas wie Ekstase im wörtlichen Sinn« (Pfürtner, 1991, S. 168). Was Pfürtner mit dem Begriff »Ergriffenheit« beschreibt, kommt dem nahe, was wir hier als Faszination bezeichnen. Die Entscheidung für eine fundamentalistische Gruppe erfolgt nämlich nicht nach individuellen und rationalen Kosten-Nutzen-Kalkülen, denen man bei einer Mitgliedschaft in Vereinen oder Interessenverbänden folgt, sondern in der Tat im Zusammenhang engster emotionaler Bindung. Am Ende dieses Weges steht die vollständige Lösung aus bürgerlichen Normalbiographien und das ebenso totale Aufgehen in fundamentalistischen Organisationen. Rollentheoretisch gesehen ist dies gleichbedeutend mit der vollständigen Aufgabe alltäglicher, in der Regel komplizierter Rollenmuster, im Tausch mit den neuen, durchweg einfacheren Rollenbeziehungen in den entsprechenden Gruppen.

Es mangelt durchaus nicht an biographischen Selbstzeugnissen und Analysen von Außenseiter-Biographien, seien es Extremisten, Terroristen oder auch religiöse Sektierer. Natürlich verläuft jede Biographie individuell, doch scheint es aufgrund intensiver Beobachtung von Einzelfällen durchaus das zu geben, was Langel eine prototypische Kultkarriere genannt hat: das mehr oder weniger zufällige Bekanntwerden mit einer entsprechenden Gruppe in der Situation von Orientierungslosigkeit, die anfängliche Mitgliedschaft und die Erfahrung der Gruppe als »liebender Gemeinschaft«, das Hineinwachsen in die Gruppenregeln und schließlich die Annahme einer Gruppenidentität (Langel, 1995, S. 28 ff.). Wenn wir hier von einer *Faszination fundamentalistischer Orientierungen* sprechen, so bedürfen unsere Beobachtungen eines spezifischen Blickwinkels, denn mit einer Rekonstruktion von Lebensläufen und einer vergleichenden Betrachtung ist es nicht getan. Fundamentalismus im strikten Sinn heißt radikalisierte Fortschrittskritik. Deshalb ist zu prüfen, an welchen Stellen der Biographien die Kritik am politischen, gesellschaftlichen und ökonomischen Fortschrittsmodell des

Westens einsetzt, zu welchen Konsequenzen sie führt, und schließlich auch, ob es lagerübergreifende Muster fundamentalistischer Fortschrittskritik gibt. Besondere Aufmerksamkeit verdient die Frage der politisch begründeten Militanz. Unter welchen Bedingungen sind die Aktivisten bereit, Gewalt zu billigen oder selbst auszuüben? Die Klärung solcher Fragen erfordert die Bereitschaft, sich auf Lebensentwürfe und Praxisformen einzulassen, ohne gleich zum vielfältigen Arsenal der Vorverurteilung, Moralisierung und Distanzierung zu greifen. Unsere Beispiele sind willkürlich ausgewählt. Sie beziehen sich auf die Spielarten des politischen Fundamentalismus und auf eine neuartige Form des Extremismus (Scientology). Genausogut könnten etwa der Öko-Fundamentalismus oder auch verschiedene Formen des religiösen Fundamentalismus herangezogen werden.

Linker und rechter Extremismus und Terrorismus

Die Belege dafür, daß rechte und linke Spielarten des Extremismus und Terrorismus in Deutschland unvergleichbar sind, weil sie zuviel voneinander trennt, sind auf den ersten Blick überwältigend. Da ist zunächst der ideologisch-programmatische Bereich. Die extreme Linke beruft sich auf die Errungenschaften der Aufklärung, auf soziale Gerechtigkeit und die Befreiung der Arbeiter aus dem kapitalistischen Joch, aus Unmündigkeit und Ausbeutung. Sie agiert internationalistisch, ihr Hauptfeind ist der Kapitalismus und der mit ihm verbündete Staat. Im Gegensatz dazu bezieht sich die extreme Rechte nicht auf die Arbeiterklasse als historisches Subjekt, sondern auf das Kollektiv der ethnisch definierten Volksgemeinschaft, auf die Nation als Bezugsgröße politischen Handelns und auf biologisch-rassistische Kriterien der Wertigkeit von Menschen und Völkern. Der historische Rahmen von Aufklärung und Emanzipation des einzelnen und der daraus hervorgehende Liberalismus gehören zu den Hauptfeinden jeglicher Spielart der extremen Rechten. Beide Positionen sind folglich ideologisch völlig gegensätzlich. Politische Gegnerschaft, ja

Feindschaft, kennzeichnet beide Lager und begründet einmal mehr die Unvereinbarkeit beider. Antifaschismus war immer ein Kernstück kommunistischer Ideologie, wie umgekehrt Antikommunismus eine verbindende Klammer des gesamten rechten Lagers war und ist. Natürlich läßt sich beiden Formen des Extremismus gleichermaßen Verfassungsfeindschaft attestieren, beide sind totalitäre Bewegungen. Aber das ändert nichts an der Unversöhnlichkeit der ideologischen Gegensätze.

Werfen wir einen Blick auf die bisher bekannten Sozialdaten über rechte und linke Gewalttäter, so finden wir auch hier gravierende Unterschiede. Rechte Gewalttäter sind jünger und männlich dominiert, linke sind älter und weisen höhere Anteile an Frauen auf. Diese kommen häufig aus bürgerlichen Elternhäusern, jene aus biographisch belasteten Herkunftsmilieus und problematischer Integration in das Bildungssystem und die Arbeitswelt.

Auch im Hinblick auf die gesellschaftliche Akzeptanz haben beide Szenen keine Gemeinsamkeiten. Die extreme Rechte in Deutschland ist politisch und gesellschaftlich isoliert und findet wenig Resonanz bei den politischen, wirtschaftlichen und kulturellen Eliten, obwohl sie mit rassistischen, fremdenfeindlichen Stimmungen in der Bevölkerung durchaus rechnen kann. Die extreme Linke war nach 1968 jedoch über Jahre hinweg keineswegs gesellschaftlich ausgegrenzt. Sie fand Sympathien im breiten linksliberalen Mainstream und konnte auf Unterstützung rechnen, je mehr sie in die Rolle des vom Staat verfolgten Märtyrers hineinschlüpfte. Die Frontstellung gegen den angeblich repressiven Staatsapparat ist bis heute ein verbindendes Element zwischen der radikalen und der extremistischen Linken. Erst der Bankrott des Staatssozialismus in der DDR und in Osteuropa hat die extreme Linke vollständig in die Defensive und eine wachsende politische und gesellschaftliche Isolation gedrängt.

Dies sind erdrückende Belege dafür, links- und rechtsextreme Biographien nicht miteinander zu vergleichen. Doch wie steht es mit der auffälligen beiderseitigen und unübersehbaren radikalen Fortschrittskritik? »Fortschritt« bedeutete Ende der sechziger Jahre politische Liberalisierung und Demokratisierung einerseits und auf Massenproduktion, Massenwohlstand und Internationalisierung der Ökonomie gegründeten Kapitalismus andererseits. Sowohl rechts- wie auch linksextreme Biographien knüpfen nicht nur kritisch, sondern kämpferisch-abweisend bis hin zu militanten Formen an dieses Fortschrittsmodell an, wenn auch aus unterschiedlichen Motiven und Ausgangslagen.

»Fortschritt« bedeutete in der politischen Geschichte der Bundesrepublik aber auch die Abwendung und die Überwindung zweier auch weltpolitisch bedeutsamer Gefahren – des Nationalsozialismus und des Kommunismus. Davon war die demokratische Stabilität und Anerkennung der Bundesrepublik unaufhebbar abhängig. Würden beide auf dem Boden der Bundesrepublik stärker, so hieße das internationale Delegitimation. Gerade nach den Anschlägen auf Asylbewerberheime Anfang der neunziger Jahre sind solche Zweifel wieder aufgetaucht.

Der Fundamentalismus von rechts schöpft aus dieser nur schwer verheilenden Wunde nationaler Identität seine Kraft und seine Macht, seine Provokationen zielen immer auch auf diese offene Flanke der demokratischen politischen Kultur. Auf der anderen Seite war über Jahrzehnte hinweg die Bedrohung durch sowjetische Infiltration und Invasion ein Stück realer Gefahr, aber auch ein Instrument, um innenpolitische Ängste zu schüren. Die »Gefahr aus dem Osten« war ein Trauma, das sich der Fundamentalismus von links zunutze machen konnte. Je lauter er wurde, desto mehr schien diese Gefahr reale Gestalt annehmen zu können. Beide Formen des politischen Fundamentalismus, die linke und die rechte, stellten die Abgrenzungen von Nationalsozialismus und Kommunismus in Frage und damit die politischen Fundamente, auf denen die Bundesrepublik aufgebaut war und ist. Dadurch konnten sie in offenen oder kaum verheilten historischen Wunden stochern, Ängste erzeugen und sich selber die Aura staatsgefährdender Herausforderer der politischen Macht zulegen.

Die Motive und Formen des *Einstiegs* in fundamentalistische Karrieren sind so vielfältig wie die Zahl der Anhänger in den verschiedenen Organisationen. Es fällt schwer, ein gemeinsames Motivbündel zu benennen, das für alle Geltung beanspruchen könnte. Iring Fetscher hat mit Recht davon gesprochen, es sei »im Einzelfall von persönlichen Anlagen und zufälligen Umständen abhängig, ob ein Jugendlicher zur Drogenszene, zum Terrorismus oder zu einer Jugendsekte stößt« (Fetscher, 1979, S. 11). Entscheidend ist das Verhältnis zu anderen im familiären und gesellschaftlichen Nahbereich im allgemeinen und zu den Gleichaltrigengruppen im besonderen; ausschlaggebend sind vor allem die Erfahrungen, die dort gemacht werden: im Elternhaus, in der Schule, in der Ausbildung, am Arbeitsplatz. Sie drängen, zusammengenommen, keineswegs eine bestimmte Orientierung auf, aber sie erleichtern Optionen, schaffen Prioritäten bei der Auswahl und geben bestimmten Alternativen eine Dringlichkeit und eine nachvollziehbare Richtung. Natürlich sind die individuellen Erfahrungen höchst unterschiedlich, aber eine gemeinsame Interpretation von Erfahrungen verbindet die Wege in den politischen Extremismus: die moralische Empörung über den Zustand der Welt, der Gesellschaft, der Politik, des eigenen Lebens und die Bereitschaft, die als ausgetreten und sinnlos empfundenen Pfade konventionellen Engagements zu verlassen oder gar nicht erst zu betreten, dennoch aber »etwas tun« zu müssen. Eine Zwangsläufigkeit oder gar Kausalität für die Entscheidung, sich bestimmten Richtungen anzuschließen, gibt es nicht. Wohl aber fördernde gesellschaftliche Bedingungen. Je mehr die Integrationsleistungen der Systeme Elternhaus, Schule/Ausbildung und Arbeitswelt abnehmen, desto eher wird der Weg in den Fundamentalismus geebnet.

Individuelle Dispositionen verbinden sich mit Angeboten im alltäglichen Nahbereich, mit Personen oder Gruppen, zu einer ersten, häufig noch experimentellen Phase des Engagements. Theoretische Schulung in Verbindung mit Aktionismus und Lust am Abenteuer begründen positive Erlebnisse und ideologische Bindungen, aber auch ein Gefühl der Zugehörigkeit zu einer bestimmten Gruppe. Das politische und ökonomische Fortschrittsmodell der Mehrheitsgesellschaft gerät in dieser Phase ins Zentrum gruppenspezifischer Feindwahrnehmung. Nicht mehr diffuser Frust und allgemeines Unbehagen begleiten dieses Modell, sondern theoretisch und praktisch begründete Fundamentalopposition. Der Einstieg wird so zu einer Zeit der Politisierung wie auch der Konkretisierung von Zielen und nicht selten zu einer Phase der Entfremdung von der Realität.

Die überraschenden Gemeinsamkeiten biographischer Verläufe im gesellschaftlichen Nahbereich finden ihre Grenze in den Deutungsmustern des Fernbereichs, der Politik und des gesellschaftlichen Klimas insgesamt. Bezogen auf die Entwicklung der Bundesrepublik seit den sechziger Jahren sind die Ausgangsdeutungen höchst konträr. Der Gründungsmythos der Rechten umfaßt die Wahrnehmung von Politik und Gesellschaft als dekadent, libertär, ohne politische Steuerung, ohne Werte, als ferngesteuert von den Siegermächten des Zweiten Weltkriegs und, seit den achtziger Jahren immer stärker, als eine Gesellschaft, deren naturgegebene ethnische Identität zerstört wird durch die Zuwanderung. Der Gründungsmythos der Linken hingegen umfaßt die moralische Empörung über das Fortwirken von Teilen der NS-Eliten auch in der Bundesrepublik, die Annahme weiterbestehender und intensivierter Ausbeutung der Arbeiter durch das Kapital und die Unterstellung, das demokratische System sei bloß eine Scheindemokratie unter dem Primat der Ökonomie. Die Anfangsphase biographischer Verstrickungen in den Extremismus und politischen Fundamentalismus bedeutet die Verknüpfung eines ähnlich gelagerten Nahbereichs mit einem der skizzierten Gründungsmythen, wobei die jeweilige Auswahl durchaus zufällige Züge trägt.

Die linke und die rechte Variante verbindet eine apokalyptische Weltdeutung. Die extreme Linke sah die totale Herrschaft des Kapitals über die Arbeitskraft und das Massenbewußtsein voraus, die Entwicklung eines faschistische Züge tragenden Staates und später, in der öko-fundamentalistischen Version, die Selbstzerstörung der Menschheit durch forcierten Raubbau an den natürlichen Lebensgrundlagen. Die extreme Rechte hingegen sah die totale Überfremdung Deutschlands durch Zuwanderung und amerikanischen Kulturimperialismus und den Verfall aller Werte. Untergangsvisionen und apokalyptische Bilder auf beiden Seiten, die simple Erklärungen für eine komplexe Welt vermitteln, zum unmittelbaren Handeln drängen und ihren Anhängern den Ausschließlichkeitsanspruch ihrer Weltdeutung gleich mitliefern, aber auch die fatale Unterscheidung zwischen »guten« Menschen, die das richtige Bewußtsein haben, und »schlechten«, die es nicht begreifen wollen oder können. Moralischer Rigorismus verdrängte auf beiden Seiten Offenheit, Kompromißbereitschaft und Toleranz. Eigenständige Muster von Disziplin und Ordnung, gruppenspezifisch unterschiedliche Sprachcodes und in Verbindung damit Deutungen der »political correctness« begründen den sozialen Mikrokosmos der fundamentalistischen Gruppen.

Eine entscheidende Bedeutung für die Verfestigung fundamentalistischer Karrieren haben gruppendynamische Faktoren, vor allem das in der Literatur über fundamentalistische religiöse Gruppen immer wieder zitierte anfängliche »love bombing«. Der Neuling gewinnt den Eindruck einer freundlichen, um ihn besorgten und gleichzeitig um ihn werbenden funktionierenden Gemeinschaft, eines positiven Gruppenklimas, das sich erfreulich unterscheidet von den sonstigen alltäglichen Erfahrungen. Vermutlich ist das »love bombing« weitaus bedeutsamer für die Initiierung und Verfestigung fundamentalistischer Karrieren als die Inhalte und Ziele der Gruppen.

In den vom Bundesinnenministerium in Auftrag gegebenen Terrorismusstudien Anfang der achtziger Jahre wird die Wirkungsweise der Gruppe wie folgt beschrieben: »Zentraler Gegenstand für die Veränderung ist der ›Mensch‹, ist seine ›Deformierung‹, ›Denaturierung‹, Entfremdung infolge unmenschlicher, repressiver sozialer ›Bedingungen‹, die seine ›Selbstentfaltung und -verwirklichung‹ verhindern sowie in zunehmende innere und äußere Isolation führen. Die einsetzenden Bemühungen richten sich auf die Befreiung aus sozialer und psychischer Unterdrückung und betonen – als therapeutische Maßnahme wie als Bestandteil neuer Lebensformen – die Bedeutung der Gruppe. Die Gruppe wird zum Ort und Hort von Sein. Darin enthalten sind die Elemente von Protest gegenüber bürgerlicher Privatheit, gegenüber Besitzdenken, Hierarchisierung von Beziehungen und ein Votum für Eingriffe, für Veränderungen. ... Außerdem wird der Gedanke von Gleichheit und Brüderlichkeit aller Menschen neu belebt, soziale und geschlechtsbedingte Unterschiede sollen weitgehend eliminiert und ignoriert werden« (Claessens/de Ahna, 1982, S. 49).

Rechte Gruppen sind demgegenüber mehr hierarchisiert und von einem starken Machtgefälle geprägt. Doch beide, linke wie rechte, vollbringen eine bedeutsame Leistung für den einzelnen: Sie weisen ihm eine Position zu, werten ihn auf, eröffnen Perspektiven, vermitteln das Gefühl, einer Elite anzugehören. Der Einsteiger hält sich selbst und seinen Beitrag für wichtig, er fühlt sich ernstgenommen und akzeptiert. Er ist Teil einer funktionierenden Gemeinschaft. Die Integration in die Gruppe geht freilich oft Hand in Hand mit der Desintegration aus den bisherigen bürgerlichen Lebensumständen. Bindungen an die Familie, an den Freundes- und Bekanntenkreis und die Arbeitskollegen lockern sich, oder aber sie werden bewußt abgebrochen, so daß für die Anhänger eine neue soziale Welt entsteht, die von starken emotionalen Bindungen an die neue Gruppe getragen wird.

Fundamentalistische Gruppen sind von einer sozialen Außenwelt umgeben, die als abweisend oder gar feindlich wahrgenommen wird. Äußerer Druck schweißt die Mitglieder zusammen und verstärkt das Wir-Gefühl, hat aber für den einzelnen eine durchaus ambivalente Bedeutung. Auf der einen Seite nämlich könnte dieser Druck den Weg in den Fundamentalismus verstärken und beschleunigen, weil die gruppeninterne Deutung einer feindlichen Außenwelt bestätigt und die Solidarität der Gruppe als lebenswichtig empfunden wird. Auf der anderen Seite jedoch verdeutlicht der Druck von außen das individuelle Bewußtsein gesellschaftlicher Isolation und erschwert den Rückweg in eine normalbürgerliche

Existenz. Die öffentlichen Reaktionen sind daher von ausschlaggebender Bedeutung für die interne Dynamik des Fundamentalismus. Sie entscheiden über Erfolg oder Mißerfolg, über Ausgrenzung oder Integration, über relative Akzeptanz und Duldung oder über Verfolgung und gesellschaftliche Ächtung.

Dies gilt für alle Formen des weltverändernden, nach außen gerichteten Fundamentalismus, nicht aber für den weltabgeschiedenen, innengeleiteten, den wir hier vernachlässigen können. Der einzelne Aktivist ist von den öffentlichen Reaktionen in unterschiedlicher Weise betroffen. Sie können seine Perspektiven bestätigen, verengen oder erweitern, ihn ins gesellschaftliche Abseits treiben, ihn aufwerten, indem sie ihm Macht zuschreiben, ihn weiter in die Gruppe hineintreiben oder auch dazu beitragen, ihn der Gruppe zu entfremden und zurückzugewinnen für demokratische Formen des gesellschaftlichen Lebens. Sie produzieren oder verstärken gruppeninterne Feindbilder und liefern damit auch Themen und Strategien, an denen die Gruppen sich abarbeiten und ihre Identität gewinnen. Was für die extreme Linke die multinationalen Konzerne, die Polizei und die Justiz sind, das sind für die extreme Rechte Ausländer, die neuen sozialen Bewegungen und die linksliberalen Medien. Für Scientology sind es Psychiater und Psychologen, Sektenbeauftragte der Kirchen und die Bundesregierung. Für alle fundamentalistischen Gruppen sind die jeweiligen »Anti«-Initiativen quasi Hauptfeinde, denen ein gut Teil der Aufmerksamkeit gilt.

Öffentliche Reaktionen auf den Fundamentalismus sind zumeist differenziert und halbherzig zugleich. Sie pendeln zwischen Ausgrenzung und Integration, zwischen Dramatisierung und Ignoranz, oft getragen von der Strategie politischer Mitnahmeeffekte und opportunistischen Kalkülen. Offizielle Proteste gegen das iranische Gewaltregime waren und sind halbherzig, um die Handelsbeziehungen nicht zu stören. Die politische und strafrechtliche Auseinandersetzung mit rechten Gewalttätern nach Hoyerswerda 1991 war besonders intensiv, um den Investitionsstandort des neuen, vereinigten Deutschland nicht zu gefährden, und der besonders heftige

Kampf der Konservativen gegen den linken Terrorismus in den siebziger Jahren war so energisch, um die Sozialdemokraten ins Boot der Sympathisanten des Terrors ziehen zu können. Ein letztes Beispiel mag hier genügen. Das Bedrohungsszenario eines wachsenden islamischen Fundamentalismus in Deutschland zielt nicht nur auf desintegrierte türkische Jugendliche, sondern auf die kollektive Angst vor Zuwanderung und Überfremdung.

Worin unterscheiden sich nun die öffentlichen Reaktionen auf den Links- und Rechtsextremismus, wo liegen die Gemeinsamkeiten? Beide Reaktionsformen haben sich in den Jahrzehnten nach 1945 unterschiedlich herausgebildet. Der Umgang mit dem Linksextremismus war lange geprägt von der Zeit des Kalten Krieges und des offziellen Antikommunismus. Noch die anfänglichen Reaktionen auf die Studentenbewegung bedienten sich der bekannten Muster angeblich prosowjetischer Infiltration, bevor die linksliberalen Ideen Fuß faßten und die orthodox kommunistischen in die Randzonen der Gesellschaft verwiesen wurden. Der linke Terrorismus der siebziger Jahre wurde gedeutet als Angriff auf den Staat in einer bürgerkriegsähnlichen Situation, zu dessen Abwehr alle rechtsstaatlichen Mittel geboten schienen. Terroristen und deren Sympathisanten galten als Staatsfeinde. Seitdem die PDS im Zuge der Wende 1989/90 nennenswerte Gefolgschaft um sich sammelt, sind die Reaktionen auf diese Form des Linksextremismus zwar distanziert und abweisend, aber dennoch verhalten, denn die Wähler der PDS in den neuen Bundesländern sind potentielle Wähler der demokratischen Parteien.

Die politische Auseinandersetzung mit dem Rechtsextremismus und der öffentliche Druck auf die organisierten Gruppen waren demgegenüber immer sehr viel weniger differenziert und stets geleitet vom langen Schatten des Nationalsozialismus und der scharfen Distanzierung von dieser Vergangenheit. Rechtsextreme Gruppen galten weithin als Neonazis und unterlagen damit einem Höchstmaß an öffentlicher Verachtung und Moralisierung, obwohl ihnen untergründige Sympathien im Umfeld der Stammtische sicher sein konnten. Anhänger rechtsextremer Gruppen gelten als Außenseiter der Gesellschaft, die nach wie vor unter starkem öffentlichem Druck stehen, so daß die Mitgliedschaft in den entsprechenden Gruppen gleichbedeutend ist mit dem Status der geächteten Sektiererei. Doch für nicht wenige scheint ebendieser historisch bedingte Mechanismus als Attraktion und als Triebfeder politischer Orientierung attraktiv, zumal bei experimentierfreudigen Jugendlichen. Die Provokationskompetenz der rechtsextremen Jugendgruppen ist außerordentlich hoch, so daß dies als eigenständiges Faszinosum zu deuten ist.

Fundamentalismus und Gewalt

Einer der bedeutendsten Fortschritte des modernen Staates besteht darin, daß er das »Monopol legitimer physischer Gewaltsamkeit« (Max Weber) für sich reklamiert. In den modernen demokratischen Verfassungen findet diese Monopolstellung in der Gewaltfrage ihren legalen und legitimen Ausdruck. Politisch begründete Militanz kleiner, selbsternannter Avantgarden negiert diesen Aspekt zivilisatorischen Fortschritts, indem der Gewaltbegriff inflationiert wird. Die Gesellschaft sei gewalttätig, der kapitalistische Produktionsprozeß ohnehin. Galtungs Begriff der »strukturellen Gewalt« wird pervertiert, indem am Ende alle gesellschaftlichen Verhältnisse als gewaltförmig gelten. Das rechtfertigt Widerstand. Die Lunte am Pulverfaß aller fundamentalistischen Gewalt ist jene explosive Mischung, die sich aus der Verbindung von persönlicher Heilssuche und politischen Erlösungsphantasien ergibt. Doch was »Widerstand« konkret heißt, das bedarf genauer Nachfrage.

Versucht man, das Motivbündel fundamentalistischer Gewalt zu entwirren, dann lassen sich mehrere Stränge unterscheiden, von denen die Einzelbiographien mehr oder weniger geleitet sind. Am Anfang steht *die Erfahrung von Ohnmacht* im Angesicht bedrückender, unterdrückender Verhältnisse, eine Ohnmacht, die durch herkömmliche und alltägliche

Mittel nicht zu überwinden ist. Herfried Münkler kommt bei seiner Auswertung von Selbstzeugnissen linker Terroristen zu dem Schluß, Gewaltbereitschaft und das Einrichten im Untergrund »scheint für manchen gleichbedeutend gewesen zu sein mit der Erwartung, endlich den lähmenden, tagtäglichen Ohnmachtsgefühlen – gleichgültig, ob diese nun politisch geprägt waren oder aus gänzlich unpolitischen Zusammenhängen erwuchsen – enthoben zu sein, diesem steten Verdacht, alle Anstrengungen seien sinnlos und vergeblich, und etwas von dem zu verwirklichen, was die Tagträume beherrscht: Macht, Allmacht. Nicht länger mehr nur Objekt, sondern endlich einmal Subjekt der Ereignisse zu sein – die Illegalität, und allein die Illegalität, schien dies zu verbürgen« (Münkler, 1983, S. 60). Militanz bedeutet Unmittelbarkeit, direktes Handeln, ohne Rücksicht auf fadenscheinige Kompromisse. Gewaltbereitschaft wird positiv besetzt durch den anthropologischen Zusammenhang der Kampfbereitschaft. Wenn Kampf eine anthropologisch nicht mehr hintergehbare Grundkonstante menschlichen Handelns und menschlicher Existenz ist, dann werden die Mittel unter historisch vorgefundenen Bedingungen vom Gegner mehr oder weniger aufgezwungen.

Sowohl von rechten wie von linken Militanten wird Gewalt defensiv legitimiert als Reaktion auf die Angriffe eines übermächtigen Gegners. Man wehrt sich, weil man angegriffen wird. Gewalt muß sein, um es dem Gegner mit gleicher Münze heimzuzahlen. Dieses *Muster defensiver Legitimation* scheint vor allem deswegen von großer Bedeutung, weil damit letzte moralische Skrupel über Bord geworfen werden können. Nichts behindert den Aktionismus mehr als ein schlechtes Gewissen. Das setzt die Identifikation eines eindeutigen Feindes voraus. Die britische Regierung erfüllt diese Funktion für die IRA, die spanische für die ETA, die USA und Israel für den militanten Islam, Staat und Kapital für die RAF, die Zuwanderer und ihre deutschen Freunde für die rechten Gewalttäter. Klare Freund-Feind-Konstellationen reduzieren die Wahrnehmung einer komplexen alltäglichen, politischen und sozialen Welt auf einfache Muster, erleichtern die Orientierung und führen zu zwangsläufigen und, intern betrachtet, folgerichtigen Gegenstrategien. Die Verteufelung des Gegners zu einem Bild des unmittelbar Bösen mystifiziert den Feind und liefert zugleich die Moral für das eigene Handeln.

Der militante Fundamentalismus begreift sich als quasimilitärischer Herausforderer des politischen Systems im Bewußtsein, selber die politische Macht nicht ergreifen zu können. Er weiß, daß er die Massen keineswegs hinter sich hat, weil es ihnen an revolutionärem Bewußtsein fehlt. Militante Aktionen haben deshalb die *Struktur des Fanals.* Sie sollen aufrütteln, Bewußtsein entwickeln, den Angriff symbolisch vermitteln. Brennende Asylbewerberheime sollen die Einsicht verdeutlichen, Asylanten beuteten das deutsche Volk aus, Entführungen von Politikern und Unternehmern sollen auf die schändliche Allmacht des Kapitals und die Korruptheit der Politik verweisen. Das Fanal setzt Zeichen, es befördert die Allmachtsphantasien ihrer Urheber und entwickelt eine Faszination eigener Art, indem es die Gesellschaft und die Machthaber provoziert und zu Reaktionen zwingt. So kann eine Handvoll Desperados sich im Glauben wiegen, als mächtiger und bedrohlicher Akteur unter Mithilfe der Medien die politische Arena zu betreten. Die Struktur des Fanals birgt eine besondere Gefahr, nämlich die der Verselbständigung der Gewalt. Die lange Geschichte terroristischer Kleingruppen legt die Vermutung nahe, daß Militanz längst schon zu einer eigenständigen Lebensform geworden ist, die, abgekoppelt von jeder positiven gesellschaftlichen Resonanz, nur noch um ihrer selbst willen praktiziert wird.

Eine Betrachtung der Motivbündel fundamentalistischer Gewalt wäre unvollständig ohne den Blick auf die *Gewalt nach innen.* Die Angst der Aussteiger vor den Nachstellungen der Gruppen ist Legion. Verrat und Renegatentum zählen im Moralkodex der Gruppen zu den schwersten denkbaren Verstößen. Ihre interne Stabilität ist angewiesen auf Linientreue und duldet keinerlei Zweifel, geschweige denn den individuellen Rückzug. Die Bestrafung von Abweichlern erfolgt mit der Begründung, der Ausstieg diene den Interessen des Feindes, Disziplin und Kadavergehorsam sind unabdingbare Voraussetzungen der Gruppenidentität. Zu den inneren Gewaltverhältnissen fundamentalistischer Gruppen gehören aber auch die mitgebrachte proletarische Gewalt, die alltagskriminellen Vorgeschichten und Erfahrungen einiger Aktivisten. Es gehört zu den nachträglichen Mystifikationen des linken Terrorismus in Deutschland, die Militanz der bedrängten RAF und ihrer Nachfolger als aufgezwungen zu betrachten oder gar als Verklärung falscher Mittel zu einem hehren Zweck. Was für rechte Gewalttäter ohnehin gilt, die Vorgeschichte normaler Kriminalität und die explosive Verbindung von Suff und Aktionismus bei vielen Tätern, das findet sich auch beim linken Terrorismus.

Bommi Baumann, Betonfacharbeiter ohne Lehrabschluß und Aktivist der »Bewegung 2. Juni«, bekennt, er habe in Sachen Gewalt nie Hemmungen gehabt, für ihn sei immer klar gewesen, daß zum Politikmachen auch gehöre, Bomben zu basteln. In Baumanns Biographie finden sich zahlreiche Spuren einer banalen, alltagskriminellen Energie. Wegen Zerstechens von Autoreifen in über hundert Fällen wird er zu einer Gefängnisstrafe verurteilt (Baumann, 1984, S. 25 ff.). Über den Alltag in der Wieland-Kommune, der sich Baumann nach seiner Zeit in der legendären Kommune I anschließt, erinnert er sich: »Wir lebten zu zehn, zwanzig Leuten, darunter drei Kinder, in acht Zimmern und finanzierten uns von Raubdrucken (Bakunin, Gesammelte Werke) und Ladendiebstahl. Gehen einklauen ... Wir haben bewußt 'ne Zeitlang nicht mehr die Lebensmittel bezahlt, sondern sind nur noch rumgefahren von Supermarkt zu Supermarkt, hintendrin 'ne große Kiste und haben geklaut, was wir so brauchten« (Baumann, 1984, S. 52 f.).

Gewaltaspekte dieser Art verweisen nicht nur auf die banalen biographischen Hintergründe terroristischer Militanz. Gruppendynamisch bedeuten sie ein Herabsenken von Hemmschwellen auch gegenüber den terroristischen Aktionen.

Das Beispiel Michael Kühnen

In der ersten Hälfte der siebziger Jahre schien die Bundesrepublik einen bedeutsamen gesellschaftlichen Umbruch hinter sich zu haben und einen anderen noch vor sich. Im Gefolge der Ölpreiskrise 1974 veränderte sich in den darauffolgenden Jahren auf wirtschaftlichem und sozialem Gebiet die bis dahin geltende Ideologie des Fortschritts und des Wohlstands. Die Wachstumskrise umfaßte nicht nur Wirtschaft, Einkommen und Konsum, sondern auch Fragen der Umwelt. Doch ein anderer Einschnitt hatte wenige Jahre zuvor die Gesellschaft der Bundesrepublik grundlegend verändert. Der Jugend- und Studentenprotest Ende der sechziger Jahre hatte die Wertestruktur der Adenauerzeit gründlich durcheinandergewirbelt und mehr Demokratisierung gefordert.

Im Rückblick war dies ein wichtiger Schritt zu einer offenen, liberalen Gesellschaft. Die Studentenbewegung hatte freilich auch eine Facette der politischen Kultur und des Selbstverständnisses der Gesellschaft ins Wanken gebracht, die bis dahin eher verdeckt geblieben war: die Nachwirkungen des Nationalsozialismus in der Bundesrepublik.

Die Studentenbewegung artikulierte den Generationenkonflikt zwischen den Jungen, in der Nachkriegszeit Geborenen, und den Vätern, die in der einen oder anderen Weise das NS-Regime gestützt, getragen, geduldet oder auch nur weggeschaut hatten. Die Wahlerfolge der rechtsextremen NPD in den Jahren 1966 bis 1969, als die Partei in sieben Landtage einzog, hatten das Nachleben des Nationalsozialismus in der Demokratie eindrucksvoll bestätigt. Politisch und moralisch begründeter Antifaschismus gehörte zu den wichtigsten gesellschaftlichen Orientierungen, die von der Studentenbewegung eingefordert wurden und schließlich auch dazu führten, daß der organisierte Rechtsextremismus geächtet und aus dem Konsens der Demokraten ausgeschlossen wurde. Vor allem unter den Jugendlichen war rechtes und rechtsextremes Denken zu Beginn der siebziger Jahre verpönt.

Die im Hakenkreuz, in der Odalsrune und anderen Devotionalien, in Liedern, Texten und Aktionsformen wie etwa

Sonnenwendfeiern verborgene Symboltradition des Nationalsozialismus ist nach dem Ende des Zweiten Weltkriegs verbannt worden in die Nischen und Randbereiche der Gesellschaft. Dort hat sie über Jahrzehnte fortgelebt. Kleine, sektenartige Zusammenschlüsse wie die Wiking-Jugend, der Bund Heimattreuer Jugend und andere waren von dem wahrhaft fundamentalistischen Gedanken geprägt, die nationalpolitische Erziehung der Hitler-Jugend fortzuführen und somit den Prozeß der Demokratisierung in Deutschland zu konterkarieren. Organisationen wie das betuliche »Deutsche Kulturwerk Europäischen Geistes« betrieben Traditionspflege gegen den Zeitgeist, indem NS-Literaten wie Hans Grimm oder Hans Venatier hier bei Lesungen und halböffentlichen Veranstaltungen fortlebten – unbeachtet von einer Wirtschaftswunder-Gesellschaft mit ihrer »Ohne-mich«-Mentalität. Das Getto solcher Positionen wurde von den Akteuren legitimiert durch den Glauben an die künftige Elite, an die besseren Deutschen. Ihre Aktivitäten sind noch eng verknüpft mit den biographischen Erfahrungen zur Zeit des noch nicht lange zurückliegenden Nationalsozialismus.

Nach dem politischen Ende der NPD 1971 war die Lage des organisierten Rechtsextremismus desolat. Weitgehend ohne politische Resonanz, ins politische und gesellschaftliche Abseits gedrängt, politisch und personell überaltert, vermochte diese politische Strömung kaum mehr Alternativen, zumal unter Jugendlichen, zu entwickeln. Gegen Ende der siebziger Jahre änderte sich diese Situation, als eine kleine Gruppe neonazistischer Jugendlicher durch das öffentliche Zurschaustellen von NS-Symbolen und demonstrativen Bekenntnissen zum Nationalsozialismus in provokativer Weise die Aufmerksamkeit der Medien fand und für eine fundamentalistische politische Option, nämlich für den wahren Nationalsozialismus warb. In den siebziger Jahren gewann diese Szene Zulauf durch militante Jugendliche, die den Provokationswert der NS-Symbole in einer Gesellschaft entdeckten, die mit ihrer Vergangenheit nicht umzugehen gelernt hatte, und anfingen, diese Schwachstelle systematisch zu nutzen.

Die politischen Aktivitäten der Gruppe um Michael Kühnen zwischen 1977 und 1990 stehen exemplarisch für einen
militanten, aggressiv auftretenden, die Klaviatur der elektronischen Medien geschickt ausnutzenden radikalen und fundamentalistischen Nationalismus, dem es letztlich jedoch
nicht gelang, eine nennenswerte Anhängerschaft zu gewinnen. Die politische und kulturelle Praxis der neonazistischen
Zirkel blieb exotisch und ein Randgruppenphänomen innerhalb der Jugendkulturen der späten siebziger Jahre. Der im
»Kühnen-Gruß« leicht abgeänderte Hitler-Gruß, die para-
militärische Symbolik der Wehrsport-Gruppen und das geschlossene, formierte und uniformierte Auftreten bei kleinen,
aber spektakulären Demonstrationen symbolisierten gleichwohl das Fortleben des Nationalsozialismus in einer Gesellschaft, die sich als demokratischer Gegenentwurf dazu verstand. Die Verfolgung durch die politische Justiz machte
Disziplin, Kameradschaft und – defensiv begründete – Gewaltbereitschaft zu zentralen alltäglichen Handlungsmustern
in diesen Gruppen.

An ihrer Spitze stand bis zu seinem Tod 1991 Michael
Kühnen, ein redegewandter ehemaliger Leutnant der Bundeswehr, der so gar nicht dem Klischee des halbgebildeten,
gewalttätigen Jugendlichen entsprach. Der am 25. April 1991
verstorbene Michael Kühnen war über Jahre hinweg eine öffentliche persona non grata, ein Außenseiter, ein politisch
weit überschätzter Anführer von einigen hundert jungen
Neonazis. An seiner Person konnten alle politischen Lager,
von den selbsternannten Verfechtern »streitbarer Demokratie« über engagierte Journalisten bis hin zu professionellen
linken »Antifaschisten« feingesponnene Bedrohungsszena-
rien entwerfen. Niemand diente der ausländischen Presse
besser zum Nachweis des Fortlebens neonazistischer »Um-
triebe« in der Bundesrepublik als der Provokateur und Me-
dienprofi Michael Kühnen. Es sind nicht seine abstrusen und
bewußt provozierenden politischen Theorien, gipfelnd in der
Forderung nach Wiederzulassung der NSDAP, die eine Auseinandersetzung rechtfertigen. Schon gar nicht kann die politisch gänzlich bedeutungslose Rolle versprengter Haufen

neonazistischer Kleingruppen in der alten und neuen Bundesrepublik das Einlassen auf Kühnens Biographie begründen. Es ist vielmehr die Art, wie man mit ihm umgegangen ist, die ein Schlaglicht wirft auf die Qualität demokratischer und vordemokratischer Entwicklung in der Bundesrepublik. Daraus läßt sich etwas lernen über Fragen öffentlicher Toleranz und Intoleranz. Allein dies rechtfertigt eine rückblickende öffentliche Auseinandersetzung mit Michael Kühnen und der Art seines politischen Wirkens.

Michael Kühnen ist 1955 geboren und damit Angehöriger einer Zwischen-Generation, die nicht mehr der Aufbruchs-Bewegung der 1968er angehört und noch nicht wesentlich beeinflußt ist von den vielfältigen jugendlichen Subkulturen der späten siebziger Jahre. Der von ihm selbst oft ins Feld geführte und wohl auch erlebte Widerspruch zwischen materiellem Reichtum und geistiger Armut mag hier eine seiner Wurzeln haben. Kühnen wächst als einziges Kind in einem gutbürgerlichen katholischen Elternhaus zunächst in Düsseldorf, dann in Bonn auf. Später bezeichnet er sein häusliches Umfeld als »liberal« und sehr kritisch gegenüber dem Nationalsozialismus und dem Dritten Reich. In Bonn macht er 1974 an einem katholischen Gymnasium das Abitur. Eine bürgerliche Berufskarriere scheint vorgezeichnet. Als Zeitoffizier bei der Bundeswehr zwischen Juli 1974 und September 1977 bringt er es nach guten Beurteilungen durch seine Vorgesetzten bis zum Leutnant. Als Student an der Bundeswehrhochschule in Hamburg erfährt seine Karriere jedoch einen entscheidenden Knick: Mit Ablauf des 30. August 1977 wird er unehrenhaft aus der Bundeswehr entlassen aufgrund seiner rechtsextremistischen politischen Aktivitäten, über die sein Elternhaus schon frühzeitig »entsetzt« ist (Kühnen, 1979, S. 2).

Kühnens Weg zu einer charismatischen Galionsfigur der jugendlichen Neonazi-Szene beginnt mit politischen Orientierungsversuchen als vierzehnjähriger Schüler in der NPD. In seinem Abiturjahr wird er nationaldemokratischer Schülersprecher. Versuche seiner Eltern, ihn an seinem politischen Engagement zu hindern, schlagen fehl. »Ich durfte ja damals«, erinnert er sich, »auch von Anfang an nicht in die

JN eintreten. Mein Vater hat mich unter Androhung einer einstweiligen Verfügung daran gehindert. Er hat gesagt: ›Ich gehe vor Gericht, und ich komme mit weiß der Himmel was. Da darfst du nicht beitreten!‹ Da war es also mit der Liberalität zu Ende. Auch wieder ein Faktor, der mich natürlich wieder nachdenklich gemacht hat« (Rabe, 1980, S. 167).

Für die NPD verteilt er auf dem Bonner Marktplatz zwischen seinem vierzehnten und seinem achtzehnten Lebensjahr regelmäßig Flugblätter. Dabei macht er die Erfahrung, mit dem Vorwurf »Neonazi« konfrontiert zu werden. Er entwickelt Abwehrmechanismen wie etwa die Entgegnung »Na und?«, von der er glaubt, sie habe den politischen Gegner erst einmal für einen Augenblick »außer Kraft gesetzt«. Kühnen lernt zu dieser Zeit in der Agitation auf der Straße die provozierende Wirkung NS-ähnlicher Verhaltensweisen, die er sich später zunutze machen wird. Als Siebzehnjähriger fordert er in einem Leserbrief in der rechtsextremen Zeitschrift »Mut« alle vierzehn- bis neunzehnjährigen im Bonner Raum auf, sich ihm anzuschließen, um eine Jugendgruppe aufzubauen und eine Zeitschrift herauszugeben. Er kündigt an: »Deutschland, wir kommen!«

»Aktion Neue Rechte« und »Aktion Widerstand« nach dem Zerfall der NPD 1970/71 sind weitere Stationen. Anfang der siebziger Jahre tritt er, wie er sich erinnert, »aus taktischen Gründen« der Jungen Union bei, »um mich aber schon nach wenigen Wochen, entsetzt über den ausschließlichen Karrierismus der früh altgewordenen CDU-Junioren, davon abzuwenden«. »Erst achtzehn Jahre alt«, schreibt Kühnen, »hatte ich bereits vier Gruppen durchlaufen: die JN, Jugendorganisation der NPD, danach Junge Union, Aktion W und zuletzt die Aktion Neue Rechte« (Rabe, 1980, S. 188). Keine dieser in den Augen des jugendlichen Kühnen teils passiv-trägen, betulichen, teils karrieristischen Organisationen vermag jene Bindungskräfte zu entfalten und jene Erfahrungshorizonte zu ermöglichen, die dem stürmischen, intelligenten, fragenden jungen Mann die Richtung weisen könnten. Bedürfte es weiterer Hinweise für die wenig gefestigten Grundüberzeugungen Kühnens zur damaligen Zeit, so wäre das kurzzeitige Intermezzo bei der maoistischen KPD zu nennen: »Ich habe Karl Marx gelesen, ich habe Lenin gelesen, Trotzki gelesen, ich habe mich sogar mit Dahrendorf und dergleichen Dingen beschäftigt, ich habe dann natürlich nachher, allerdings erst relativ spät, ›Mein Kampf‹ gelesen …« (in: Kursbuch 54/1978, S. 132).

Es sind freilich nicht Marx und Lenin, Trotzki und die sozialistischen Ideen der Weltrevolution, die ihn faszinieren, sondern der konspirativ-abenteuerliche Aspekt dieser K-Gruppe und, nicht zuletzt, seine Überlegung, die KPD sei jene maoistische Gruppe gewesen, »die am meisten national eingestellt ist«. Im Grunde sei er immer ein Rechter gewesen und nicht ein Linker. Dennoch – vielleicht ist es diese Erfahrung, die ihn später zu einem eher sozialrevolutionären Nationalsozialisten in der SA-Tradition werden läßt. Das bedeutet durchaus die Öffnung für linksextreme Denkfiguren: »Wie würde dieses korrupte System zu zittern beginnen, wenn sich nur für einen Augenblick die gewaltigen revolutionären Ströme von rechts und links vereinten und die Besatzerknechte in Bonn, diese Handlanger fremder Interessen, in den Abgrund gerissen würden?« (Kühnen, 1979, S. 5)

Wenig später folgt das für Kühnens weiteren Weg wohl entscheidende Schlüsselerlebnis. Die Bekanntschaft mit Wolf-Dieter Eckart, einem Aktivisten der NSDAP-Auslandsorganisation, den Kühnen als »*den* nationalsozialistischen Vorkämpfer« schlechthin bezeichnet hat (ebd., S. 4f.), scheint seinen politischen Orientierungsversuchen von nun an die Richtung zu weisen. In Eckart findet Kühnen einen politischen Förderer und Gönner, dem er blind vertraut. Kühnen gründet im Mai 1977 in Hamburg den »Freizeitverein Hansa« und kommentiert diesen Schritt mit den Worten: »Es begann der Weg raus aus der Anonymität, hinein ins Volk. Mit immer neuen Ideen wurde der Staatsschutz provoziert, die Presse zum Bericht gezwungen, und das Volk erfuhr nun endlich: Wir sind wieder da!« (ebd., S. 5) Nach der am 8. Mai 1977 erfolgten Gründung der »Aktionsfront Nationaler Sozialisten« (ANS) wird Kühnen allein im ersten Halbjahr 1978 achtzehnmal festgenommen. Provozieren, Aufsehen erregen,

Öffentlichkeit herstellen, Schulung im »Kampf« mit dem »System« und seinen Handlangern – all das wird zum abenteuerlichen politischen Konzept, um Kader heranzubilden. Das öffentliche Auftreten der Kühnen-Gruppe in SA-ähnlichen Uniformen bedeutet nicht nur einen radikalen Bruch mit dem gemäßigten Flügel der »nationalen Rechten« im Umfeld der NPD, es sorgt auch für Medienpräsenz und Aufwertung durch die politischen Gegner. Die Ankündigung von »Adolf-Hitler-Gedenkfeiern« und Happenings – etwa mit dem Tragen von Eselsmasken mit der Aufschrift »Ich Esel glaube noch, daß in deutschen KZs Juden vergast wurden« – war seinerzeit etwas Unerhörtes, weil in der öffentlichen Meinung die Ansicht vorherrschte, Rechtsextremismus sei eine Angelegenheit der älteren »Ewiggestrigen«, nicht aber junger, nachwachsender Generationen.

Politischer Aktionismus und lebensweltliche »action« verbinden sich seitdem zu einer Perspektive, die den gerade Zwanzigjährigen fasziniert und die auch heute noch ein Stimulus für nicht wenige Jugendliche bedeuten könnte, ihrem trist-langweiligen Alltag zu entfliehen. 1978 gibt der 23jährige zu Protokoll: »Ja, ich war also praktisch bei allen nationalen Gruppen. Wir waren praktisch eine Art Reisekader. Wir sind also von Flensburg bis runter nach Regensburg bei nahezu allen Veranstaltungen dabeigewesen und haben im Grunde eine politische Gruppe gesucht, der wir uns anschließen konnten. Und wir haben diese Gruppe im Grunde bei aller Kameradschaft, die wir mit diesen Gruppen gehabt haben, ... dort nicht gefunden, weil es alles Alt-Herren-Vereine waren, weil wir immer gesehen haben, daß da eben ... daß der Wunsch, Kameradschaftsabende zu machen, über die Bereitschaft ging, politisch wirklich im entschiedenen Sinne zu arbeiten« (Rabe, 1980, S. 164).

Kampfbereitschaft und Kameradschaft, Schlüsselkategorien zum Verständnis jeglicher rechtsradikal/rechtsextremistischer Verhaltensweisen, werden mehr und mehr zu ideologischen Überzeugungen. Kühnen wurde zwar nie wegen Gewalt gegen Menschen oder Sachen verurteilt, doch er gehört zweifellos zu den geistigen Wegbereitern der Gewalt von rechts. Für ihn ist Gewalt ein grundlegender anthropologischer Zusammenhang menschlicher Existenz, Gewalt ist einfach da und muß im politischen Kampf umgesetzt werden.

In seiner in der Haft verfaßten Schrift »Die zweite Revolution« schreibt er: »Der Kampf ist unser Lebensinhalt. Es ist gesund und natürlich, Freude am Kampf und an der männlichen Bewährung zu finden. Nur wenn wir im Kampf stehen, uns selbst bestätigen, dem Feind entgegentreten – dann finden wir unser Glück und dienen wirklich der Bewegung. Reden halten viele, bei uns mußt du kämpfen, dich einsetzen, Verfolgungen und Opfer auf dich nehmen. In dieser Welt hat sich stets nur etwas durch die Tat geändert, nie durch prahlerische Redensarten! Nichts ist wirklich, solange es sich nicht im Kampf bewährt hat, dort geadelt und bestätigt wurde. Der Kampf, das Ringen der Gewalten – das ist die Auslese der Besten, der Würdigen. Hier finden sich die Menschen, die Geschichte machen, hier fallen die Entscheidungen ...« (Kühnen, 1979, S. 196).

Den ideologisch überhöhten theoretischen Gewaltphantasien stehen real erfahrene Formen der Gewalt gegenüber. Durch die Entlassung aus der Bundeswehr seiner materiellen Existenzgrundlage zunächt einmal beraubt, durch die Aufmerksamkeit von Verfassungsschutz, politischer Justiz, Teilen des linken Antifaschismus und insbesondere der internationalen Presse zum deutschen Neonazi Nummer eins aufgewertet, ist der weitere Weg Michael Kühnens vorgezeichnet. Seine Verachtung bürgerlicher Lebensformen trifft sich mit der hohen Akzeptanz in den von ihm aufgrund seiner charismatischen und rhetorischen Talente effektiv geleiteten neonazistischen Gruppen. Diese Begabungen sind ein gefundenes Fressen für die Medien, die in ihm den geradezu idealen Repräsentanten des Wiederauflebens des NS-Ungeistes gefunden haben. Kühnen braucht die Medien, und diese brauchen ihn.

Politisch gänzlich bedeutungslos – gemessen an Chancen bei Wahlen –, gewinnt er gleichwohl einen politischen Marktwert in der Dauer-Inszenierung des Neonazismus als eines öffentlichen Spektakels. Es fehlen dem 23jährigen die Kraft und der Wille und wohl auch das personale Umfeld zur Rückkehr in eine bürgerliche Existenz. Durch diese Umstände bedingt, wird Kühnen von einem idealistischen, orientierungsarmen und ungefestigten Nationalisten zu einem »professionellen« Neonazi. Diese Entwicklung verläuft nicht eigendynamisch und nicht nur aus freien Stücken: Justiz, Verfassungsschutz, Medien und die Gruppendynamik politischer Außenseiter tragen zum Prozeß der Professionalisierung nach rechts sehr entscheidend bei.

Kühnen hat die für seine Entwicklung wegweisenden Jahre 1977/78 später als »ausgesprochene Provokations-Phase« gedeutet, die Jahre 1979 bis 1982 als »Klärungs-Phase« und die Zeit danach als »Organisationsphase«.* Diese, immanent betrachtet, durchaus zutreffende Einschätzung deutet auf seine Fähigkeit hin, strategisch-konzeptionell zu planen und die Dinge langfristig zu sehen. Die weiteren Stationen im Zeitraffer: Im September 1979 Verurteilung zu einer Gefängnisstrafe von vier Jahren wegen Volksverhetzung und Aufstachelung zum Rassenhaß. Verbot der ANS/NA 1983, Gründung von zahlreichen Nachfolge-Organisationen wie etwa der 1989 verbotenen »Nationalen Sammlung« im Jahr 1988. 1986 war es zu einer Spaltung der Neonazi-Szene gekommen, als Kühnen offen der Homosexualität bezichtigt wurde. Das Auseinanderbrechen in einen »Kühnen«-Flügel und einen »Mosler«-Flügel war die organisatorische Folge. »Beide Flügel«, notiert der Verfassungsschutzbericht für das Jahr 1987, »lieferten sich heftige und polemische Auseinandersetzungen über Homosexualität und die damit verbundene Frage nach der Qualifikation von Führungskräften. Äußeres Zeichen dieses Zerwürfnisses ist die Herausgabe zweier konkurrierender Monatsschriften, die sich beide ›Die Neue Front‹ nennen.« Kühnen selbst hat mit dem Vorwurf der Homosexualität nicht umgehen können: Er hat ihn weder bestätigt noch dementiert. Seine Ausnahmestellung in der Neonazi-Szene war seit 1986 keineswegs mehr unangefochten.

---

* Schlußwort beim Prozeß gegen Kühnen vor der Staatsschutzkammer des Landgerichts Frankfurt am Main, Mitschrift

Nach dem Zusammenbruch der DDR im Herbst 1989 verlagert Kühnen das Schwergewicht seiner Aktivitäten auf die neuen Bundesländer und macht, dort vor allem, bis zu seinem Tod 1991 durch einige spektakuläre Aktionen von sich reden. Eine Vielzahl schwer überschaubarer militanter Klein- und Kleinst-Organisationen verbindet sich seit 1989 mit seinem Namen: Die »Gesinnungsgemeinschaft der Neuen Front«, die »Nationale Liste« und die »Deutsche Alternative« können sich auf seine Ideen berufen. Sein Ansehen und seine Vorbildfunktion innerhalb der Neonazi-Szene bleiben ungebrochen. »Kühnen«, äußert sich ein Neonazi, »der hat acht Jahre im Gefängnis gesessen, war ein Idealist, der begeistern konnte. Ein wahnsinnig netter Mensch, ein lieber Mensch. Er hatte eine wahnsinnige Ausstrahlung. Hat ja auch selbst nie Gewalttaten begangen. Hat nur für Meinungsäußerungen gesessen« (in: Richter, 1994).

Noch die Umstände seiner Beisetzung geraten zu einem makabren Spektakel. Die Friedhofsverwaltungen der Städte Bonn und Langen/Hessen weigern sich, die Urne auf ihren Friedhöfen beisetzen zu lassen. Sie fürchten, ihre Stadt werde zum Wallfahrtsort von Neonazis. Nach monatelangem Tauziehen wird die Urne dann im Januar 1992 am Sterbeort Kassel bestattet.

Festnahmen, Prozesse und Haftstrafen begleiten diese Biographie seit 1977 kontinuierlich. Nicht zuletzt sind es strafrechtliche Aspekte der politischen Justiz, die diese Biographie zu einer öffentlichen machen und die auch das große Interesse daran hervorrufen. Am 13. September 1979 wird Kühnen vom Oberlandesgericht Celle in dem als »Bückeburger Verfahren« bekanntgewordenen Prozeß wegen Volksverhetzung (§ 130 StGB) und Verbreiten von Propagandamitteln einer verfassungswidrigen Organisation (§ 86) zu einer Freiheitsstrafe von vier Jahren verurteilt. Fünf Mitangeklagte »Kameraden« Kühnens werden wegen Mitgliedschaft in einer terroristischen Vereinigung und Raubdelikten zu langjährigen Freiheitsstrafen verurteilt. Kühnen selbst wird vom Hauptanklagepunkt, der Rädelsführerschaft in einer terroristischen Vereinigung, freigesprochen, weil ihm die Bundesanwaltschaft eine direkte Beteiligung an Gewalttaten nicht nachweisen kann. Dennoch macht dieser Prozeß deutlich, daß Kühnen, wenn auch nicht strafrechtlich relevant, so doch unter Gesichtspunkten subkultureller politischer Milieus involviert ist in die militante neonazistische Szene und damit die Phase der Provokationstaktik überschritten ist.

Am 30. April 1982 wird er wegen Herstellens von Propagandamitteln verfassungswidriger Organisationen in Tateinheit mit Aufstachelung zum Rassenhaß vom Landgericht Flensburg zu neun Monaten Haft verurteilt. Wenig später, im November 1983, taucht er unter, um einer erneuten Freiheitsstrafe, diesmal zu acht Monaten wegen uneidlicher Falschaussage, zu entgehen. Er setzt sich über die Schweiz nach Paris ab, wird aber dort zunächst von deutschen Journalisten aufgespürt, später von der Polizei festgenommen und in die Bundesrepublik abgeschoben. Nach einem spektakulären Prozeß vor der Staatsschutzkammer des Frankfurter Landgerichts, wieder einmal wegen Herstellung und Verbreitung von Propagandamitteln verfassungswidriger Organisationen, wird er im Januar 1985 zu einer neuerlichen Freiheitsstrafe von drei Jahren und vier Monaten verurteilt. Selbst angesehene linke Intellektuelle wie der Lyriker Erich Fried und der Rechtsanwalt und Justizkritiker Sebastian Cobler haben Zweifel an der Rechtsstaatlichkeit dieses Verfahrens geäußert.

»Die Frankfurter Allgemeine Zeitung« notierte einige Tage vor der Verkündung der Urteils: »Die Frankfurter Justiz bot Kühnen unfreiwillig ein großartiges propagandistisches Forum vor einem relativ dürftigen strafrechtlichen Hintergrund... Sein erstes Erscheinen im Frankfurter Gerichtssaal geriet zu einem großen ›Auftritt‹. In dem alten Frankfurter Schwurgerichtssaal, in dem schon Auschwitz-Verfahren verhandelt wurden, in dem große Übersichtskarten des Lagers hingen, hatten sich Dutzende von Fotografen und Kameramännern eingefunden, als gelte es, einen neuen Führer zu feiern. Hinter den Glasscheiben des Sicherheitstraktes standen die Anhänger mit zum Gruß erhobenen Armen. Der Prozeß bot dem Angeklagten die Möglichkeit, weithin Beachtung zu finden. So erfuhren die Zuhörer, daß selbst Erich Fried, eine Symbolfigur der Linken, aus London zu kommen sich bereit erklärte, um ›für Kühnen vor Gericht zu erscheinen, wenn ihm dies nützen könnte‹... Der Frankfurter Rechtsanwalt Sebastian Cobler, den man sicher nicht der Rechten zurechnen kann, forderte in einer Frankfurter Zeitung: ›Wenn es mit rechten Dingen zugeht, muß Kühnen freigesprochen werden!‹« (FAZ, 21. 1. 1985)

Kühnen hat insgesamt rund neun Jahre, ein rundes Viertel seines 36 Jahre währenden Lebens hinter Gittern verbracht. Doch was auf den ersten Blick als typische kriminelle Karriere eines Schwerverbrechers erscheint, ist, genau betrachtet, der Preis, den Kühnen für im wesentlichen nichts anderes als das unverbesserliche öffentliche Eintreten für den Nationalsozialismus zu entrichten hatte. Es scheint, als ob die Gesellschaft, vier Jahrzehnte nach Hitler, ein Exempel hätte statuieren wollen, gleichsam als Nachweis dafür, daß sie auf dem rechten Auge keineswegs blind sei. An ihm, der alle Möglichkeiten öffentlicher Selbstdarstellung virtuos nutzte, an dem umgekehrt Journalisten aufgrund seiner klaren und beeindruckenden Ausdrucksweise ihre helle Freude hatten, sollte und konnte gezeigt werden, was für alle gelten soll: Jedes öffentliche Liebäugeln mit dem Nationalsozialismus wird unter Strafe gestellt.

Am 5. Februar 1987, einem unfreundlichen, kalten Wintertag traf ich im Besucherraum des Gefängnisses von Butzbach in Mittelhessen erstmals mit Michael Kühnen zusammen. Zuvor hatte ich ihn und seine teilweise stundenlangen Ausführungen beim Prozeß vor der Staatsschutzkammer des Frankfurter Landgerichts beobachten können. Ich habe ihn später noch mehrmals getroffen, aber dieser Donnerstag ist mir schon deshalb gut in Erinnerung, weil unser Gespräch mehr als vier Stunden dauerte.

Kühnen gab sich freundlich, zuvorkommend, höflich, als ein intelligenter, nicht unsympathischer, eher angenehmer Gesprächspartner. Die bescheiden anmutende Nachdenklichkeit widersprach dem inszenierten extrovertierten Gestus seiner öffentlichen Auftritte. Schwer vorstellbar, daß dieser

Mann, nach eigener Einschätzung in »Gesinnungshaft«, in einer bürgerlichen Existenz nicht hätte Karriere machen können.

Mein Eindruck von damals: Er ist sich seiner Außenseiterrolle in der Gesellschaft sehr wohl bewußt. Aber er genießt auch die öffentliche Aufmerksamkeit, die ihm zuteil wird, und die Solidarität seiner »Kameraden«. Das trägt dazu bei, die Beschwernisse der Haft zu rationalisieren und ihnen noch einen Sinn abzugewinnen. In einem Interview aus dem Jahr 1982 hat Kühnen hervorgehoben, Gefängsnisstrafen kalkuliere er ein, angestrebt sei zuviel gesagt. »Aber ich muß auch dazu sagen«, so Kühnen weiter, »sie (die Gefängnisstrafe) ist mir nicht unangenehm gewesen. Sie hat mir durchaus in die politische Konzeption gepaßt. Ich würde auch künftig bereit sein, jederzeit wieder ins Gefängnis zu gehen für meine Idee. Mein Privatleben zählt da weiter nicht« (Deutsches Allgemeines Sonntagsblatt, 14. 2. 1982).

Haft als politisches Mittel? Kühnen hat sich nicht nur, aber auch damit die Gunst seiner Anhänger erkauft, seine Führungsposition zementiert und noch im Angesicht seiner Widersacher auf Richterbänken und Stühlen der Staatsanwaltschaft versucht, die Prozesse zum Spektakel zu machen. »Seien Sie vorsichtig, wenn Sie mich verurteilen«, rät er Anfang 1985 der Frankfurter Staatsschutzkammer, »das ist ein größerer politischer Erfolg als ein Freispruch. Legal bin ich für das System berechenbar. Wenn man alles zerschlägt, werden wir im Untergrund unberechenbar« (FAZ, 21. 1. 1985).

Was trieb den Einunddreißigjährigen dazu, sich Hitler zum Vorbild zu nehmen und sich an die Spitze eines versprengten Haufens militanter Neonazis zu stellen? Persönliche Fragen nach seinem Wohlergehen unter Haftbedingungen, nach seiner Kindheit und Jugend wehrte er als eher nebensächlich ab. Er wollte politisch diskutieren und erläuterte seine Revolutions-Theorie: Die Verhältnisse und Zustände würden sich rapide verschlimmern, und dann suche das Volk nach einem Ausweg – er und seine Anhänger warteten auf diese Stunde. Der ungehinderte Zustrom an Ausländern werde sich mit der durch den amerikanischen Kulturimperialismus hervorgerufenen allgemeinen Dekadenz verbinden und so eine revolutionäre Situation hervorrufen. Kühnens Ausführungen waren gewiß verbohrt und dogmatisch, undurchlässig und hermetisch. Gleichwohl war er in der Lage, Positionen kritisch zu reflektieren, Einwände zu bedenken, Argumente aus der politischen Ideengeschichte abzuwägen. Ich fragte ihn, wie denn mit halbgebildeten, politisch uninformierten, zur Gewalt bereiten Anhängern die Revolution zu machen sei und wie er dazu komme, als gebildeter Mensch inmitten von Skinheads, rauflustigen Fußballfans und verbohrten Rassisten sich wohl zu fühlen. Kühnen erklärte, diese sozialen Verlierer der Gesellschaft brächten am deutlichsten das »verrottete« System zum Ausdruck, sie hätten nichts mehr zu verlieren, sie seien nicht korrumpiert und gehörten zu den treuesten Anhängern der nationalsozialistischen Idee. Nirgendwo habe er eine solche Kameradschaft gefunden wie bei seinen Weggefährten.

Obwohl die äußeren Rahmendaten dieser Biographie vergleichsweise gut zugänglich sind, bleiben doch noch viele Fragen zum Phänomen Michael Kühnen offen. Unsere zusammenfassende Einschätzung versteht sich daher als hypothetisch. Vier Gesichtspunkte verdienen eine besondere Hervorhebung:

– *Erstens*: Kühnens politische Biographie widerspricht herkömmlichen, empirisch begründeten Annahmen über die Typologie rechtsextremer Karrieren. Schwierigkeiten im Elternhaus, Schulkrisen, Probleme mit der Berufsfindung und mit dem anderen Geschlecht bilden den adoleszenten Rahmen für den Weg nach rechts. Das gilt für entschiedene Neonazis ebenso wie für rechte, gewaltbereite Skinheads. Kühnen hingegen hatte keine vergleichbaren Schulschwierigkeiten, keine Probleme mit der Berufsfindung und auch, soweit bekannt, keine vergleichbaren sozialen Probleme im Elternhaus. Entscheidend für seinen Weg nach rechts scheinen neben einer autoritär-nationalistischen Grunddisposition eher idealistische Motive eines unterforderten, aber umtriebigen, zum Autodidaktischen

neigenden wachen Geistes, einer in Führungs- und Selbst-
darstellungswünschen kulminierenden Labilität und Ori-
entierungsarmut.

- *Zweitens*: Die Jahre 1977/78 erweisen sich im Rückblick
als die entscheidenden für diese politische Biographie.
Das abenteuerliche Herumreisen durch Deutschland und
die schnelle Akzeptanz in den Milieus der rechtsextremen
Subkultur treffen zusammen mit der Entlassung aus der
Bundeswehr, ersten strafrechtlichen Verfolgungen und
schnell einsetzender Aufmerksamkeit der Medien. In dieser hochverdichteten Situation vermag Kühnen offenbar
die langfristigen Konsequenzen des politischen Abenteu-
rertums nicht zu erkennen. Er spürt, etwas bewegen zu
können, zählt sich selbst eher zu den »Machern«, den »Siegern«, den »Kämpfern«. Die Begeisterung des Augen-
blicks verhärtet sich jedoch in den darauffolgenden Jahren
zu einer Handlungsstruktur, die eine Rückkehr Kühnens in
ehedem vorgezeichnete Berufskarrieren unmöglich macht:
Politische und gesellschaftliche Stigmatisierung und lang-
jährige Haftstrafen schneiden den Weg zurück ab. Kühnen
(miß)interpretiert die Situation als Strategie der Flucht
nach vorne: Er beginnt sich als Führer, als Desperado zu
fühlen, der die bürgerliche Gesellschaft um so mehr verachtet, je mehr diese ihn verfolgt. Dieser Zirkel dauert bis
an sein Lebensende.
- *Drittens*: Vor allem Teile der Medien und der politischen
Justiz sind objektiv mitverantwortlich dafür, daß der im
Jahr 1977 Zweiundzwanzigjährige in eine Karriere hineingetrieben wird, aus der es für ihn später offenbar keinen
Ausweg mehr gegeben hat. Die Medien, ohnehin fasziniert
vom visuell sichtbaren, personalisierbaren Fortleben des
Nationalsozialismus, praktizieren ein Arbeitsbündnis mit
Kühnen, das diesen einerseits stigmatisiert und politisch-
moralisch verurteilt, andererseits aber auch zum Medien-
star macht, seiner Arbeit Öffentlichkeit verleiht, die Akzeptanz bei seinen Anhängern vergrößert und die Gegner
dauerhaft auf den Plan ruft. Kühnen war noch kurz vor seinem Tod in der Lage, durch entsprechende Pressearbeit

sich selbst und seinen »Kameraden« eine öffentliche Bedeutung zu verschaffen, die er real nie hatte.*

Wenn es überhaupt eine zeithistorische Bedeutung Kühnens
gibt, so liegt sie wohl am ehesten darin, daß ihm gegenüber
verschiedene öffentliche Kontrollinstanzen dieser Gesellschaft
durch seine Provokationen eine spezifische Facette der deutschen politischen Kultur offenbart haben: Dramatisierung,
Verharmlosung und moralische Empörung prägen die mas-
senmedialen Darstellungen, die auf diese Weise einmal mehr
bestätigt haben, daß die »Normalisierung« der NS-Vergan-
genheit noch weit entfernt zu sein scheint. Die politische Justiz hingegen hat ihn zum Staatsfeind aufgewertet. Auch hier
spielen, so scheint es, Motive aus den tiefgreifenden Unter-
schichten des kollektiven Bewußtseins eine bedeutsame Rolle:
Die Justiz, der es bis weit in die siebziger Jahre an demokratischer Selbstreinigungskraft bekanntlich gefehlt hat, benutzt
Kühnen, um sich desto nachdrücklicher von jeglichen historischen NS-Verstrickungen freizusprechen.

Kühnen hat eine Lebenslüge dieser Gesellschaft in dra-
stischer und dramatischer Weise vorgeführt. Nicht erst seit
»Hoyerswerda«, sondern seit Jahren gab und gibt es autori-
tär-vordemokratische, fremdenfeindliche und antisemitische
Einstellungs- und Verhaltensweisen. Die empirischen Befunde sprechen eine eindeutige Sprache. Allerdings: Nur an
den Stammtischen, in den Alltagsdiskursen, den Diskriminierungen von Ausländern am Arbeitsplatz offenbart sich
der Rassismus, nicht aber in den öffentlichen Selbstdarstel-
lungen der Politik und ihren Institutionen. Dort wird die Realität des Alltags-Rassismus weitgehend tabuisiert, verharm-
lost, weggeredet. Kühnen hat dieses Tabu gebrochen, indem
er in radikalster Weise die Fremdenfeindlichkeit in Deutsch-

* Am 21. 1. 1991 meldet der Hörfunk des Hessischen Rundfunk in einem Maga-
zinbeitrag von U. Holler/R. Fromm, die Gruppe um Michael Kühnen werde 500
Freiwillige aufbringen, um die Streitkräfte des irakischen Diktators Saddam Hussein im Krieg gegen die UN-Truppen zu unterstützen. Grundlage ist ausschließlich
ein Interview mit Kühnen, aus dem Auszüge gesendet werden. Die Wahrhaftigkeit
und Glaubwürdigkeit der Meldung ist in keiner Weise überprüft worden, die nicht
offen erkennbare Absicht der Autoren pendelt zwischen (unglaubwürdiger) Information und kalkulierter moralischer Empörung der Hörer.

land zu Ende denkt – in der Forderung nach Wiederzulassung der NSDAP. Dagegen hat sich die Gesellschaft über ihre Institutionen erwehrt, indem sie ihn zum Außenseiter macht, ihn buchstäblich isoliert und ausgrenzt aus dem angeblichen »Konsens der Demokraten«. Aber: Mögen Kühnens Methoden auch weithin inakzeptabel sein, zeigen nicht die von kollektiven Sympathien begleiteten militanten Ausschreitungen gegen Ausländer, daß Kühnens Denken eben durchaus Strömungen aus der Mitte der Gesellschaft nahesteht?

Scientology-Aussteiger berichten

Aussteiger aus der Scientology-Organisation verbindet mit politischen Aktivisten wie Michael Kühnen auf den ersten Blick kaum etwas, denn die Interessenten an Scientology sind nicht politisch motiviert, sondern sie wollen ihr persönliches Leben verändern, ihre Fähigkeiten weiterentwickeln oder auch eine persönliche Krise überwinden. Sie sind nicht politisch motivierte »Täter«, sondern eher »Opfer« persönlicher Lebensumstände, die sie dazu bringen, Lebenshilfe nachzufragen. Ihre Motive kann man nicht fundamentalistisch nennen. Trotzdem ist es hilfreich, scientologische Biographien hier aufzunehmen. Der Kern des Fundamentalismus bei Scientology (im folgenden: SC) zeigt sich erst in späten biographischen Phasen, weil, wie wir im nächsten Kapitel sehen werden, der Anspruch auf radikale, ja fundamentalistische Weltveränderung von SC nur bei den internen Eliten unter halb konspirativen Bedingungen artikuliert wird. Eine scientologische Karriere ist deshalb als ein schrittweiser Weg in den Fundamentalismus zu betrachten, als ein biographischer Prozeß, der sehr viel stärker als der politische Fundamentalismus *innerhalb* des gesellschaftlichen Systems abläuft.

Die erst seit wenigen Jahren verstärkt veröffentlichten Berichte von ehemaligen Scientologen sind, wie es Ursula Caberta, Leiterin der »Arbeitsgruppe Scientology« bei der Hamburger Innenbehörde, zu Recht formuliert hat, »eine der

Hauptinformationsquellen über Scientology und deren unterschiedliche Gruppen« (Caberta, 1994, S. 22). Aufgrund ihrer Authentizität versprechen die vorliegenden Erfahrungsberichte ehemaliger Scientologen vertiefte Einblicke in die Struktur der SC, ihre alltägliche Praxis und die möglichen Folgen für die Betroffenen. Vor allem den Informationen ehemals hochrangiger, langgedienter SC-Aussteiger, die verstärkt seit Beginn der neunziger Jahre an die Öffentlichkeit gehen, lassen sich bemerkenswerte Aufschlüsse entnehmen.*

Die Mitgliedschaft in SC unterscheidet sich von politisch motiviertem Fundamentalismus in einem zentralen Punkt: Es geht zunächst nicht darum, die Welt zu verändern, sondern darum, die eigene Persönlichkeitsstruktur weiterzuentwickeln. SC rekrutiert nicht nur Freiwillige. In perfider Art und Weise werden auch Menschen unter Druck gesetzt, die keinerlei eigenständige Motivation zum Besuch von SC-Kursen haben: Mitarbeiter von Firmen, die von Scientologen geleitet werden, müssen, um ihren Arbeitsplatz zu behalten, SC-Kurse besuchen. Angaben über Fluktuation und dauerhafte Rekrutierung in diesem subtilen Bereich liegen nicht vor. Die Dänin Susanne Elleby, Mitarbeiterin einer Reinigungsfirma, berichtet über einen Fortbildungskurs, den sie

---

* Zu nennen sind hier insbesondere Träger (1993), Potthoff (1994), Young (1995) und die bislang ausführlichste Autobiographie bei Voltz (1995).
Gunther Träger, geb. 1950, Geschäftsführer und Alleingesellschafter einer Frankfurter Werbeagentur, von April 1976 bis September 1977 Referent von Helmut Kohl und dessen Nachfolger Bernhard Vogel in der Mainzer Staatskanzlei, war zwanzig Jahre Mitglied bei SC. Er war Mitbegründer der SC-Drogenhilfe Narconon und erreichte einen der höchsten Qualifikationsgrade bei SC: sogenannter »Operierender Thetan« (OT) der Stufe fünf. Im September 1991 ist er aus der SC ausgetreten.
Norbert J. Potthoff, geb. 1948, 1981 bis 1985 Mitglied und Mitarbeiter im Topmanagement bei SC.
Robert Vaughn Young, geb. 1939, gehörte bis zu seinem Ausstieg 1989 mehr als zwanzig Jahre der SC an. Er ist einer der ranghöchsten Aussteiger. Seit 1973 gehörte er dem Sekten-eigenen Geheimdienst, dem »Guardians Office« in Los Angeles an und war Pressesprecher. In einem Fernseh-Interview berichtete er über den Anspruch der SC auf eine Weltherrschaft durch Infiltration von Politik und Geschäftswelt, vgl. Live aus dem Alabama, Hessen 3, 30. 10. 1995.
Tom Voltz, geb. 1955, Unternehmensberater, war zwanzig Jahre Mitglied bei SC und beruflich mit der Organisation verbunden. Er war Auditor, Kursleiter und OT der Stufe fünf.

auf Druck der Firmenleitung besuchen sollte, aber auch darüber, daß der Kurs im Dianetik-Zentrum ihr gut gefallen habe, denn »die Leute waren so freundlich. Mein Chef ermunterte mich: Du wirst erfolgreicher sein und dich besser fühlen. Und so war es auch« (in: Focus 7/1997, S. 51). Die Einstiegsphase in scientologische Karrieren unterscheidet sich, abgesehen vom subtilen Drängen scientologisch geführter Unternehmen, kaum von anderen Angeboten des Psychomarktes. Erst später wird den SC-Anhängern die totalitäre Struktur der Organisation und deren umfassender politischer und antidemokratischer Anspruch bewußt. Ihre Erfahrungen und Deutungen sind durchaus unterschiedlich, doch ein Vergleich der vorliegenden Erfahrungsberichte verweist auf ein biographisches Verlaufsmuster, das in vier Phasen unterteilt werden kann.

Die erste ist gekennzeichnet durch das Bewußtsein einer individuellen Lebenskrise und durch das Bedürfnis nach Lebenshilfe, nach Gesprächspartnern, nach der Verbesserung der eigenen Situation, zumindest aber von der Offenheit für entsprechende Angebote. Aufgeschlossen für SC sind vor allem jüngere, an Fortbildung grundsätzlich interessierte Menschen, deren Unzufriedenheit mit ihren persönlichen und den allgemeinen Verhältnissen ein gewisses Ausmaß an Verunsicherung und Orientierungslosigkeit hervorgebracht hat, woran Organisationen wie SC anknüpfen können. Nach allen zur Verfügung stehenden Materialien sind nicht religiöse Motive ausschlaggebend für den Entschluß, SC-Kurse zu belegen. Potthoff berichtet von Unzufriedenheit »mit mir selbst, mit meiner Frau, mit meiner Position im Leben« (1994, S. 21). Voltz begründet seine interessierte Offenheit für SC mit seiner generellen Bereitschaft zum kulturellen und religiösen Experimentieren im Zuge der Jugendbewegung Ende der sechziger und zu Beginn der siebziger Jahre (1995, S. 17 ff.). Ihn prägen idealistische Motive, das Interesse an persönlicher Entwicklung, der Wunsch nach Geborgenheit und nach einer Philosophie, die Antworten auf Sinnfragen bereitstellt.

Von einer ähnlichen Motivlage berichtet Gunther Träger, der 1968 im Alter von achtzehn Jahren zu SC findet. Obwohl an seiner Schule im baden-württembergischen Wertheim allenfalls eine »Minirevolution« denkbar erscheint, fühlt er sich stark beeinflußt vom kulturellen Aufbruch im Umfeld der Studentenbewegung. Dieser hatte nach seiner Einschätzung zwei unterschiedliche jugendliche Lebensstile zur Folge: »Die Studentenbewegung brachte nicht nur die Vielfalt der K-Gruppen, Sozialreformer und Feministinnen hervor, sie kultivierte auch die sexuelle Befreiung, die Drogenszene, die Selbstfinder- und Psychobewegungen. Diese neuen Lebensstile spalteten sich in zwei Hauptgruppen. Die einen befanden, die diagnostizierte gesellschaftliche Krise müsse durch revolutionäre Systemveränderung von oben herab überwunden werden. Die anderen meditierten, einer gesellschaftlichen Gesundung müsse die individuelle Veränderung vorausgehen. Erst den neuen Menschen schaffen, dann die neue Gesellschaft. Und die letztgenannten begannen mit Vehemenz, sich selbst zu perfektionieren. Psychogruppen und -therapien überzogen das Land. Sensitivity-Trainings, Psychodrama, Urschreitherapie, Yoga, Bioenergetik, Fußreflexzonenmassage, autogenes Training, Tantra, Transaktionsanalyse und transzendentale Meditation – die Rudimente dieser Epoche findet man noch heute in den Veranstaltungskatalogen deutscher Volkshochschulen« (Caberta/Träger, 1997, S. 16).

Der Kontakt zu SC erfolgt entweder über persönliche Bekanntschaften zu SC-Mitgliedern, von denen man geworben wird, über Zeitungsinserate oder über SC-Werber auf der Straße, die zu einem »Persönlichkeitstest« einladen, der dann angebliche Defizite im Verhaltens- und Kommunikationsbereich aufzeigt, die man durch Belegen von Kursen beheben könne. Bei Träger stellte den Kontakt ein Realschullehrer her, der im selben Ruderclub Mitglied war wie Träger. Der Lehrer bot mentale Hilfe an, nachdem Träger im Jahr 1968 bei einem Ruderwettkampf eine bittere Enttäuschung erlebt hatte: »Er kenne da etwas, was aus Amerika käme. Eine Methode, die entwickelt worden sei, Gute besser zu machen, Erfolgreiche noch erfolgreicher, kurzum die letzten fehlenden Reserven der Psyche zu aktivieren und uns wieder zu Siegertypen zu machen. Das Ganze sei in einem Wochenendkurs

zu bekommen, und er könne es vermitteln. Wer den Adrena-
linkick in der Sekunde des Sieges kennt, wer das Glücksge-
fühl des Gewinners trotz völliger körperlicher Verausgabung
erlebt hat und wer den Entzug dieser natürlichen Endorphine
durchleben mußte, der kann sich meine Reaktion auf dieses
Angebot vorstellen. Der Kurs mußte her, sofort« (Caberta/
Träger, 1997, S. 20). Damit ist für Träger eine Bindung an SC
hergestellt, die so oder ähnlich auch von anderen beschrieben worden ist.

Nicht nur ein dynamischer jugendlicher Idealismus oder
eine Lebenskrise öffnen Zugänge zur SC, sondern auch eine
eher undramatische Aufgeschlossenheit von Jugendlichen
und jungen Erwachsenen. So berichtet eine 23jährige Psy-
chologie-Studentin lapidar, ihr sei nach dem »Persönlichkeitstest« klar geworden, »daß ich bei Scientology mein Leben verbessern (kann), um familiär und im Studium besser
dazustehen« (Valentin/Knaup, 1992, S. 12). Eine andere ehemalige Scientologin wird von Verwandten auf die guten Erfahrungen mit SC hingewiesen, Eheprobleme erleichtern den
Einstieg, und die Erfolge lassen auch nicht lange auf sich war-
ten: »Mir half dieser einfache Kurs zunächst, unbefangener
auf Menschen zuzugehen. Freunde und Kollegen bestätigten
mir häufiger, daß ich mich positiv verändert hätte« (in: Herrmann, 1994, S. 35).

In der zweiten Phase erfolgt die Anbindung an das System
Scientology, indem die Geworbenen teure Kurse belegen, deren Erfolg vom Besuch weiterer Kurse abhängt. »Die Brücke
zur völligen Freiheit« nennt SC das stufenweise aufeinander
aufgebaute Kurssystem, das mit Zertifikaten abgeschlossen
wird, ergänzt durch eine Fülle von Heimkursen, Videocasset-
ten usw.* Erste Erfolge stellen sich ein. Das Erlernen und Beherrschen von Kommunikationstechniken und das probe-
weise Durchstehen schwieriger Gesprächssituationen führen
zu mehr Selbstsicherheit. Zeit, Aufmerksamkeit, Anerkennung, lebenswichtige kommunikative Ressourcen, die viele

---

* Vgl. die Übersicht »Die Brücke zur völligen Freiheit«, Beilage zu: Was ist Scientology?, Kopenhagen 1993

Einsteiger zuvor vermißten, werden jetzt in der Gruppe reichlich und regelmäßig vergeben und tragen das ihre zum Bewußtsein des Erfolgs bei. Obwohl genauere Daten nicht vorliegen, kann davon ausgegangen werden, daß in dieser zweiten Phase die Entscheidung fällt über den Ausstieg aus der »SC-Karriere« oder ob der Weg nun fest angebunden an die SC weiterverläuft.

»Im Prinzip«, erinnert sich Potthoff (1994, S. 33), »kann man den Hubbard-Kult nur in den ersten Wochen wieder verlassen. Hat man erst einmal das harte Kommunikationstraining absolviert, hat man gelernt, in dieser neuen Sprache zu denken und zu fühlen, dann ist der Weg nach draußen so hart und beschwerlich, daß man lieber drinnen bleibt.« Geradezu euphorische Phasen begleiten den weiteren Weg in die SC, es habe Spaß gemacht, so Potthoff, »am Projekt einer ›neuen Zivilisation‹ mitzuarbeiten« (Potthoff, 1994, S. 28). Träger hingegen verbleibt einige Jahre bei SC, verfolgt dann aber private und berufliche Ziele. Erst nach einigen Jahren findet er den Weg eher zufällig zurück. Nicht zufällig ist der Zeitpunkt. Der Konkurs seiner Firma ebnet den Wiedereinstieg, aber auch der persönliche Ehrgeiz, die scientologische »Brücke zur Freiheit« weiter zu verfolgen, vom »Clear« hinauf zu den Stufen des »Operierenden Thetan«.

Die dritte Phase ist geprägt von einer sich entwickelnden Identifizierung mit den Methoden und Zielen der SC einerseits und einer relativen Abschottung und Isolierung von der bisherigen sozialen Umwelt andererseits. Alle vorliegenden Biographien schildern übereinstimmend die sukzessive Vereinnahmung durch das Kurssystem, gruppeninternen Anpassungsdruck, Ködern durch Aufgabenzuweisung bis hin zu einer Festanstellung als Mitarbeiter. Das Sich-Einfügen in totalitäre Strukturen mit dem Anspruch, sie allein seien der richtige und einzig denkbare Weg, bedeutet das Ausschalten von Kritik und Zweifeln und gleichzeitig eine erhöhte Distanz zur bisherigen sozialen Umwelt. Berichte über Scheidungen und Kontakt-Abbrüche im bisherigen Freundeskreis belegen die Tendenz zur Selbstisolierung.

Dadurch wird ein Zirkel in Gang gesetzt: Höhere Bindung

an die Organisation bedeutet Kommunikationsabbrüche im bisherigen personalen Umfeld. Die dadurch bewirkte Isolation erhöht nun wiederum das Bedürfnis nach SC als »Ersatzfamilie«. »Mehr und mehr wurde ich«, so Potthoff (1994, S. 23), »zum Mittelpunkt meiner eigenen Vorstellungen, die sich dem scientologischen Weltbild annäherten, bis am Ende dann meine Persönlichkeit voll dem Hubbardschen System angepaßt war.«

In den biographischen Aufzeichnungen ehemaliger Scientologen wird die vierte, die Ausstiegsphase als die schwierigste und widersprüchlichste geschildert. Der nach eigenen Angaben eher abrupte, spontane Austritt, wie ihn Träger für seinen Fall schildert, scheint eher die Ausnahme (Träger, 1993). Er führt für sich rationale Gründe an: »Die kriminellen Machenschaften..., die politischen Unterwanderungsversuche, die miesen Moralvorstellungen, die unerträgliche Kinderbehandlung, der Mißbrauch gläubiger Idealisten für niedere Zwecke, das willkürliche Bestrafungssystem, das alles war mir zuwider, und ich beschloß, jetzt endgültig Scientology zu verlassen« (Caberta/Träger, 1997, S. 154).

Der Bruch mit der SC als Organisation und als Ideologie vollzieht sich in aller Regel allmählich, voller Selbstzweifel und mit Phasen einer Hin- und Hergerissenheit. Einige Fälle des versuchten und des vollendeten Suizids sind Endpunkte eines komplexen Lösungsprozesses (vgl. Herrmann, 1994, S. 35 ff.). Die Ausstiegsmotive sind durchaus verschieden. Zu ihnen gehören äußere Motive wie Einflüsse SC-kritischer Personen oder SC-kritischer Literatur, überwiegend jedoch sind es interne, auf die SC-Praxis bezogene Gründe. Für Potthoff waren es schwer lösbare Konflikte am Arbeitsplatz in der SC, das unabweisbare Gefühl, mißbraucht zu werden, die den Ausstieg einleiten (Potthoff, 1994, S. 28 ff.). Für Voltz sind es interne Mißstände, der Absolutheitsanspruch der totalitären SC-Ideologie, der SC-intern von Hubbard angewiesene Psychoterror gegenüber Kritikern und Abweichlern und mangelnde Fähigkeit zur Selbstkritik in den Reihen der SC, die ihn zu einem schmerzhaften Abnabelungsprozeß veranlassen (Voltz, 1995, S. 29 ff.).

Betrachtet man die Stationen von SC-Aussteigern unter einem systematischen Gesichtspunkt, so fällt ihre geringe Originalität auf. Zwar ist SC eine originäre Ideologie, doch die biographischen Muster der Dissidenten ähneln jenen, die aus Karrieren in extremistischen Organisationen bekannt sind. Biographische Analysen jugendlicher Neonazis haben die Dynamik von idealistischer Einstiegsmotivation im Umfeld persönlicher und allgemeiner Unzufriedenheit, Anbindung und Verfestigung an die Organisation bei gleichzeitiger gesellschaftlicher Isolierung und einen schwierigen Ablöseprozeß weitgehend ohne soziale Auffangnetze deutlich nachweisen können. Ähnliche biographische Verlaufsmuster zeigen sich bei den sogenannten K-Gruppen und bei terroristischen Karrieren. Selbst bei öffentlich weniger stigmatisierten und ausgegrenzten Polit-Sekten sind diese Merkmale prägend für die politische Sozialisation. Ein ehemaliges ICLC-Mitglied (EAP, Patrioten für Deutschland usw.) bilanziert sechzehn Jahre Engagement für diese Gruppe mit den Stichworten Realitätsverlust in einer autarken Welt mit eigenen Regeln, Überhandnehmen von Verschwörungstheorien und Denken in Freund-Feind-Kategorien, Personenkult und spezifischer Parteijargon und einer gruppendynamischen totalitären Selbstüberhöhung, die an die Gruppe bindet und den Ausstieg erschwert (Beyes-Corleis, 1994).

Der gravierendste Unterschied dieser Vergleichsgruppen liegt darin, daß ehemalige Neonazis wie auch ehemalige Linksextremisten und die Anhänger anderer Polit-Sekten sich selbst vor, während und nach ihrer aktiven Zeit in den jeweiligen Organisationen als politische Subjekte verstehen, SC-Dissidenten jedoch allenfalls in einem eher indirekten Sinn. Umgekehrt muß diese Differenz jedoch relativiert werden, denn auch bei den extremistischen Gruppen spielen persönliche Motive für die Aktivisten eine bedeutende Rolle, so daß persönliche und politische Motive schwer zu trennen sind. Im Hinblick auf die Auswirkungen zeitweiliger Aktivitäten bei SC auf der einen und extremistischen Gruppen auf der anderen Seite für die weitere Sozialisation der Betroffenen kann jedoch ein vergleichbares Ergebnis festgestellt werden: Sie erleben ihre Zeit bei den jeweiligen Organisationen als Lebensphase der Ent-Demokratisierung, der Beherrschung und Zurichtung durch totalitäre Strukturen, als eine radikale Einschränkung ihrer persönlichen Freiheit, und sie erleben die Organisationen selbst rückblickend als demokratiefeindliche, gefährliche, und auf sie selbst bezogen durchaus »nachtragende«, sie noch im nachhinein verfolgende Akteure.

Interessante Rückschlüsse auf die totalitären, gewalttätigen Praktiken von SC erlaubt der publizistische Umgang mit Aussteigern. SC wirft einem von ihnen »wahnhafte Vorstellungen« vor (in: Freiheit, hrsg. von der Scientology-Kirche, 1995, S. 23), einem anderen in aggressiver und herabwürdigender Weise finanziellen, moralischen und geistigen Bankrott und korrupte Gesinnung (ebd., S. 17).

Die schwierige individuelle Ablösung aus fundamentalistischen Gruppen umfaßt neben solchen konkreten Verfolgungsmaßnahmen der Gruppen und der ständigen Angst davor die Wahrscheinlichkeit einer tiefen Krise der persönlichen Identität. Die Trennung von der Gruppe wird nicht immer als ein unmittelbarer Akt der Befreiung erlebt. Selbstzweifel, ein schlechtes Gewissen und die Angst vor dem Verlust einer schützenden Gemeinschaft sind durchaus typische Aussteiger-Syndrome. Rollenbeziehungen müssen abgebrochen werden, ein neues, auffangendes soziales Netzwerk ist kaum in Sicht und muß selbst erarbeitet werden; die Angst, als Verräter dazustehen, und nicht zuletzt das Eingeständnis, versagt und Jahre verschenkt zu haben, können sich zum Bild einer persönlichen Niederlage gravierenden Ausmaßes verdichten. An diesem Punkt ist die Gesellschaft insgesamt auch im eigenen Interesse gefordert, dauerhaft Rückkehrchancen offenzuhalten und entsprechende soziale Infrastruktureinrichtungen angemessen auszustatten.

VI.

Das Beispiel Scientology

Ende Oktober 1997 veranstaltete SC in Berlin eine Demonstration für Religionsfreiheit in Deutschland. Rund 3000 Anhänger waren gekommen, um gegen die angebliche Verfolgung religiöser Minderheiten, vor allem SC selbst, zu protestieren. Trotz beachtlicher Resonanz in den Medien blieb unklar, ob hier das letzte Aufgebot sich gegen den drohenden Untergang zur Wehr setzte oder ob SC der Unterwanderung des Berliner Immobilienmarktes nun durch eine spektakuläre Aktion Nachdruck verleihen wollte. Macht und Ohnmacht von SC sind auch nach jahrelangen Debatten kaum wirklich geklärt. Zahllosen Berichten über wirtschaftlichen Einfluß in den Immobilien- und Unternehmensberatungsbranchen stehen Meldungen gegenüber, die von schweren inneren Krisen sprechen. Folgt man Bekenntnissen von Aussteigern und Informationen der Verfassungsschutzbehörden, so kennzeichnen Ende 1997 zurückgehende Mitgliederzahlen, demotivierte Mitarbeiter und eine wachsende Gruppe Abtrünniger den desolaten inneren Zustand von SC in Deutschland (Focus 44/1997, S. 52 ff.). Sollte die anhaltende Publizität, von der sich SC den Durchbruch erhofft hatte, sich gegen die Organisation selbst gerichtet haben?

Wohl kaum eine Sekte, neue Religionsgemeinschaft, Psychogruppe hat in den zurückliegenden Jahren jemals soviel öffentliche Aufmerksamkeit entfacht wie SC in den neunziger Jahren. Prozesse vor obersten Gerichten, Beschlüsse der Innen- und der Ministerpräsidentenkonferenzen, die den Bewegungsradius von SC einengen, der Einsatz von Verfassungsschutzbehörden zunächst in einigen Bundesländern, seit 1997

202

dann auch auf Bundesebene, und die Einrichtung einer Enquête-Kommission des Deutschen Bundestages, Solidaritätserklärungen für SC von der Hollywood-Filmbranche und sehr unterschiedliche Auffassungen von Kennern prägen diese Debatten. Einer Umfrage des Forsa-Instituts von Ende 1996 zufolge haben die öffentlichen Kontroversen SC zwar bekannt gemacht, aber dem Image erheblichen Schaden zugefügt. 79 Prozent der Befragten hielten SC für gefährlich, nur zwei Prozent meinten, es handele sich um eine Kirche. Eine Mehrheit plädiert für staatliche Abwehrmaßnahmen (Die Woche, 22. 11. 1996, S. 2).

Es scheint einige gute Gründe dafür zu geben, daß SC sehr heftige Reaktionen auslöst. Im Gegensatz zu anderen Sekten ist SC ein international operierender Wirtschaftskonzern mit erheblichen finanziellen Mitteln. Die damit gegebene ökonomische Macht provoziert die Frage nach der Richtung, in der sie perspektivisch eingesetzt wird. Wirtschaftliche und politische Macht von Unternehmen als solche ist unter kapitalistischen Bedingungen nichts Besonderes. Doch SC ist kein gewöhnlicher Erwerbsbetrieb, sondern eine Weltanschauungsgemeinschaft, die ihre Anhänger und die Gesellschaft verändern will.

Dies wirft die Frage auf nach der Richtung, in der die ökonomische Macht in politische umgesetzt werden soll. Die Zeiten dafür sind günstig. Der Konzern profitiert von der Säkularisierung der Gesellschaft, der Entkirchlichung des Glaubens und den in den neunziger Jahren noch ausgeprägteren Marktstrukturen für neue Religionen, Lebensberatung und Selbsterfahrung. Herkömmliche religiöse Sekten operieren am Rande der Gesellschaft und haben den Status des Außenseitertums. Der Tradition des Fundamentalismus der Weltabgeschiedenheit folgend, begeben sich nicht wenige freiwillig in diese gesellschaftliche Position, andere werden hineingedrängt. Anders SC: Sie spricht jeden an, der Interesse an seiner persönlichen Weiterentwicklung äußert, und sie operiert im Unternehmens-Consulting vor allem in den Dienstleistungsbranchen. Sie wirbt mit erfolgreichen Schauspielern und Künstlern, die zu SC gehören, und bewegt sich im

Zentrum moderner Gesellschaften. Es sind gerade populäre Schauspieler wie Tom Cruise oder John Travolta und Künstler wie Chick Corea, die Erfolg symbolisieren und den Anschein erwecken, Zugehörigkeit zu SC bedeute weder Außenseitertum noch die Aufgabe der persönlichen Identität, noch den Bruch mit dem persönlichen Umfeld.

Die geschickten Werbestrategien von SC vernebeln überdies auch die gesellschaftspolitischen Ziele und reduzieren das Unternehmen letztlich auf das individuelle Glücksstreben, mithin eine hochattraktive Ressource, die von traditionellen Institutionen immer weniger befriedigt werden kann. Der Egozentrismus in Gesellschaften mit hochverdichteten Wettbewerbs- und Leistungsideologien kann vom traditionellen Bildungssystem offenbar kaum bedient werden. Es produziert die Selektion von Begabungen und weist mehr oder weniger Chancen auf dem Arbeitsmarkt zu durch Vergabe von Zertifikaten, und es vermittelt natürlich kulturelle Grundqualifikationen. Doch die individuelle Pflege des Ego, das therapeutische Sich-Kümmern um den einzelnen und die ganz persönliche Botschaft des Fortkommens in eigener Sache kann es immer weniger befriedigen. In diese Marktlücke stoßen Unternehmen wie SC.

Die öffentliche Auseinandersetzung mit SC in Deutschland wurde entscheidend beflügelt von Vermutungen, die im Verlauf der Debatte zur Gewißheit wurden: SC verfolgt politische Zielsetzungen, und diese sind kaum vereinbar mit einer demokratischen und liberalen Gesellschaft. Das herkömmliche Deutungsschema, das für religiöse Sekten bereitsteht, wurde zerstört, indem immer deutlicher wurde, daß es SC keineswegs um das individuelle Wohlergehen der Anhänger geht und sich die Organisation nicht darauf beschränkt, mehr oder minder fragwürdige Perspektiven für den einzelnen anzubieten. Sogar die kirchlichen Sektenbeauftragten, die von einem politischen Blickwinkel lange Zeit nichts wissen wollten, meinen nun, man habe es hier mit einem auch politisch gefährlichen Gegenüber zu tun (Bartels, 1996).

Der Bonner Philosoph Hans Michael Baumgartner hat eine der bemerkenswertesten Gesamteinschätzungen von SC vorgelegt. Er untersucht deren weltanschauliche Grundlagen und verknüpft sie mit dem Orientierungsmuster des idealtypischen SC-Aktivisten. »Aus der Sicht der Scientologen«, schreibt Baumgartner (1992, S. 133), »ist die Welt zum Untergang verurteilt. Ihrem Selbstverständnis nach hat Hubbard als Gründer der Scientology den einzig möglichen Weg zur Rettung der Welt gefunden. Dieser Weg besteht in einem scientologischen Training und Auditing, im Überleben der Scientology als einer geschlossenen Organisation und Kirche sowie in der Herrschaft der Scientology über den ganzen Planeten Erde. Eines der immer wiederkehrenden Stichworte in diesem Zusammenhang heißt ›Clearing the planet‹, die ›Klärung‹ und dadurch die Errettung des Planeten Erde.« Hier finden sich nahezu sämtliche Merkmale des modernen Fundamentalismus: apokalyptische Weltdeutung, Heilsgewißheit, Führerglaube, Ausschließlichkeitsanspruch. Baumgartners Einschätzung liest sich wie viele andere über moderne Sekten, ja sie könnte als paradigmatisch zur Einschätzung fundamentalistischer Sekten vom Typus der intendierten »Weltbeherrschung« gelten.

In den Debatten über SC, die in den neunziger Jahren in Deutschland heftig geführt werden, sind jedoch Argumente vorgebracht worden, die viele Fragen aufwerfen. Handelt es sich überhaupt um eine Religion oder eine Kirche? Ist SC als Wirtschafts- und Dienstleistungsunternehmen, das Fortbildungs- und Managementkurse anbietet, überhaupt eine Sekte? Was ist das Politische, das Gefährliche daran?

Bei näherer Betrachtung entpuppt sich SC als ein weltweit operierender Konzern. Nach neueren eigenen Angaben werden die Dienste der sogenannten Scientology-Kirche in 2475 Kirchen, Missionen und Organisationen in 107 Ländern der Welt angeboten (Freiheit, 1995, S. 25), hauptsächlich in den USA, Kanada und Europa. Damit hat die von dem ehemaligen Science-Fiction-Autor L. Ron Hubbard durch sein Standardwerk »Dianetik« (zuerst erschienen 1950) begründete Lehre, die angeblich »ein neues Zeitalter der Hoffnung für die Menschheit einläutete« (Was ist Scientology?, S. 130), einen bemerkenswerten, aber keineswegs ungebremsten weltweiten Aufschwung erlebt.

In den USA genießt SC seit 1993 die Anerkennung als Religionsgemeinschaft und damit Steuervorteile. Vorausgegangen war ein jahrzehntelanger Kampf um die Steuerbefreiung, nachdem 1967 eine zuvor gewährte Steuerbefreiung von den Finanzbehörden zurückgenommen worden war. 1984 verweigerte der US-Finanzgerichtshof die Steuerbefreiung mit dem Argument, SC verfolge im wesentlichen kommerzielle Zwecke. Warum die Steuerbehörden 1993 ihre Meinung änderten, ist nicht bekannt. Tatsache bleibt aber, daß die vielbeschworene Religionsfreiheit für SC in den USA erst seit wenigen Jahren gilt. Im übrigen entscheiden die Finanzbehörden nicht über den religiösen Status, sondern darüber, ob kommerzielle Aktivitäten die spirituellen überwiegen oder nicht.

In Frankreich hingegen ist sie als solche nicht anerkannt. In Griechenland wurde sie Ende 1996 mit der Begründung verboten, von ihr gehe eine Gefahr für die öffentliche Sicherheit und Ordnung aus, es handele sich um eine totalitäre Organisation; sie verfolge Ziele, die den Menschen erniedrigen. Als in den siebziger Jahren in der Bundesrepublik eine Vielzahl der sogenannten neuen Jugendreligionen entstanden, wurde zunächst auch SC in dieses Umfeld eingeordnet. Michael Mildenberger, Referent in der Stuttgarter Evangelischen Zentralstelle für Weltanschauungsfragen, schrieb 1979, offenbar wachse das Bedürfnis, »durch emotionale Lockerungsübungen den gesellschaftlichen und individuellen Panzer aufzusprengen und zu einem intensiven Leben zu kommen; oder, umgekehrt, sich durch Psychotraining zum kontaktfrohen, selbstbewußten Erfolgsmenschen zu entwickeln« (Mildenberger, 1979, S. 180). Totale Freiheit von Beschränkungen, Unsterblichkeit der Seele, Beherrschung von Raum, Zeit und Materie – dies seien faszinierende Ziele. Zur gleichen Zeit wiesen schon Sachverständige wie der kämpferische Pfarrer und Sektenbeauftragte Friedrich-W. Haack darauf hin, daß das Versprechen der totalen Freiheit durch die totale Knechtschaft und Unterwerfung der Anhänger unter das SC-Regime bitter bezahlt werden müsse (Haack, 1980).

Die Expansion von SC in Deutschland schritt in den siebziger Jahren zügig voran, zunächst unter unverfänglichen Namen wie »College für angewandte Philosophie« oder auch »Dianetic College«. In den Jahren 1970 bis 1974 wurden – ausgehend von den USA – die ersten SC-Niederlassungen in der Bundesrepublik gegründet, in München (1970), Heilbronn (1973), Hamburg (1973) und Frankfurt (1974). In der Bundesrepublik verfügt SC heute nach eigenen Angaben über einen Mitgliederbestand von 30000 Personen, wobei ungeklärt ist, was unter Mitgliedschaft eigentlich zu verstehen ist. Handelt es sich um alle, die Interesse bekundet haben und in Karteien erfaßt sind, oder um dauerhafte Teilnehmer an Kursen? Wie wird Dauerhaftigkeit definiert? Wie hoch ist die Fluktuation? Schätzungen wie die des SC-Aussteigers Gunther Träger, der davon ausgeht, daß 40 bis 50 Prozent der Aktivisten zu Beginn der siebziger Jahre heute nicht mehr dabei sind (Träger, 1993, S. 92), bringen in dieser Frage wenig Licht ins Dunkel.

Gegenwärtig ist die Einschätzung von SC als einer »neuen Jugendreligion« zurückgedrängt zugunsten anderer Sichtweisen und Bewertungen. Seit Mitte der achtziger Jahre wird SC in der Fachliteratur wahrgenommen als eine Organisation, die unter dem Deckmantel der Religion bestrebt ist, expansiv in die Führungszirkel der Wirtschaft vorzudringen. Dem ehemaligen Scientologen Norbert Potthoff zufolge hat sich die Kampagne »Clear Germany« »zum Ziel gesetzt, Deutschland vollständig unter die Kontrolle von Scientology zu bringen. Deutschland wird als ›Schlüsselposition‹ für den Erfolg weltweit gewertet. Man muß daher mit einer weiteren Expansion rechnen, wobei man sich ganz besonders auf die Wirtschaft und auf soziale Bereiche, Schulen und Polizei konzentriert« (Potthoff, 1993, S. 109).

Die 1989 durch den Fall der Mauer eröffneten Expansionschancen nach Mittel- und Osteuropa machen Deutschland – so ein anderer ausgestiegener, ehemals hochrangiger SC-Funktionär – zu einem wichtigen Stützpunkt für den Zugang nach Osten (Young, 1995). Die These einer wirtschaftlich, ideologisch und politisch motivierten, strategisch angelegten Unterwanderung entscheidungsrelevanter Schlüsselstellen in Politik, Gesellschaft und Wirtschaft zieht sich, wie wir weiter unten sehen werden, wie ein roter Faden durch die neuere kritische Literatur über SC. Zu dieser veränderten Wahrnehmung beigetragen haben Entwicklungen in der SC-Organisation selbst, aber auch ein gestiegenes politisches, publizistisches und staatliches Interesse an der Theorie und Praxis von SC.

Staatliche Stellen haben sich vielfach kritisch über SC geäußert. Der Innenminister-Konferenz zufolge stellt sich die SC-Organisation »gegenwärtig den für Gefahrenabwehr und Strafverfolgung zuständigen Behörden der inneren Verwaltung als eine Organisation dar, die unter dem Deckmantel einer Religionsgemeinschaft Elemente der Wirtschafts-Kriminalität und des Psychoterrors gegenüber ihren Mitgliedern mit wirtschaftlichen Betätigungen und sektiererischen Einschlägen vereint. Der Schwerpunkt ihrer Aktivitäten scheint im Bereich der Wirtschaftskriminalität zu liegen.«* Nach Ansicht der nordrhein-westfälischen Landesregierung »ist die ›Scientology-Kirche‹ in Wahrheit ein Wirtschaftskonzern, der sich mit einem weltanschaulichen Mantel umgeben hat, in erster Linie jedoch handfeste wirtschaftliche Ziele verfolgt; Hauptzweck der Vereinigung ist die Erzielung von möglichst viel Gewinn. Es handelt sich zudem um eine ideologisch ausgerichtete, zentral gesteuerte und auf dem Prinzip von Befehl und Gehorsam beruhende Organisation, deren Menschenbild und Rechtsbewußtsein ausschließlich von den Gedanken Hubbards geprägt ist.«** Und für Bundesfamilienministerin Claudia Nolte steht fest: »Scientology vereint unter dem Deckmantel einer Religionsgemeinschaft Elemente der Wirtschaftskriminalität und des Psychoterrors gegenüber ihren Mitgliedern mit wirtschaftlichen Betätigungen und sektiererischen Einschlägen« (Bundesverwaltungsamt, 1996, S. 3).

Die Bayerische Staatsregierung hat im Oktober 1995 ein-

---

* Ständige Konferenz der Innenminister der deutschen Länder, Der Vorsitzende, Innenminister Alwin Ziel, Brandenburg, Pressemitteilung vom 6. 5. 1994
** Antwort der Landesregierung auf die Große Anfrage 16 der Fraktion der F.D.P., Landtag Nordrhein-Westfalen, Drucksache 11/5275 vom 2. 4. 1993: Scientology-Organisation – sozial schädlich und auf wirtschaftliche Interessen ausgerichtet?

schneidende Maßnahmen angekündigt. Nach einem Zwölf-Punkte-Katalog sollen der Verkauf von Büchern und ähnliche Aktivitäten als Gewerbe angemeldet, die Straßenwerbung untersagt und SC-Organisationen steuerlich genauer überprüft werden. Des weiteren soll die Einhaltung von Arbeitsschutz und gesundheitsrechtlichen Bestimmungen ebenso überprüft werden wie die korrekte Abführung von Sozialversicherungsbeiträgen. Gesetzliche Maßnahmen, verstärkte Öffentlichkeitsarbeit und die Beobachtung durch den Verfassungsschutz sieht Bayern als weitere denkbare Möglichkeiten, um gegen SC vorzugehen. Bewerber für den öffentlichen Dienst werden dort nach einer Mitgliedschaft bei SC befragt.

Die mittlerweile verbreitete These eines profitorientierten Konzerns, der die Kunden ausbeutet und mißbraucht, zielt mit guten Gründen auf die moralische und ethische Delegitimation von SC. Doch sie läßt die Frage der Verfassungsfeindlichkeit offen, weil sie SC nicht als politische Organisation betrachtet. Gemessen an der Rechtsprechung des Bundesverfassungsgerichts in den Urteilen zur SRP (1952) und zur KPD (1956) und im Hinblick auf die Extremismus-Forschung in der Bundesrepublik kann die mögliche Verfassungsfeindlichkeit von Organisationen erst dann ins Auge gefaßt werden, wenn es sich um eine Organisation handelt, die politische Zielsetzungen verfolgt.

SC selbst versteht sich nicht als politische Organisation, legt bei diesem Selbstverständnis allerdings einen sehr engen Politikbegriff zugrunde. »Scientology ist unpolitisch«, heißt es in einem Flugblatt.* Doch im selben Text wird bekräftigt, »daß die Scientologen das Ziel haben, diese Erde von Wahnsinn, Krieg und Verbrechen zu befreien und eine bessere Welt zu erschaffen, in der Vernunft und Frieden vorherrschen«. Nun könnte eingewendet werden, solche allgemeinen und plakativen Zielsetzungen seien nicht politisch im engen Sinne, schließlich wolle jede beliebige Sekte die Welt verändern und habe somit auch politische Vorstellungen.

---

* Fakten aktuell, hrsg. von der Bürgerinitiative MUT, o. J. (wurde im September in Frankfurt/Main auf der Straße verteilt), S. 8

Doch SC geht einen Schritt weiter und gibt Selbsteinschätzungen darüber, wie und wo ihre Ideologie praktiziert wird. In einer neueren Werbebroschüre über den Gründer L. Ron Hubbard heißt es: »Auf einem seiner anderen Forschungsgebiete entwickelte und kodifizierte L. Ron Hubbard eine Verwaltungstechnologie, die derzeit von mehr als viertausend Organisationen auf der ganzen Welt angewandt wird, darunter auch multinationale Konzerne, Wohlfahrtseinrichtungen, politische Parteien, Schulen, Jugendclubs und Hunderte von Kleinunternehmen« (Hubbard, 1995, S. 6f.). Eine offenere politische Zielsetzung als diese ist schwer vorstellbar. Auch wenn man die Übertreibungen solcher Eigendarstellungen in Rechnung stellt, belegen organisationsbezogene »Verwaltungstechnologien«, die sich eben nicht nur auf den einzelnen beziehen, sondern auf Konzerne, Parteien und Wohlfahrtseinrichtungen, einen selbst eingeräumten politischen Anspruch. »Das Ziel der Abteilung für Regierungsfragen ist«, heißt es in einer Richtlinie Hubbards, »die Regierung und feindliche Philosophien oder Gesellschaften in einen Zustand vollständiger Gefügigkeit mit den Zielen der Scientology zu bringen« (Die Zeit, 7. 2. 1997, S. 10). SC verfolgt expressis verbis politische Zielsetzungen, ohne daß die Organisation die konventionellen Wege der Teilnahme am politischen Wettbewerb beschreitet. Eine Ursache dafür läßt sich hier andeuten: SC ist aus Gründen der Refinanzierung auf die Marktgesetze, auf die Angebots- und Nachfragestrukturen der neuen Religionen und Psychokulte angewiesen. Ein erklärter und direkter Wechsel in den »politischen Markt« könnte die Einnahmequellen des Psychomarktes gefährden und damit die Existenz von SC bedrohen.

Würde man versuchen, »Scientology« zu definieren, so könnte man eine ideologische, eine organisatorische und eine politische Ebene unterscheiden. Auf dem ideologischen Feld versteht sich SC als Religionsgemeinschaft, auf der organisatorischen als Kirche und politisch eher indifferent. Politische Absichten sind verstreut über eine Vielzahl von Schriften. SC beansprucht als »angewandte religiöse Philosophie« »wirksame Lösungen für die dringlichsten Probleme der Gesellschaft, wie Drogenmißbrauch, Kriminalität, Schul- und Bildungsnotstand und den Verfall moralischer Wertvorstellungen« (Was ist Scientology?, S. XI). Dagegen wäre nichts einzuwenden, wenn nicht SC sich als einzige überhaupt denkbare Lösung präsentieren würde. SC oder Weltuntergang, Dianetik oder Apokalypse – auf diese simplen Alternativen reduziert sich die Selbstdarstellung von SC. »Die Geschichte ist zu einem Wettlauf geworden zwischen der Dianetik und dem Untergang. Die Dianetik wird ihn gewinnen, wenn genügend Menschen ihr folgen«, heißt es in einem Flugblatt des Dianetic College Frankfurt aus dem Jahr 1981, unter der wenig erfreulichen Überschrift »Atomkrieg? Atomtod? Neutronentod?«

Zahlreiche ernstzunehmende Kritiker haben in der nun gut zwanzigjährigen, an Kenntnissen und Intensität zunehmenden Debatte über SC mit guten Gründen die SC-Selbstdarstellung kritisiert. Von »Psychosekte« ist die Rede, von SC als »Wirtschaftskonzern«, der die Anhänger ausbeutet und Teile der Institutionen aus politischen Gründen unterwandert, von »Milliardenumsätzen mit einem Kult um Macht und Geld« (Augstein, 1995). Aus der Sicht von Renate Hartwig, einer der hartnäckigsten Kritikerinnen, ist SC »staatlich geduldeter, von der Justiz nicht verfolgter, von Prominenten, Künstlern und Medien verharmloster Terror« (Hartwig, 1994, S. 15).

Norbert J. Potthoff, ein sehr überlegt argumentierender ehemaliger Scientologe, hat diese Zusammenhänge differenzierter vorgetragen: Demnach hat sich seit dem Tod des Gründers L. Ron Hubbard (1986) eine grundlegende Wandlung der SC vollzogen »von einer lose geführten Gruppe von Idealisten und Laien hin zu einer straff und autoritär geführten Polit-Sekte«. Der Hubbard-Nachfolger Miscavige vertrete ein »totalitär-politisches Konzept«, das Potthoff in die historische Nachfolge der großen totalitären Bewegungen dieses Jahrhunderts stellt: »Nach Bolschewismus (Proletarier aller Länder vereinigt euch) und Nationalsozialismus (Vormachtstellung der arischen Rasse) erleben wir im Hubbardismus eine erneute politische Bewegung des Elitemenschen

(Übermenschen unter uns), in der nur das Recht des Stärkeren gilt« (Potthoff, 1993, S. 44).

An anderer Stelle hat Potthoff die politische Zielsetzung von SC nachdrücklich hervorgehoben: »Scientology hat in den letzten dreißig Jahren ein weltweites Netzwerk aufgebaut. Das geht über Australien, Asien, Südamerika, Mittelamerika, Nordamerika, Europa, und dieses Netzwerk wird systematisch weiter ausgebaut, um auch politische Macht anzustreben. Scientology hat um 1980 herum eine Umwandlung erfahren. Hubbard wurde entmachtet, und das neue Management bemüht sich seither, mit einem totalitären System, wie es Scientology darstellt, auch politische Macht zu erlangen. David Miscavige in der Führungsspitze träumt von der Weltherrschaft. Das Ziel, das Menschen auf dieser Ebene vor Augen haben, ist mit den Zielen der Leute wie Hitler oder Hussein oder Stalin vergleichbar. Sie sind einfach besessen von der Idee, Macht über Menschen und deren Leben zu haben. Geld spielt da nur noch eine sekundäre, mittelbare Rolle« (Potthoff, 1994a, S. 5).

SC in der Debatte um Psychokulte, religiöse Sekten und modernen Fundamentalismus

In den 26 Jahren ihres Bestehens in Deutschland hat sich unter veränderten gesellschaftlichen Rahmenbedingungen eine breiter gewordene öffentliche Auseinandersetzung mit der SC entwickelt. Sie findet statt auf den Ebenen des Journalismus (Presse und Sachbücher), der Erfahrungsberichte von Aussteigern und Beratungsstellen, parlamentarischer Anfragen, der Rechtsprechung, verschiedener internationaler veröffentlichter und unveröffentlichter Gutachten und – vergleichsweise spät – auf der Ebene philosophischer und religionswissenschaftlicher Essayistik. Schwerpunkte waren und sind weiterhin vor allem der Aspekt »Jugendreligion«/Psychokult, die Praxis des »Auditing« unter medizinischen, psychotherapeutischen und psychoanalytischen Gesichtspunkten, aber auch – verstärkt seit Beginn der neunziger Jahre – die wirt-

schaftlichen Verflechtungen, die Frage der strategisch angelegten Infiltration entscheidungsrelevanter gesellschaftlicher
Teilbereiche, die innerorganisatorische Ausdifferenzierung,
Netzwerkbildung und die damit verbundenen Strategien und
verschiedene ideologiekritische Aspekte. Fragen nach den
politischen Zielen der SC spielen erst seit wenigen Jahren eine
zunehmend bedeutsamere Rolle.

In den siebziger Jahren entstand in der Bundesrepublik
eine Fülle neuartiger religiöser Sekten und sektenähnlicher
Zusammenschlüsse. »Vereinigungskirche«, »Hare Krishna«,
»Transzendentale Meditation« und die Baghwan-Bewegung
zählen zu den bekanntesten. Recht frühzeitig wird in der Literatur auch SC in diesen Zusammenhang gebracht (Mildenberger, 1979; Haack, 1980). Der Begriff der »Jugendsekten«
verweist auf den gesellschaftlichen Hintergrund der zu Beginn der siebziger Jahre sich in vielfältigste Gruppierungen
auflösenden Studentenbewegung und die in diesem Kontext
verbreitete Position eines Hintanstellens der Gesellschafts-
veränderung zugunsten einer Veränderung des eigenen Subjekts. Die in den siebziger Jahren anlaufende Debatte über
einen »neuen Lebensstil« verzahnt noch die politischen Erfahrungen des Scheiterns der Studentenbewegung mit dem
Bewußtsein einer ökologischen Krise der Gesellschaft und
versucht auf diese Weise, Politik und Alltagsverhalten aufeinander zu beziehen. Diverse Psychokulte und religiöse Bewegungen treten jedoch ohne politischen Anspruch auf. Sie
konzentrieren sich auf eine Veränderung des Subjekts und
bilden den organisatorischen Hintergrund für das neue Para-
digma der »Selbsterfahrung«.

Die gesellschaftlichen Bedingungen für eine breite Akzeptanz von Organisationen wie SC sind in den siebziger Jahren gegeben. Das gesellschaftliche Krisenszenario, das dem
neuen Individualismus und später den neuen sozialen Bewegungen zugrunde lag, beschrieben Brand/Büsser/Rucht als
modernitätskritische »eschatologische Endzeiterwartungen,
›no-future‹-Stimmungen einer neuen ›lost generation‹, rückwärtsgewandte politische Romantik sowie mystischen Eskapismus« (Brand/Büsser/Rucht, 1983, S. 19).

Aus der im Jahr 1981 erschienenen Shell-Jugendstudie läßt sich etwas in Erfahrung bringen über soziale Mentalitäten und Strömungen unter Jugendlichen und jungen Erwachsenen Ende der siebziger Jahre. Demnach schätzten mehr als die Hälfte der Jugendlichen ihre Zukunftserwartungen als düster ein, sie glaubten nicht mehr an einen quasi-selbstverständlichen Fortschritt. »Aber auch die traditionellen Ziele der Gesellschaft«, heißt es in dieser Studie, »haben ihre allgemeine Verbindlichkeit verloren. Viele Bewegungen – vor allem getragen von Jugendlichen – stellen diese Ziele in Frage und suchen nach Alternativen (Verhältnis von Natur und Technik, Weiterentwicklung der Zivilisation, basisdemokratische Ansätze als Herausforderung der repräsentativen Demokratie usw.)« (Jugendwerk, 1981, S. 14).

An derartigen sozialen Mentalitäten konnten Ideologieunternehmen wie SC nahtlos andocken. Das Bedürfnis nach Selbsterfahrung und Forderungen nach einem »neuen Lebensstil« boten verbreitete Motivbündel und gesellschaftliche Hintergründe für Psycho-Kulte und neue Religionen. Die Anhänger der neuen Sekten und Psycho-Kulte hatten großteils die Phase der studentischen Protestbewegung durchlaufen und betrachteten die Suche nach der eigenen Identität als folgerichtige Konsequenz aus diesen Erfahrungen. Dieser Zusammenhang ist heute zerbrochen. SC rekrutiert ihre Anhänger nicht mehr in Kreisen jugendlicher Protestströmungen, sondern vorzugsweise in den Chefetagen und bei jenen »Erfolgreichen«, die noch erfolgreicher sein wollen, idealerweise bei den besonders »dynamischen« Funktionseliten in den wirtschaftlichen Wachstumsbranchen des tertiären Sektors. Die neuere Diskussion über die religiösen Sekten sucht daher nach Erklärungen, die dem veränderten gesellschaftlichen Resonanzfeld Rechnung tragen.

Am ehesten scheint das theoretische Modell der Individualisierung geeignet, die Bereitschaft zum Engagement in unkonventionellen Organisationen zu erklären (vgl. Eiben, 1993). Demnach ist die moderne Gesellschaft gekennzeichnet von einer Pluralisierung der Orientierungen und der Lebensstile auf der einen und von einer nachlassenden Bindekraft der Institutionen, auch der Kirchen, auf der anderen Seite. Der einzelne ist gleichsam »freigesetzt« aus den Zwängen der traditionellen Bindungen und heute in einer Situation umfassender Wahlmöglichkeiten in allen Lebensbereichen. Auch die religiösen – oder als religiös auftretenden – Deutungsangebote sind von dem Prozeß der Pluralisierung und Individualisierung betroffen. Einerseits verlieren sie zunehmend ihre Stamm-Klientel, andererseits erfreuen sie sich aber auch eines erheblichen Zulaufs, weil sie in einer unklaren, unüberschaubaren Situation pluralisierter Meinungsbilder eindeutige und klare Orientierung versprechen. Die christlichen Kirchen verlieren dabei zusehends an Boden – ablesbar an den seit Jahren ansteigenden Zahlen der Kirchenaustritte –, während neuartige Angebote zunehmend getestet werden oder auch dauerhaft neue Anhänger finden können.

Der neben der Individualisierungstheorie überzeugendste Erklärungsansatz findet sich in den Debatten über den modernen Fundamentalismus. Absolut gesetzte Prinzipien, Erkenntnisgewißheit und geschlossene Weltbilder erscheinen als weltweite Antworten auf die Ungewißheiten und Risiken der modernen Welt. Zweifel, Erkenntnisvorbehalte, diskursive Infragestellung eigener Positionen sind dem Fundamentalismus fremd. Er pocht in hermetisch abgeriegelten weltanschaulichen Gemeinschaften auf Ausschließlichkeit und Alleingültigkeit der eigenen Werte und des eigenen Weges. Meyer spricht für die Bundesrepublik von der Existenz eines lebensweltlichen, eines kulturellen (z.B. »New Age«) und eines politischen Fundamentalismus (z.B. die »Öko-Fundis«; vgl. Meyer, 1989, S. 263).

Jugendsekten ordnet Meyer in den Bereich des lebensweltlichen Fundamentalismus ein. Dennoch könne man, so Meyer zu Recht, diese Trennungen nicht eigentlich aufrechterhalten, denn: »All diese Gruppen verfügen über ein rettendes Prinzip, das das Heil für die Menschheit birgt. Wer Mitglied einer Gruppe wird, schließt sich einer geretteten Familie an, die von einem rettenden Meister gelenkt und geleitet wird. Alle Gruppen verfügen über ein in sich geschlossenes Weltbild oder ein fest abgeschlossenes Glaubenssystem. Es deutet und erklärt die Welt insgesamt und die Bedeutung des Lebens des einzelnen in ihr. Diese Deutung enthält stets auch ein Heilsversprechen, das Rettung und Erlösung allen verheißt, die diese Weltanschauung annehmen und nach ihren Geboten handeln. Jede dieser Weltanschauungen beansprucht jeweils gegen alle übrigen Ausschließlichkeit. Sie reduziert die Komplexität und Widersprüchlichkeit der Welt samt all ihren konkurrierenden Deutungen auf einen manichäischen Dualismus von Heil und Unheil, Gut und Böse, Freund und Feind. Widersprüche in der eigenen Position oder der der anderen werden geleugnet oder verdrängt. So bleibt jede Auseinandersetzung mit den Spannungen, Konflikten und Unebenheiten der Realität den Anhängern erspart. Die Gruppen sind immer in höchstem Maße hierarchisch aufgebaut, mit dem über alle erhabenen Führer an der Spitze. Abhängigkeitshaltung und strikte Unterordnung, die immer verlangt werden, verschaffen aber gleichzeitig die Teilhabe am Auserwähltheitsbewußtsein der Gruppen« (Meyer, 1989, S. 266).

Folgt man dieser Definition, so lassen sich daraus zwei Thesen ableiten: Zum einen gibt es eine Reihe von Gemeinsamkeiten, ja mehr noch – einen absolutistischen Kern aller fundamentalistischen Strömungen, zu denen Gruppen wie SC zu rechnen sind. Zum anderen wird durch diese theoretischen Gemeinsamkeiten eine weitere Schnittmenge deutlich. Aus den Diskussionen über den politischen Extremismus sind Definitionen, wie sie Meyer für den Fundamentalismus vornimmt, nicht unbekannt. Kennzeichnungen des modernen politischen Extremismus könnten von einer Reihe der Merkmale für den Fundamentalismus profitieren – im Hinblick auf die Hermetik der Weltanschauung, das Führerprinzip und die Heilsgewißheiten. Wir werden auf diesen Zusammenhang später noch eingehen.

Gerade weil die neuen Psycho- und Religionskulte der siebziger Jahre das Postulat einer radikalen Veränderung der Gesellschaft verkehren in ein Programm der Selbstbefreiung des einzelnen, erscheinen sie häufig als unpolitisch, obwohl die Fundamentalismus-Debatte nachdrücklich auf den politischen Kern der »Jugendsekten« verweist. Das Versagen der Integrationskraft der Institutionen, zumal der christlichen Kirchen, wird weiterhin häufig als Ursache der Attraktivität der Sekten ausgemacht, ebenso wie ein gescheiterter Identitätsfindungsprozeß von Jugendlichen und ein eher allgemeines »Unbehagen an der Moderne« und am Fortschritts- und Leistungsdenken der Gesellschaft.

Zahlreiche Elterninitiativen bemühten sich in den siebziger Jahren – häufig in Zusammenarbeit mit den Kirchen – ihre Söhne und Töchter aus den Sekten herauszuholen und sie in ein normales Leben zu reintegrieren (Mildenberger, 1979, S. 238 ff.). Heute sind diese Intitiativen politischer geworden, indem sie nicht mehr nur die individuelle Befreiung ihrer Kinder aus den Fängen der Sekten betreiben, sondern dafür plädieren, Organisationen wie SC als politisch gefährlich zu begreifen. SC sei, so bilanziert Müller die neueren gesellschaftlichen Reaktionen auf SC, »ein soziales, ein politisches System, das aufgrund seiner antidemokratischen Intentionen mit den Grundwerten unserer Gesellschaft unvereinbar ist« (Müller, 1994, S. 177). Protestbewegungen gegen SC beziehen sich zunehmend auf diese Ausgangsthese und agieren nicht mehr nur in Kooperation mit kirchlichen Stellen unter der Leitidee der Rückgewinnung verlorengegangener Kinder, sondern mit den modernen Mitteln von Bürgerinitiativen und Aktionsbündnissen gegen eine als politisch gefährlich eingeschätzte Sekte.

Einige Beispiele vermögen die Veränderungen im Umgang mit Sekten wie SC zu illustrieren. Das 1990 entstandene Hamburger Aktionsbündnis gegen SC versammelt alle demokratischen Parteien und weitere Gruppen, betreibt Vernetzungen und Öffentlichkeitsarbeit im Interesse einer »entschlossenen Abwehr von aggressiven Systemen«, um die gemeinsamen Werte der Gesellschaft zu verteidigen (Westphal, 1994, S. 168).* Das Beispiel des Dorfes Hoisdorf nahe

* Vgl. auch den Zwischenbericht der Arbeitsgruppe Scientology über die Aktivitäten der Scientology-Organisation (Bürgerschaft der Freien und Hansestadt Hamburg, Drucksache 15/4059, Anlage), S. 7

Hamburg zeigt, wie Bürgerinitiativen in politisch-präventiver Weise Projekte der SC bereits im Ansatz verhindern. Ein dort geplantes SC-Internat für Kinder wurde aufgrund von Bürgerprotesten nach Informationsabenden, Unterschriftensammlungen und Öffentlichkeitsarbeit verhindert. Nach mehr als einjährigen Auseinandersetzungen nahm SC von dem Vorhaben des Internats in Hoisdorf Abstand (Birnstein, 1994). Anfang der neunziger Jahre bildeten sich in Hamburg und Berlin Mieterinitiativen, die öffentlichkeitswirksam gegen die von SC-Firmen betriebene Umwandlung von Miet- in Eigentumswohnungen protestierten (Der Spiegel 20/1995, S. 82 ff.). Ein drittes Beispiel beleuchtet die mittlerweile zahlreichen Aktivitäten gegen SC aus den demokratischen Parteien heraus. Im November 1993 veranstaltete die Junge Union Deutschlands (JU) das »1. Wormser Scientology Tribunal«. Neben Analysen und Empfehlungen verabschiedet es ein Thesenpapier. Es zeigt in aller Deutlichkeit, daß SC heute immer weniger als »Psychokult« oder religiöse Sekte wahrgenommen wird und immer deutlicher als politische Organisation. Zur allgemeinen Einschätzung von SC heißt es in den Thesen, SC sei »eine totalitäre, antidemokratische Bewegung mit staatsfeindlichen Zielen. Sie ist eine neue Form organisierter Kriminalität. Diese Sprachregelung wird für alle Arten von Veröffentlichungen empfohlen« (Junge Union, 1993). Die Junge Union Nordrhein-Westfalen zog 1996 nach und forderte in mehreren Beschlüssen eine Beobachtung von SC durch den Verfassungsschutz, da SC eine verfassungswidrige Organisation sei (Junge Union, 1996).

Diese neuen Debatten und Aktionen gegen SC gehen von einer theoretisch wie auch politisch sehr bedeutsamen Annahme aus: SC versucht, durch die Strategie der Infiltration Teile von Wirtschaft und Gesellschaft systematisch zu unterwandern und für eigene politische Zwecke umzufunktionieren.

Zum politischen und wirtschaftlichen Einfluß

In der jüngsten Diskussion über SC spielt die Frage des Einflusses dieser Organisation und Ideologie in der Wirtschaft eine zunehmend bedeutsamere Rolle. Er ist schwer meßbar, doch SC selbst hat allen Anlaß gegeben, über die Strategie der Infiltration nachzudenken. Ein internes Bulletin mit dem Titel »Was wir von einem Scientologen erwarten« ruft die Mitglieder auf, Schlüsselpositionen in Wirtschaft, Handel und Verwaltung zu erobern, etwa »die Position als Vorsitzende des Frauenverbandes, als Personalchef einer Firma, als Leiter eines guten Orchesters, als Sekretärin des Direktors, als Berater der Gewerkschaft – irgendeine Schlüsselposition«; die Mitglieder werden weiterhin aufgefordert, eine Stellung in der Nähe von Führungspersonen zu suchen (Die Zeit, 7. 2. 1997, S. 10).

Hermann berichtet von einem SC-internen Plan zur »Übernahme der deutschen Wirtschaft«, der auf vier strategischen Punkten basiert: Gezielte Auswahl des Unternehmens, Werbung des oder der höchsten Repräsentanten, Ausschaltung von Gegnern und Einführung in die SC-Praxis des Auditierens (Hermann, 1994, S. 114.).*

Von Billerbeck/Nordhausen berichten über zahlreiche Weltfirmen, die – SC-Angaben zufolge – bereits Kurse von SC bezogen haben, darunter Honeywell, Motorola, General Motors, Ford, Renault, Volkswagen und Shell (v. Billerbeck/Nordhausen, 1994, S. 150).

Wichtiger scheint allerdings das gezielte Infiltrieren von mittelständischen Unternehmen. In den Bereichen Bauunternehmen, Computer, Werbeagenturen, Unternehmens- und Personalberatung und Immobilien hat SC – folgt man den vorliegenden detaillierten Schilderungen** – zweifellos Fuß

* Augstein, 1995, berichtet über eine WISE-interne Richtlinie. Sie sieht vor: »Die Übernahme der Wirtschaft auf der gesamten Welt durch die Scientology, indem die LRH-Verwaltungstechnologie in jeder Firma der Welt vollständig eingeführt wird, ob es sich um Scientologen handelt oder nicht.«
** Vgl. dazu mit zahlreichen, teils übereinstimmenden Beispielen v. Billerbeck/Nordhausen (1994), Hartwig (1994), Hermann (1994) und Knaup (1992)

gefaßt. Schätzungen zufolge arbeiten in Deutschland 150 Unternehmen nach scientologischen Prinzipien, überwiegend in den Wirtschaftsräumen Hamburg, Stuttgart und München (Knaup, 1992, S. 84). Auch aus Politik und Verwaltung werden Fälle öffentlich: Die Leiterin der Akademie des Handwerks bei der Handwerkskammer Hamburg wurde als Scientologin »geoutet« (Knaup, 1992, S. 89), zwei FDP-Abgeordnete der Hamburger Bürgerschaft standen in engen geschäftlichen Beziehungen zu SC (Hermann, 1994, S. 107).

Branchenspezifisch scheint der SC-Einfluß im Bereich des Immobilienhandels und hier vor allem im Markt der Umwandlung von Miet- in Eigentumswohnungen zu wachsen. Gemessen an den Wirtschaftsräumen Hamburg und Berlin hat der Einfluß von SC in diesem Sektor beträchtliche Ausmaße angenommen. Einem Zeitungsbericht zufolge werden – nach Auskunft des Berliner Mietervereins – mittlerweile rund ein Drittel aller in Berlin angebotenen Eigentumswohnungen von SC-nahen Firmen zum Verkauf angeboten (Nordhausen, 1995). Die Hamburger »Arbeitsgruppe Scientology« hat über ähnliche Vorgänge in Hamburg ebenso berichtet wie über entsprechende Gegenaktionen von Makler- und Mietervereinigungen und der Handelskammer.*

Die Attraktivität der SC-Ideologie bei Meinungsführern und höherrangigen Managern im Bereich der Wirtschaft liegt auf der Hand. SC bietet letztlich kapitalistische, rücksichtslose Durchsetzungsstrategien, die das Geld-Machen vereinfachen und angeblich Wege aufzeigen, alle dabei möglicherweise auftretenden Störfaktoren auszuschalten. Das SC-Kurssystem »verknüpft spirituelles Wohlergehen mit krass-kapitalistischem Profitstreben« (Augstein, 1995). Insofern spricht SC besonders jene wirtschaftlichen Eliten an, die expansiv orientiert sind, aber gleichzeitig ein Orientierungssystem und eine Rechtfertigung benötigen, um ihr Expansionsstreben ungehindert von jeglichen sozialen Zugeständnissen durchzuführen. Der Bedarf an modernen Schlüsselqualifikationen wie

---

* Mitteilung des Senats an die Bürgerschaft (Bürgerschaft der Freien und Hansestadt Hamburg, 15. Wahlperiode, Drucksache 15/4059), S. 5

Kommunikation und sozialen Kompetenzen insgesamt ist im Zuge der Entwicklung zur Dienstleistungsgesellschaft ein generelles Merkmal der Dienstleistungsbranchen, die von Beratung und Verkauf leben. SC bietet hier ein entsprechendes Angebot und offeriert darüber hinaus auch therapeutische Ansätze, die sich gezielt an Einzelpersonen richten. Effizienz der Arbeit, Kommunikation, Produkte und sich selbst besser verkaufen – hier liegen die Schnittmengen zwischen Unternehmensbedürfnissen und SC-Angeboten. Wenn die Zusammenarbeit schiefgeht, dann sorgen Angst und Verschwiegenheit dafür, daß darüber wenig bekannt wird. Aus Angst vor einem möglichen Imageschaden einzelner betroffener Unternehmen gelangten Versuche der Infiltration selten an die Öffentlichkeit, heißt es in einer wirtschaftsnahen Publikation (Branahl/Christ, 1994). Die möglichen Folgen werden dort wie folgt beschrieben:

- Psychische Deformation der Mitarbeiter,
- bis zum Ruin verschuldete Mitarbeiter,
- erpreßbare Mitarbeiter,
- Wirtschaftsspionage und Veruntreuung,
- Illoyalität, Begünstigung im Amt, unlauterer Wettbewerb,
- Verstöße gegen die Verschwiegenheitspflicht.

Gerade in den engagierten, journalistischen, faktenreichen Darstellungen (v. Billerbeck/Nordhausen, 1994; Hartwig, 1994) wird immer häufiger gefragt: Folgen die Beziehungen in den Bereich von Wirtschaft und Verwaltung den Regeln marktkonformer betriebswirtschaftlicher Expansion mit dem Ziel der Profitmaximierung, oder folgen sie einer politisch motivierten Strategie der Unterwanderung und der Infiltration? Sind sie Selbstzweck oder nur Mittel zum Zweck? Hartwig betont, die Wirtschaft sei »Hauptangriffsziel der Organisation, die über die wirtschaftliche Potenz an die Schaltstellen der Macht gelangen will«. Geld sei kein Selbstzweck, »vielmehr soll die wirtschaftliche Macht den Weg zu einem höheren Ziel ebnen: der politischen Macht. Mit deren Hilfe will Scientology einen totalitären Überwachungsstaat errichten« (Hartwig, 1994, S. 9f.). In der Tat hat SC die Beziehungsstruktur zur Wirtschaft institutionell neu geordnet.

Hinweise dazu finden sich in der Debatte über das 1979 von SC gegründete World Institute of Scientology Enterprises (WISE). Über WISE soll die scientologische Doktrin in die Geschäftswelt eingeführt werden. Firmen und Einzelpersonen können die WISE-Mitgliedschaft erwerben und auf diese Weise das Standardprogramm der SC-Unternehmensführung und Mitarbeiterfortbildung in die Praxis umsetzen. Die Führungsebene von WISE hat darüber hinaus die gesellschaftspolitische Aufgabe, die, wie es ein hochrangiger Funktionär beschrieben hat, »Verwaltungstechnologie von L. Ron Hubbard in Spitzenunternehmen ihres Landes, anderen Vereinigungen, Gemeinden, Ländern und Regierungen einzuführen« (Bundesverwaltungsamt, 1996, S. 28). Potthoff zufolge leitet diese Entwicklung »den Übergang von Scientology (Religion) zum Hubbardismus (Politik) ein« (Potthoff, 1993, S. 101). In einer SC-Selbstdarstellung lesen wir im Kapitel über WISE:

> »Wenn die heutige Geschäftswelt und Regierungen die grundlegenden Prinzipien der Organisation und Verwaltung verstehen würden und kompetent nutzen könnten, wären sie in der Lage, etwas gegen das wirtschaftliche Chaos zu unternehmen, anstatt es aufrechtzuerhalten. ... Geschäfte können wachsen, Regierungen weise regieren, und die Bevölkerung kann ohne wirtschaftlichen Druck leben. Mit der Verwaltungstechnologie von L. Ron Hubbard sind die Ziele, die der Gesellschaft so lange vorenthalten waren, erreichbar geworden« (Was ist Scientology?, S. 449).

In dieser Eigenwerbung wird die Expansion des SC-Programms ausdrücklich nicht auf den Bereich der Wirtschaft beschränkt, sondern die Regierungen und damit die politischen Machtzentren werden in die Strategie einbezogen. Es geht folglich nicht nur um eine unpolitische, betriebsbezogene Steigerung der Effizienz mit allen Mitteln, sondern um ein Programm, das im Prinzip auch gesellschaftliche und politische Bereiche anvisiert. Wirtschaftliche und gesellschaftspolitische Expansion gehen Hand in Hand.

Die Beratungstätigkeit der Schutzgemeinschaft »Robin Direkt e.V.« in der Wirtschaft ist ein Hinweis auf die Infiltrationsversuche von SC und den steigenden Beratungsbedarf, um sich der SC angemessen zu erwehren (Hartwig, 1994). Inzwischen werden Unternehmen und Verbände auch präventiv tätig und versuchen, bereits im Vorfeld Geschäftsbeziehungen zu SC zu verhindern. So empfiehlt beispielsweise die Koblenzer Handwerkskammer ihren Mitgliedsbetrieben, besonders bei Weiterbildungsangeboten, Unternehmensberatungen und Kursangeboten von den Anbietern eine schriftliche Versicherung zu fordern, daß diese keine Beziehungen zu SC pflegen.* Der Ring Deutscher Makler-Bundesverband wies 1995 in einem Beschluß darauf hin, daß »die Arbeitsweise nach L. Ron Hubbard mit den RDM-Standesregeln für Makler und Hausverwalter nicht vereinbar ist« (Bundesverwaltungsamt, 1996, S. 30).

Spekulationen über den tatsächlichen Einfluß von SC in der Wirtschaft schießen schon deshalb ins Kraut, weil bisher kaum über Einzelfälle hinausweisende empirische Informationen vorliegen. Eine im Jahr 1996 durchgeführte schriftliche Befragung von 426 Unternehmen in Baden-Württemberg kam zu dem Ergebnis, daß die scientologische Infiltration nicht überschätzt werden sollte. Über ein Drittel der Befragten gab an, von einer zumindest versuchten Übernahme von Unternehmen durch SC zu wissen, so daß die Aktivität von SC auf diesem Sektor durchaus bemerkenswert ist (Schenk, 1996, S. 35). Doch SC trifft auf eine weitverbreitete Ablehnungsfront, denn das Image von SC bei den Befragten ist überaus negativ. Weniger als ein Prozent hatten eine gute, zwölf Prozent weder eine gute noch eine schlechte Meinung, und die überwältigende Mehrheit gab an, eine schlechte Meinung über die Organisation zu haben (Schenk, 1996, S. 34).

Entsprechend konsequent beabsichtigen die Betriebe mit leitenden Angestellten zu verfahren, die versuchen, scientologische Technologien im Unternehmen zu verbreiten. Mehr als 90 Prozent gaben an, eine Trennung von diesen Mitarbei-

* Vgl. den Zeitungsbericht »Maßnahmen treffen. Scherhag: Gegen Scientology vorgehen«, in: Westerwälder Zeitung, Nr. 279, v. 1. 12. 1995, S. 26

tern in die Wege zu leiten. Allerdings hatte sich nur ein Viertel intensiv mit der Thematik Scientology beschäftigt, gut die Hälfte nur am Rande und ein Fünftel noch gar nicht.

Im Widerspruch zum negativen Image steht die Zukunftsprognose der befragten Unternehmer: Zwei Drittel meinten, in zehn Jahren werde der Einfluß auf die Wirtschaft größer sein als heute. Schenk fragte auch nach den geeigneten Gegenmaßnahmen in Politik und Gesellschaft. Die baden-württembergischen Unternehmen gaben einer öffentlichen inhaltlichen Auseinandersetzung Priorität. Eine intensive Aufklärung über die Aktivitäten von SC wurde am häufigsten genannt, gefolgt von der Forderung nach Aktionen der Kammern und Wirtschaftsverbände, einem Werbeverbot in den Medien, dem Entzug der Vereinsrechte, der Beobachtung durch den Verfassungsschutz und einem Verbot.

Hinweise auf eine Gefährdung des demokratischen Rechtsstaates

SC ist seit ihrer Gründung in Deutschland im Jahr 1970 öffentlich wahrgenommen und eingeordnet worden in den Umkreis religiös inspirierter Jugendsekten, die im Gefolge des Jugendprotests Ende der sechziger Jahre nun nicht mehr primär die Gesellschaft verändern wollten, sondern erst einmal die Person und das Ich. In den siebziger und achtziger Jahren kreiste die Diskussion über SC vor dem Hintergrund des breiteren Themas »Jugendsekten« vor allem um die Frage, ob es sich bei SC um eine Religion handele und in welchen religionsgeschichtlichen Traditionen sie stehe oder ob es vielmehr ein primär oder gar ausschließlich profitorientierter Wirtschaftsbetrieb sei. Problemstellungen, die von einer Verfassungsfeindlichkeit der SC ausgehen, werden erst in der Literatur der neunziger Jahre vereinzelt aufgegriffen. Die neueren Diskussionen in den Sozialwissenschaften über Erosionstendenzen des Parteiensystems, über eine neue bzw. alternative Politik und über politischen Einfluß unterhalb und neben den klassischen Wegen über Verbände, Parteien und

Parlamente erhöht die Sensibilität für alternative, ehedem eher als unpolitisch oder vorpolitisch betrachtete Politikformen. So wird man heute wie selbstverständlich eine als kulturkämpferisch eingeschätzte Bewegung wie die Neue Rechte als politisch motiviert auffassen, weil sie die klassischen Wege der Politik meidet und Gramscis Credo folgt, der Eroberung der politischen Macht müsse die Eroberung der kulturellen Sphäre vorausgehen. Auch eines der Hauptwerke ihres französischen Vordenkers Alain de Benoist, das Plädoyer für ein neues Heidentum als europäische Religion, wird man selbstverständlich als ein politisches Werk verstehen müssen.*

Die Verschiebungen bei der Frage nach dem Politischen in den zurückliegenden Jahren zeigen sich auch in der Auseinandersetzung mit SC. Die Frage nach ihren politischen Zielen und nach einer politisch motivierten Gefährdung des demokratischen Rechtsstaates wird in der neueren Literatur zunehmend häufiger, aber inhaltlich doch sehr plakativ und unsystematisch aufgeworfen. Folgt man der Sektenbeauftragten des Hamburger Senats, Caberta, so ist das »System Scientology« insgesamt antidemokratisch (Vorwort in: Volz, 1995, S. 11).

Im Bericht des Hamburger Senats an die Bürgerschaft vom September 1995 werden die Gefahren für das politische System nachdrücklich hervorgehoben: »Das endgültige Ziel der SC ist die Scientologisierung der Gesellschaft. Würde die Strategie aufgehen und von staatlicher Seite nicht eingegriffen werden, käme dies schleichend einer Unterwanderung unseres politischen Systems gleich.«** Herrmann zufolge stellen die Aktivitäten der SC insgesamt die Gesellschaft vor ein politisches Problem, denn »die systematischen Unterwanderungsaktivitäten in Politik, Wirtschaft und Kultur sind als durchaus ernst zu nehmender Angriff auf die demokratische Kultur einzustufen« (Herrmann, 1994, S. 12).

---

* Dementsprechend ist die Neue Rechte in den Verfassungsschutzbericht des Landes Nordrhein-Westfalen über das Jahr 1994, S. 112 ff., aufgenommen worden.
** Mitteilung des Hamburger Senats an die Bürgerschaft vom 26. 9. 1995 (Drucksache 15/4059), S. 5

In ganz ähnlicher Weise befürchtet Hartwig in ihrer Analyse des SC-Einflusses in Wirtschaftsunternehmen, die wirtschaftliche Macht solle den »Weg zu einem höheren Ziel ebnen: der politischen Macht. Mit deren Hilfe will Scientology einen totalitären Überwachungsstaat errichten« (Hartwig, 1994, S. 9f.). Abel betont vor dem Hintergrund des Verfassungsrechts, die Grundanschauung der SC »widerspricht eklatant den Vorstellungen des Grundgesetzes von Menschenwürde, Demokratie und Pluralität« (1994, S. 152), verfassungsfremde Ansätze fänden sich in den veröffentlichten SC-Materialien an vielen Stellen. »Neu ist im Hinblick auf Organisationen wie Scientology nur der Umstand, daß Macht und wohl auch eine Veränderung des Denkens nicht auf dem klassischen Weg über politische Parteien angestrebt werden, sondern sich die kommerziellen Kulte eines religiösen Gewandes und wirtschaftlichen Einflusses bedienen« (ebd., S. 145).

Hartmann vertritt die These, das langfristige Ziel von SC sei die Erlangung der Weltherrschaft auf legalem Wege über Wahlen (Hartmann, 1994, S. 296). Auch bei den staatlichen Stellen kreist die Debatte nicht mehr nur um die Frage der Rückgewinnung von Sektenmitgliedern, sondern um Probleme der Verfassungsfeindlichkeit. Einem unveröffentlichten Gutachten des Bundesamts für Verfassungsschutz vom November 1992 zufolge gibt es Anhaltspunkte für verfassungsfeindliche Bestrebungen. Das Gutachten kommt zu dem Schluß, SC erfülle die Voraussetzungen für eine Beobachtung durch den Verfassungsschutz (Der Spiegel 50/1992, S. 75f.).

Bekräftigt werden solche Einschätzungen durch eine Reihe von Insidern. Träger zufolge hat der Verfassungsschutz SC »mit Sicherheit« zu Recht im Visier, denn »was Scientology will, läuft auf den totalitären Staat hinaus« (Träger, 1993). Doch die machtpolitischen Ambitionen zeigen sich nur innerhalb der engsten Führungszirkel, der Masse der Anhänger bleiben sie mehr oder weniger verborgen. Träger gehörte selbst dem »New Civilization Org Board« an, einem fünfköpfigen Gremium führender deutscher Scientologen, die nichts Geringeres planten als die langfristig konzipierte »Machtübernahme der Scientology in Deutschland« (Caberta/Träger, 1997, S. 132). Basierend auf einem speziellen Plan Hubbards sollte die systematische Unterwanderung gesellschaftlicher Schlüsselbereiche vorangetrieben werden. »Diese Schlüsselpositionen sollten dann ausgenutzt werden, um die Entscheidungsträger im Sinne von Scientology zu beeinflussen und schließlich deren Aufgaben zu übernehmen« (Caberta/Träger, 1997, S. 132). Der frühere SC-Manager Potthoff geht davon aus, innerhalb der SC sei die Macht organisiert nach dem Muster einer Militärdiktatur: »Dieses Muster soll auf die Gesellschaft übertragen werden, wobei eine neue Form der Diktatur Länder und Kontinente übergreifend entsteht« (Potthoff, 1993, S. 92). Potthoff verweist auf den »Hubbardismus«, der um 1980 aus der SC heraus entwickelt worden sei:

> »Der Hubbardismus ist eine Art fundamentalistischer Staatsreligion, die einheitliche (totalitäre) Führung der Menschheit nach den Prinzipien der Scientology Ethik (alles, was dem Überleben von Scientology und Scientologen nutzt, ist ethisch) fordert, anstrebt und in der jeweils zur Verfügung stehenden Machtsphäre bedingungslos durchsetzt. Diese Machtsphäre erstreckt sich längst nicht mehr nur auf die CHURCH, sondern auch über WISE (World Institute of Scientology Enterprises) in die Wirtschaft und über ABLE (Association for Better Living and Education) bereits in viele gesellschaftspolitische Bereiche und in die Politik hinein« (Potthoff, 1993, S. 93).

»Für mich stand vom ersten Tag völlig außer Frage«, resümiert Potthoff seine Erfahrungen als Scientologe (o. J., S. 15), »daß Scientology eine politische Bewegung darstellt«. Die grundlegende Möglichkeit eines Zusammenhangs zwischen SC und »politischem Extremismus« hält er ausdrücklich für gegeben und in der SC-Geschichte von Beginn an angelegt. Voltz, wie Potthoff Ex-Manager bei SC, führt, ebenfalls gestützt auf eigene Erfahrungen und bisher unbekannte Dokumente, weitere Argumente ins Feld. Die SC-Organisation sei nicht nur selbst höchst undemokratisch strukturiert, sondern es sei ihr politisches Ziel, die internen Verhältnisse auf die Gesellschaft zu übertragen: »Wenn Scientology Einfluß nehmen könnte, wie sie wollte, dann würden, so meine

Befürchtung, letztlich Exekutive, Legislative und Judikative an einem Ort zentral gesteuert werden. Hubbardsche Richtlinien würden den Status von Gesetzen erhalten« (Voltz, 1995, S. 154).

Entwicklungslinien, Kenntnisstand und Defizite in der Diskussion über SC

Die über 25jährige Geschichte der SC in Deutschland ist begleitet von einer Vielzahl wissenschaftlicher, journalistischer, politischer und administrativer Interventionen. Sie sind jedoch nicht gleich geblieben, sondern entwickeln sich weg von einer individualistischen Betrachtung des einzelnen »religiös Verführten«, hin zu einer Debatte über die politischen und antidemokratischen Qualitäten der SC. Die Trends in der gegenwärtigen Auseinandersetzung fassen wir am Ende dieses Abschnitts in vier Überlegungen zusammen.

Betrachtet man den Gesamtzeitraum der Diskussionen seit Beginn der siebziger Jahre, so entwickelt sich die Kritik der Psychokulte und »neuen religiösen Bewegungen« hin zu einer noch keineswegs abgeschlossenen konzeptionellen Kritik der SC als politischer Organisation. Folgt man neueren Debatten, so bewegt sich der Komplex SC von einem Lebenshilfeangebot mittels Ideologien der Selbsterfahrung und Selbstbefreiung in den Anfangsjahren hin zu einer verdeckt operierenden, strategisch angelegten totalitären, antidemokratischen politischen Organisation mit erheblichen wirtschaftlichen, wirtschaftskriminellen und finanziellen Ressourcen, wobei die Positionierung im »Psycho-Markt« und die damit gegebenen Verhaltensanforderungen an den Anbieter SC erhalten bleiben. Die vorliegenden empirischen Belege und Dokumente liefern kein vollständiges Bild über das Innenleben der SC-Organisation, aber sie sind ausreichend, um diese These zu belegen.

Wichtigste Grundlage und empirischer Hintergrund für diese Entwicklung der Diskussion sind zahlreiche seit Beginn der neunziger Jahre veröffentlichte Erfahrungsberichte von

teils hochrangigen ehemaligen SC-Mitgliedern und -Funktio-
nären. Sie belegen die expansiven Infiltrationsstrategien mit
letztlich politischen Absichten. Sie zeigen aber auch Grundzüge der totalitären Struktur des Apparats mitsamt ihren Folgen für den einzelnen, dessen »Karriere«-Verlauf innerhalb
von SC sehr wohl den Karriere-Mustern von Mitgliedern
fundamentalistischer Organisationen vergleichbar ist, obwohl
der soziale Status und die Reintegrationschancen in die Gesellschaft sehr verschiedenartig sind. Weitere beachtenswerte
Grundlagen sind journalistische Recherchen, die Analysen
der Hamburger »Arbeitsgruppe Scientology« sowie Gerichts-
urteile und parlamentarische Berichte.

Die Diskussion über SC ist seit Beginn der neunziger Jahre
politischer geworden. Die Spannbreite reicht von um ihre
Kinder besorgten Eltern und ihren Initiativen bis hin zu den
neueren Bürgerinitiativen, parlamentarischen Anhörungen,
Maßnahmen der Justiz- und Innenministerkonferenzen und
kommunalen Aktionen vor Ort. Unvereinbarkeitsbeschlüsse
demokratischer Parteien sollen Scientologen ausgrenzen und
die Parteien vor Unterwanderung schützen, aber auch deutlich machen, daß SC die Grenzen demokratischen Verhaltens überschreitet. Die CDU hat schon bei ihrem zweiten gesamtdeutschen Parteitag 1991 einen Beschluß gefaßt, wonach
eine Mitgliedschaft bei Scientology unvereinbar ist mit der
gleichzeitigen Mitgliedschaft in der CDU. Die SPD zog 1995
nach. Das Bonner Landgericht hat im Sommer 1997 ausdrücklich den Ausschluß von drei Scientologen und CDU-
Mitgliedern aus der Partei für rechtmäßig erklärt (Der Tages-
spiegel, 10. 7. 1997, S. 4).

Im Gegensatz zu CDU und SPD fordern Bündnis 90/Die
Grünen größtmögliche Toleranz. Die Beobachtung durch
den Verfassungsschutz oder gar ein Verbot würden mehr
schaden als nützen, denn solche Maßnahmen bewirkten, so
die Grünen, eher eine Beschädigung des Rechtsstaates und
der Liberalität (Frankfurter Rundschau, 22. 11. 1996).

SC wird heute vielfach – und wie die vorliegenden Materialien zeigen, zu Recht – als Bedrohung für die Grundwerte
einer demokratischen und pluralistischen Gesellschaft be-

trachtet. Nicht mehr nur die Freiheit des einzelnen, sondern die Freiheit von Gesellschaft und Demokratie steht auf dem Spiel – so läßt sich der Gesamtverlauf der Diskussion über SC stichwortartig zusammenfassen. Es gibt eine Reihe guter Gründe für die These einer verfassungsfeindlichen Qualität von SC. Erfahrungsberichte von Aussteigern und investigative journalistische Recherchen deuten in diese Richtung. Aus einer theoretischen Perspektive heraus wäre auf die Schnittmengen zu verweisen zwischen dem religiös-lebensweltlichen, auch auf wirtschaftliche und letztlich politische Expansion ausgerichteten modernen Fundamentalismus à la SC und den totalitären Ideologien des politischen Extremismus.

Doch die Defizite in der bisherigen Diskussion sind unübersehbar. Es mangelt an Informationen über Mitglieder- und Sympathisantenstrukturen und -entwicklungen. Die Zahl von 30000 beruht auf Schätzungen und Eigenangaben von SC. Über regionale Schwerpunkte, biographische Muster, Altersstrukturen und andere soziodemographische Merkmale der Anhängerschaft und der Funktionärsschicht ist bis auf exemplarische Einzelfälle kaum etwas veröffentlicht worden. Über das Verhältnis von Organisationsbindung und Fluktuation, über die zeitliche Dauer und die Intensität der Bindungen, über die multiplikatorischen Effekte im Umfeld der Aktivisten und über die Entwicklung ihrer politischen Orientierungen unter dem Einfluß von SC ist kaum etwas bekannt. Zu den organisationssoziologischen Kenntnis-Defiziten gehört auch ein Mangel an Informationen über das internationale und das nationale Beziehungsgeflecht der SC-Organisation. Zwar ist das Grobraster der internen organisatorischen Ausdifferenzierung bekannt, doch die tatsächlichen Machtstrukturen, die Dynamik interner einzelner Abteilungen und das Gewicht einzelner Funktionäre können bislang nur schwer beurteilt werden.

Totalitäre Grundzüge

SC vertritt einen entschiedenen, durch nichts relativierten, elitären Absolutheits- und Alleinvertretungsanspruch:

> »Der Mensch ist in einem riesigen und komplexen Labyrinth gefangen. Um da herauszukommen, muß er dem exakt markierten Weg der Scientology folgen. Die Scientology wird ihn aus dem Labyrinth herausführen; aber nur, wenn er den exakten Markierungen in den Tunneln folgt. ... Es ist erwiesen, daß die Bemühungen des Menschen, andere Wege zu finden, zu nichts geführt haben. Es ist ebenso eine klare Tatsache, daß der Weg, der Scientology genannt wird, tatsächlich aus dem Labyrinth herausführt... Die Scientology ist eine neue Sache – sie ist ein Weg hinaus. Es hat vorher keinen gegeben. Keine Verkaufskunst der Welt kann einen schlechten Weg zu einem richtigen Weg machen. Und zur Zeit wird eine schreckliche Anzahl schlechter Wege verkauft. Ihr Endprodukt ist weitere Sklaverei, mehr Dunkelheit, mehr Elend. Die Scientology ist das einzige funktionierende System, das der Mensch hat«.*

»Wir sind die einzigen Menschen und die einzige Religion auf der Erde, die die Technologie und den Ehrgeiz haben, eine Klärung von Situationen zu versuchen, die in den Händen anderer als völlig aus der Kontrolle geraten angesehen werden, nämlich die Atombombe und der Verfall und die Verwirrung der Gesellschaften« (Hubbard, 1983, S. 695).

Das Krisenszenario entspricht einmal mehr dem Muster fundamentalistischer Apokalypse. Die Welt ist ein Labyrinth, sie ist beherrscht von Sklaverei, Dunkelheit und Elend. Verfall und Verwirrung der Gesellschaften sind Kennzeichen der Moderne. Man mag es kaum glauben, wie halbwegs informierte und aufgeklärte Menschen sich von solch simplen apokalyptischen Bildern ansprechen lassen. Doch es gibt auch hier einen einzigen Ausweg aus dem drohenden Untergang. Hubbard postuliert hier, wie auch in vielen anderen Schriften, ein Erkenntnis- und Handlungsmonopol für SC, demzufolge niemand sonst in der Lage ist, das Verständnis des Lebens und die Lebenspraxis angemessen zu bewältigen:

* HCO-Policy-Brief vom 14. 2. 1965, wieder herausgegeben am 30. 8. 1980, in: Potthoff, 1993, S. 137 f. Eine ähnliche Formulierung findet sich in: Hubbard, 1986, S. 117

»Angefangen von der höchsten Stufe eines Staatsoberhauptes bis hinunter zu dem untersten Tagelöhner mit Ausnahme allein der Scientologen in den USA, in Großbritannien, Europa, Australien, Afrika, Asien, Lateinamerika, Südafrika, Kanada, Mexiko, Neuseeland oder der übrigen Welt – gibt es kein genaues Verstehen des Lebens selbst; daher hat die Lebensführung selbst den automatischen Charakter einer Maschine angenommen« (Hubbard, 1983, S. 698).

Damit sind alle anderen Theorien, Religionen und Weltauffassungen vom ernsthaften Dialog ausgeschlossen, denn allein SC wähnt sich im Besitz der Wahrheit. Totalitäre Systeme beruhen häufig auf einem als Wissenschaft bezeichneten Denksystem, das als alleingültige Weltanschauung betrachtet wird. So wie der Marxismus-Leninismus die kommunistischen Systeme und die völkisch-nationale Ideologie den Nationalsozialismus als alleingültige »wissenschaftliche« Weltanschauungen geprägt und legitimiert haben, so wie die Schriften des Ayatollah Chomeini die alleinige Legitimation des iranischen totalitären Gottesstaates sind, so verfügt auch SC über eine als absolut geltende »wissenschaftliche« Weltanschauung. Der apodiktische, bisweilen grotesk anmutende Alleinvertretungsanspruch basiert auf der Dianetik als angeblich alleingültiger Wissenschaft, die Hubbard »entdeckt« habe. In ihr gründet die scientologische Heilsbotschaft.

»Dianetik stellte«, heißt es (Was ist Scientology?, 1993, S. 4), »L. Ron Hubbards ersten Durchbruch dar, und diese ursprünglichen Entdeckungen setzten weitere Forschungen in Gang und führten zur exakten Isolierung der Quelle des Lebens.« Die Dianetik sei »eine Wissenschaft, die funktioniert und die von nur kurzfristig ausgebildeten Personen erfolgreich angewandt werden kann. Dieses Ziel hat man nie zuvor erreicht, man war ihm nicht einmal nahegekommen« (Hubbard, 1984, S. 484). Die Dianetik umfasse »eine therapeutische Technik, mit der alle nichtorganischen Geistesstörungen und alle organischen psychosomatischen Leiden mit der Gewißheit völliger Heilung in beliebigen Fällen behandelt werden können« (ebd., S. 19).

Selbst wenn man die Inhalte der Dianetik außer acht läßt,

verweisen die jeder wissenschaftlichen Rationalität Hohn sprechenden Heilsgewißheiten und Superlative auf eine Ausschließlichkeit und Absolutheit, die eindeutig totalitäre Züge aufweist. Wissenschaftlich ernst zu nehmen sind Behauptungen wie die, SC habe die Grundlagen für die Biophysik gelegt, ja Biophysik sei überhaupt erst durchführbar mit Hilfe der »Entdeckungen« von SC (Hubbard, 1981, S. 74), nur in dem Sinne, daß man das Denksystem von SC als eine totalitäre Ideologie versteht. Theorie und Praxis zusammengenommen, ist SC nach eigenem Selbstverständnis der einzige Ausweg aus den Gefahren des Lebens – es hat vor SC keinen Weg gegeben, alle anderen führen ins Elend, »die Scientology ist das einzige funktionierende System, das der Mensch hat« (Hubbard, 1986, S. 117).

Von den Superlativen und den dreisten Übertreibungen etwa in der Sprache der Werbung oder in der Wahlkampfrhetorik der Parteien unterscheidet sich die Hermetik der SC-Ideologie dadurch, daß sie nicht ein Detail, ein Produkt, eine Dienstleistung oder eine Sachfrage für sich reklamiert, sondern sich für die Gesamtheit des Lebens unter striktem Ausschluß anderer Deutungsangebote als alleinzuständig erklärt. Das schließt andere, konkurrierende Denkansätze und Lösungsvorstellungen kategorisch aus und begründet implizit den strengen Ausschluß aller Nicht-Scientologen aus der Gemeinschaft vernünftiger Menschen. Alle Weltanschauungen außerhalb von SC gelten als schlecht und unzeitgemäß:

> »Vorgetäuschte Ideologien und Geisteswissenschaften sind nicht gut genug für dieses Zeitalter der Atomspaltung und der Düsenflugzeuge. Diese beiden allein, werden sie nicht mit vollem Bewußtsein gelenkt, können dazu führen, daß die Menschen der modernen Zeit ausgelöscht werden« (Hubbard, 1983, S. 698).

Gesellschaftspolitischer Hintergrund der SC-Ideologie ist eine Krisendiagnose, die in – für extremistische und totalitäre Positionen typischen – Bildern der Dekadenz und des Verfalls gipfelt:

> »Schauen wir, wie diese Begriffe von Recht und Unrecht in unsere heutige Gesellschaft passen. Dies ist eine sterbende Gesellschaft. Ethik ist in einem solchen Maße verschwunden und

wird so wenig verstanden, daß diese Kultur gefährlich schnell dem Untergang entgegengeht. Ein Mensch wird nicht lebendig werden, und diese Gesellschaft wird nicht überleben, wenn die Technologie der Ethik nicht genommen und angewendet wird. Wenn wir Vietnam, Inflation, die Ölkrise, die Korruption der Regierung, Krieg, Verbrechen, Geisteskrankheit, Drogen, sexuelle Promiskuität usw. betrachten, sehen wir eine Kultur, die im Verschwinden begriffen ist. Dies ist ein unmittelbares Ergebnis davon, daß die Menschen darin versagt haben, Ethik* auf ihre Dynamiken anzuwenden« (Hubbard, 1986, S. 32).

»Aberration« lautet der SC-eigene Begriff für das, was man Dekadenz, Verfall oder auch Fehlentwicklung nennen könnte. Bezogen auf Personen definiert die »Dianetik« »Aberration« als »gestörtes Verhalten« (Hubbard, 1984, S. 58). Hubbards Ausführungen darüber belegen ein organisch-mechanistisches Gesellschaftsbild. Seine Bemerkungen über die unzivilisierten Naturvölker sind nicht frei von rassistischen Untertönen. Die Aberration wandert, Hubbard zufolge, wie eine ansteckende Krankheit durch die Gesellschaft; er redet von der Möglichkeit der »Ansteckung«. Man könne »mit Sicherheit feststellen, daß Naturvölker sehr viel stärker aberriert sind als zivilisierte Völker« (Hubbard, 1984, S. 175).

Ein wichtiges Kennzeichen totalitärer Organisationen ist ein in Gut und Böse unterteiltes, simples Menschenbild, das die eigene Gruppe radikal überhöht und die übrigen herabwürdigt. Ein solches Menschenbild widerspricht dem Gleichheitsideal demokratischer Verfassungen, und es liefert die Grundlage einer Rechtfertigung von Gewalt. Bei SC findet man ein Menschenbild, das in geradezu grotesker, herablassender und verachtender Weise eine gefährliche Trennung zwischen Gut und Böse vornimmt. »Clears«, also Scientologen, sind von »Aberrationen« freie, vernünftige Menschen; die übrigen gelten als »Aberrierte«; »von Aberration freie Vernunft kann man nur bei einem Clear studieren« (Hubbard, 1984, S. 30). Ein »Clear«, eine Person, die »als Ergebnis der dianetischen Therapie weder aktiv noch potentiell vorhandene psychosomati-

---

* Der Begriff »Ethik« wird hier im scientologischen Sinne verwendet: Ethik bedeutet die Anwendung von scientologischen Techniken des Überlebens

sche Krankheiten oder Aberrationen hat« (Hubbard, 1984, S. 215), verhält sich »zu einem heutigen Durchschnittsmenschen etwa so wie ein heutiger Durchschnittsmensch zu einem heutigen Anstaltsfall. Der Abstand ist groß, und es wäre schwer, ihn zu übertreiben« (Hubbard, 1984, S. 216).

Ein solches Menschenbild schließt immanent eine gleichberechtigte Kommunikation zwischen Scientologen und den übrigen praktisch aus. Mehr noch: Nicht-Scientologen müssen, folgt man immanent der SC-Theorie, als Gegner oder gar Feinde gelten, die dementsprechend zu behandeln sind.

Freund-Feind-Denken und Militanz

»Man kann eine echte suppressive Person gewaltsam beseitigen um sicherzustellen, daß die Nachfrage dann entsteht, sofern man nicht versucht, das Produkt der suppressiven Person oder ihrer Umgebung aufzuzwingen. Die suppressive Person als Individuum kann gewaltsam beseitigt werden, weil sie ein Faktor ist, der der Nachfrage entgegensteht und durch Falschheit und Lügen versucht, Nachfrage nicht entstehen zu lassen. Bei der Beseitigung der suppressiven Person muß man jedoch sicher sein, daß das eigene Produkt und dessen Erbringung noch in Ordnung ist und nichts anderes als die Suppressiven unterdrückt« (HCO Grundsatzschreiben vom 15. 3. 1965, Neufassung).

»Und als Letztes und Wichtigstes – denn wir stehen nicht alle auf der Bühne, und unsere Namen erscheinen nicht alle in Leuchtbuchstaben –, schieben Sie immer Macht in die Richtung eines jeden, von dessen Macht Sie abhängen, sei es in Form von mehr Geld für die Machtperson oder größeren Erleichterungen oder einer flammenden Verteidigung der Machtperson gegenüber einem Kritiker. Es kann auch darin bestehen, *daß einer seiner Feinde in der Dunkelheit beseitigt wird oder daß das ganze feindliche Lager als Geburtstagsüberraschung in riesigen Flammen aufgeht*« (Hubbard, 1986, S. 70, Hervorhebung von mir).

Die Möglichkeit der Beseitigung von Feinden in der Dunkelheit und das Abbrennen des »ganzen feindlichen Lagers« gehören zu den eher seltenen direkten Anspielungen auf – in den Augen von Hubbard – rechtmäßig ausgeübte Gewalt gegen die Gegner der SC. Mehrere ernstzunehmende ehemalige

Scientologen berichten von Straflagern, in denen Abtrünnigen Gewalt angetan wird. Robert Vaughn Young verweist aus eigener Anschauung auf ein Gulag-ähnliches Straflager nahe Los Angeles, in dem Zwangsarbeit, Gehirnwäsche und ideologische Umerziehung an der Tagesordnung seien.*

Susanne Elleby berichtet über ihre Zeit in einem Kopenhagener Straflager: »Wer an sieben Tagen in der Woche bis zu sechzehn Stunden arbeitet, der ist einfach müde. Heute nenne ich das Ganze ein modernes Konzentrationslager. Wir waren nie allein, hatten immer Kontrolleure bei uns. Post wurde zensiert, Telefonate kontrolliert. Vor allem hielten sie uns müde, hundemüde. ... Wer aufmuckt, wird isoliert. Nach acht Monaten war es bei mir soweit, wegen Arbeitsverweigerung. Ich bekam ein Einzelzimmer unter dem Dach, mußte allein arbeiten, früher aufstehen, um für die anderen Frühstück zu machen, und später ins Bett. Alle Kontakte waren verboten« (in: Focus 7/1997, S. 52).

Das Gewaltpotential ist ein bedeutsamer Faktor, der im ideologischen System der SC fest verankert ist. Verfolgt man die Schriften der SC und vergleicht man sie mit Berichten von ehemaligen Scientologen, so stößt man auf das, was man den Gewaltdiskurs in der SC nennen könnte. Er basiert auf einer Zweiteilung der Welt in Gut und Böse, in die, wie Hubbard Scientologen nennt, »Gruppe befreiter Wesen«, die »Freiheit und Vernunft erreichen«, auf der einen Seite und auf der anderen »die aberrierte Gruppe, der Mob«, der nur destruktiv sein könne.**

Die Rechtfertigung des Vorgehens gegen Gegner, des »Isolierens« und Abstrafens, folgt aus einer absurden anthropologischen Grundannahme, die Hubbard in der »Einführung in die Ethik der Scientology« im Kapitel über die »antisoziale Persönlichkeit« ausgeführt hat. Es erscheint für den Fortgang unserer Argumentation zwingend geboten, einige längere Passagen daraus zu zitieren (alle Zitate aus Hubbard, 1986):

* Vgl. die Fernsehsendung Live aus dem Alabama, Hessen 3, 30. 10. 1995
** HCO-Policy-Brief vom 7. 2. 1965, wieder herausgegeben am 27. 8. 1980, in: Potthoff, 1993, S. 131

»Es gibt gewisse Merkmale und geistige Einstellungen, die etwa 20 Prozent einer Rasse dazu bewegen, sich jeder Unternehmung oder Gruppe, die etwas verbessern will, heftig zu widersetzen. Solche Leute haben bekanntermaßen antisoziale Tendenzen. Wenn die rechtlichen oder politischen Strukturen eines Landes sich dahin entwickeln, daß sie das Vordringen solcher Persönlichkeiten in Vertrauenspositionen begünstigen, dann werden alle zivilisatorischen Organisationen des Landes unterdrückt, und eine Barbarenherrschaft von Verbrechen und wirtschaftlichen Zwängen folgt.
Antisoziale Persönlichkeiten verewigen Kriminalität und verbrecherische Handlungen. Der Zustand von Anstaltsinsassen läßt sich gewöhnlich auf den Umgang mit solchen Persönlichkeiten zurückführen.
Wir sehen also, daß es für Regierungen, für polizeiliche Tätigkeiten und auf dem Gebiet der geistigen Gesundheit – um nur einige zu nennen – wichtig ist, diesen Persönlichkeitstyp erkennen und isolieren zu können, um die Gesellschaft und das Individuum vor den destruktiven Folgen zu schützen, die entstehen, wenn man solchen Personen freie Hand darin läßt, den anderen zu schaden… (S. 3)

Eine solche Person verbreitet hauptsächlich schlechte Nachrichten, kritische oder feindselige Bemerkungen, Abwertungen und allgemeine Unterdrückung. ›Klatschbase‹, ›Unheilverkünder‹ oder ›Gerüchteschürer‹ waren einmal Bezeichnungen für solche Personen… (S. 5)

Die antisoziale Persönlichkeit unterstützt ausschließlich destruktive Gruppen und wütet gegen jegliche Gruppe, die konstruktiv ist oder verbessern will, und greift sie an… (S. 7)

Ebenso könnte sowohl soziale als auch wirtschaftliche Erholung eintreten, wenn die Gesellschaft diesen Persönlichkeitstyp als ein krankes Wesen erkennen und ihn isolieren würde, so wie sie jetzt Leute mit Pocken in Quarantäne steckt.
Die Dinge werden mit großer Wahrscheinlichkeit nicht viel besser werden, solange 20 Prozent der Bevölkerung gestattet wird, das Leben und die Unternehmungen der restlichen 80 Prozent zu beherrschen und zu schädigen.
Da das Mehrheitsprinzip der politische Brauch der heutigen Zeit ist, sollte die geistige Gesundheit der Mehrheit in unserem täglichen Leben ohne das zerstörerische Einmischen der sozial Gestörten zum Ausdruck kommen können« (S. 9f.).

Zwanzig Prozent einer »Rasse« bzw. der Bevölkerung werden pauschal zu Feinden des Gemeinwesens erklärt – im Sprachgebrauch der Nationalsozialisten waren das »Volksschädlinge« –, sie sollen als »krank« gelten, die es zu isolieren und auszuschalten gilt. *Dies ist die Lobpreisung einer bedeutenden Herrschaftstechnik totalitärer Diktaturen, die mit demokratischen Grundsätzen unvereinbar ist.* Die Unterscheidung von »sozialer« und »antisozialer Persönlichkeit« folgt einer simplen, das gesamte Denken von Hubbard und SC prägenden Schwarzweiß-Sicht der Gesellschaft, in der es nur gut und böse, richtig und falsch gibt, in der alle Grautöne in die vorgegebenen Schablonen gepreßt werden.

Auch die »potential trouble source« (PTS), eine Variante der »antisozialen Persönlichkeit«, gehört zu den Gegnern von SC. Zu den PTS zählen jene Mitglieder, die Kontakte zu Personen aufrechterhalten, die SC gegenüber kritisch eingestellt sind (z.B. Eltern, Geschwister, Freunde, Verwandte). Praktische, auf SC selbst bezogene Anwendung findet das Modell der »antisozialen Persönlichkeit« im Konzept der »unterdrückerischen Person«:

> »Eine unterdrückerische Person oder Gruppe ist eine, die aktiv durch Handlungen oder Äußerungen danach strebt, die Scientology oder einen Scientologen durch unterdrückerische Handlungen zu unterdrücken oder zu schädigen. Unterdrückerische Handlungen sind Handlungen, die darauf berechnet sind, Scientology zu behindern oder zu zerstören oder einen Scientologen in seinen Studien oder seiner geistigen Beratung zu behindern oder zugrunde zu richten oder sein Wohlergehen negativ zu beeinflussen. ... Unterdrückerische Handlungen sind klar und eindeutig diejenigen versteckten oder offenen Handlungen, die wissentlich darauf berechnet sind, eine Scientology Kirche zu verkleinern, einzuschränken oder zu zerstören oder die individuelle Verbesserung eines Scientologen zu verhindern« (Hubbard, 1986, S. 96f.).

Zu den sanktionswürdigen Angriffen gegen SC gehören u. a.: Staatliche Maßnahmen (Gesetzgebung und Verordnungen, Untersuchungen), öffentliche Äußerungen, einen Zivilprozeß gegen SC führen, die »Bekanntmachung der Abkehr von Scientology« (Hubbard, 1986, S. 100) und sogar das Abbre-

238

chen von Kursen bzw. das Verlassen der Organisation. An anderer Stelle werden pauschal bestimmte Berufsgruppen zu den »suppressive persons« gerechnet: Sozialwissenschaftler, Psychologen und Psychiater seien »vorwiegend selbst SPS«, die »keine andere Technologie als den Knüppel besitzen« (Hubbard, 1983, S. 377). Zu den problematischen Gruppen zählen Hubbard zufolge auch »Politiker, Polizisten, Zeitungsleute und Leichenbestatter« (Hubbard, 1983, S. 190). Gemäß der »Freiwild-These« sind jene, die von SC zur »unterdrückerischen Person« erklärt werden, »Freiwild«, sie sind im scientologischen Sinn rechtlos und somit Objekt von Angriffen seitens SC.*

Die gruppeninterne Bedeutung der Figuren der »antisozialen Persönlichkeit« und der »unterdrückerischen Personen« liegt in der Herstellung und Aufrechterhaltung von Gruppenidentität und im Ausschluß jeder Kritik – beides fundamentale Prinzipien totalitärer Organisationen. Das Schwarzweiß-Muster von gut und böse, richtig und falsch trennt die Welt in Schafe und Böcke, leistet der eigenen Überhöhung Vorschub und schürt Abneigung und Abwehr alles Außenstehenden. Die Konzeption der »unterdrückerischen Persönlichkeit« erlaubt die Verschiebung von Organisationsdefiziten und das Versagen von Funktionären auf angeblich Schuldige und verunmöglicht jegliche Kritik an SC. Sie kann durch das Raster der »antisozialen Persönlichkeit« abgefangen und kanalisiert werden, und darüber hinaus rechtfertigt und fordert diese Interpretationsfigur Maßnahmen gegen den angeblichen Feind. Der Ausschluß jeder Kritik steht im übrigen im durchaus folgerichtigen Einklang mit dem Anspruch auf Ausschließlichkeit und Unfehlbarkeit.

Diese totalitäre, Militanz einschließende Struktur der SC umfaßt nahezu folgerichtig eine interne Gerichtsbarkeit und einen nach innen und nach außen wirkenden eigenen Geheimdienst. Nach übereinstimmenden Berichten von Kriti-

---

* Zur »Freiwild-Doktrin« vgl. Mitteilung des Senats an die Bürgerschaft, Bürgerschaft der Freien und Hansestadt Hamburg, 15. Wahlperiode, Drucksache 15/4059, S. 4

kern und Aussteigern* führt das »Department für Spezielle Angelegenheiten« (DSA) nach innen Überprüfungen und Sanktionierungen von Mitarbeitern durch, die im Verdacht der Unzuverlässigkeit stehen. Nach außen hin werden unliebsame Kritiker – diesen Berichten zufolge – mit geheimdienstlichen Mitteln ausspioniert und unter Druck gesetzt.

Das eigenständige »Rechtssystem der Scientology« basiert auf der Annahme der Unwirksamkeit des in der Gesellschaft geltenden Rechts. Es gehe darum, innerhalb der SC-Organisation »die Anständigen und Produktiven zu schützen«, »die Kodizes schützen die Rechte jedes Scientologen, der mit der Kirche in gutem Verhältnis steht« (Was ist Scientology?, S. 245). Das »Rechtssystem der Scientology« formuliert Regeln und Verfahren innerhalb der SC, um nach innen gegenüber den Mitarbeitern »Fehler, Vergehen, Verbrechen und Schwerverbrechen« zu sanktionieren (ebd.). Es dient zur Disziplinierung unliebsamer Mitarbeiter. Vier Gremien sind dafür zuständig: Das »Ethikgericht«, der »Untersuchungsausschuß«, das »Kaplansgericht« und das »Komitee der Beweisaufnahme« (ebd., S. 246). Zweck solcher Verfahren sei die Wahrheitsfindung. Die in den Verfahren als schuldig Befundenen seien verpflichtet, »allen angerichteten Schaden wiedergut(zu)machen; das heißt, daß sie im Namen derer, denen Unrecht getan wurde, eine Art Gemeindedienst verrichten und andere Aktionen dieser Art unternehmen« (ebd.). In der Praxis bedeutet dies – Berichten von Aussteigern zufolge – unbezahlte Mehrarbeit unter schikanösen Bedingungen.** Jede Rechtsaktion ist innerhalb einer Woche und ohne Anwälte abzuschließen (ebd., S. 245).

Unter den mittlerweile zahlreichen Berichten über SC-Straflager sei hier der von Gunther Träger herausgegriffen. Er informiert über einen SC-Mitarbeiter, der die ihm gestellte Aufgabe nicht erfüllen konnte und daraufhin in ein

---

* Vgl. zum folgenden v. Billerbeck/Nordhausen, 1994, S. 71 ff.; Köpf, 1995, S. 72 ff.; Voltz, 1995, S. 179 ff.; Maes, 1994; Minhoff/Müller, 1993, S. 88 ff.
** Vgl. Potthoff, 1994, S. 29; Rieger, 1994; Young, 1995. Robert Vaughn Young, ein ranghoher Aussteiger, berichtet sogar am eigenen und an weiteren Beispielen über Straflager in den USA für »straffällig« gewordene SC-Mitarbeiter.

»Rehabilitation Project Force« im englischen Saint Hill abkommandiert wurde:

»Die Mitglieder dieses Straflagers durften sich nur im Laufschritt fortbewegen, in dunkelgrauen, fast schwarzen Monteursuniformen. Sie durften nicht sprechen, schliefen ausschließlich in noch heruntergekommeneren Unterkünften als der Rest der Belegschaft unter fast unmenschlichen Bedingungen, mußten harte körperliche Arbeit leisten und standen ständig unter Aufsicht. Ein Gulag, von dem auch noch behauptet wurde, die Insassen wären freiwillig hier. Tatsächlich hatte man den RPFlern eingebleut, nur diese Art von Sklavenarbeit könne sie aus einem Zustand der Schuld befreien, könne sie nach einem Vergehen rehabilitieren« (Caberta/Träger, 1997, S. 151).

Der bayerische Innenminister Beckstein hat in einer öffentlichen Erklärung die Existenz von Straflagern in Kopenhagen, Saint Hill (England), Sydney, Clearwater (Florida) und Hemet (Kalifornien) bestätigt; dort würden Personen »übelsten Prozeduren der Gehirnwäsche und Bestrafung« ausgesetzt. In dem Kalifornischen Lager halten sich Beckstein zufolge 750 Personen auf; es sei mit Barrieren, Flutlichtanlagen, elektronischen Monitoren, versteckten Mikrophonen, Erdsensoren und Lichtschranken ausgestattet. In diesem Zusammenhang verweist Beckstein auf Aussteigerberichte, denen zufolge halbautomatische Sturmgewehre und große Mengen Zyanid zur Ausrüstung des Lagers gehören (FAZ, 16. 1. 1997).

Es sei hier nur am Rande vermerkt, daß das Rechtssystem der SC dem demokratischen Gedanken moderner Betriebsverfassungsgesetze Hohn spricht und eher an die Tradition der Selbstkritik in kommunistischen Kaderparteien erinnert. Bezeichnend für die Art der SC-internen Gerichtsbarkeit ist der unter demokratietheoretischen Gesichtspunkten mehr als zweifelhafte Charakter dieses internen Rechtssystems. Zwar wird betont, seine grundlegenden Werte stünden im Einklang mit dem Rechtssystem der Gesellschaft. Doch bei der Frage, zu wessen Schutz es etabliert wurde, zeigt sich dessen das Gleichheitsgebot negierender Charakter: »Es gibt *Recht zum Schutz anständiger Leute, ... um die Anständigen und Produktiven zu schützen*« (Was ist Scientology?, S. 245,

Hervorhebung von mir). Geschützt wird nicht eine Verfassung, sondern eine Gruppe (die Anständigen und Produktiven) vor denen, die nicht als solche gelten können und offenbar über keinerlei »Rechte« verfügen.

Hannah Arendt hat in ihrer klassischen Studie über den Totalitarismus nicht nur von einer »Verachtung der totalitären Machthaber für positives Recht« gesprochen (Arendt, 1955, S. 728), sondern auch eine charakteristische Struktur totalitärer Rechtsetzung und -anwendung hervorgehoben, der die SC-Rechtsauffassung weitgehend entspricht: »Es läuft in jedem Fall auf ein Gesetz der Ausscheidung von ›Schädlichem‹ oder Überflüssigem zugunsten des reibungslosen Ablaufs einer Bewegung hinaus, aus der schließlich gleich dem Phönix aus der Asche eine Art Menschheit entstehen soll« (Arendt, 1955, S. 730).

Die Figur des Führers

In allen fundamentalistischen Bewegungen dieses Jahrhunderts, bei allen extremistischen Organisationen in der Bundesrepublik und darüber hinaus spielt der jeweilige Führer eine besondere Rolle. Sie unterscheidet sich deutlich von den Führungsfiguren demokratischer Organisationen, denen Kompetenz, Durchsetzungskraft, Kompromiß- und Integrationsfähigkeit und nicht zuletzt ein Charisma, wie es Max Weber in seiner Schrift »Politik als Beruf« aus dem Jahr 1919 entworfen hat (Weber, 1992), zugeschrieben wird. Der Unterschied besteht nicht nur in der nahezu unumschränkten Machtfülle totalitärer Führer und dem organischen Modell der Zirkulation der Eliten, das dem fundamentalistischen Führertum zugrunde liegt und mit demokratischen Grundsätzen unvereinbar ist. Die entscheidende Differenz liegt vielmehr im Verhältnis von Führer und Geführten. Bei demokratischen Organisationen ist es ein demokratisch legitimiertes Vertrauensverhältnis auf Zeit, Führer müssen sich durch ihr Alltagshandeln und in zeitlichen Abständen vor den Geführten rechtfertigen. Der totalitäre Führer hingegen herrscht unumschränkt, weil er sich durch natürliche Autorität aus dem Kreis der Anhänger her-

242

vorhebt, weil er sich von ihnen abhebt, indem er sich als Retter und Heilsbringer des Volkes oder der gesamten Menschheit versteht und auch als solcher betrachtet wird.

Es ist bezeichnend für totalitäre Organisationen, daß Führer nach ihrem Ableben als Leitfiguren, Aushängeschilder, ideologische Fixpunkte und »geistige Alleinherrscher«, versehen mit einem Heiligenschein, fortleben und in ihrer Überhöhung und Glorifizierung weiterhin eine zentrale Legitimation für die Organisation liefern. Marx, Lenin und Mao Tse-tung haben eine solche Funktion für die extreme Linke in Deutschland eingenommen, Hitler ist für diverse Neonazi-Zirkel weiterhin der entscheidende Fixpunkt. Bei SC ist ein solches totalitäres, antidemokratisches Führertum sehr klar und eindeutig vorzufinden. Der 1986 verstorbene SC-Gründer L. Ron Hubbard fungiert im Schrifttum von SC nach wie vor als großer Entdecker der reinen Lehre, als Leitfigur für die SC-Praxis, als charismatischer Übervater und als Heilsbringer für die ganze Menschheit. Die Schattenseiten seiner Biographie werden ausgeblendet zugunsten einer Ästhetik der Verherrlichung und des Personenkults. Von daher ist es folgerichtig, daß eine kritische Auseinandersetzung mit dem Leben und dem Werk des SC-Gründers Hubbard innerhalb der SC selbst nicht stattfindet. Verletzungen, Niederlagen, Kränkungen, Fehlgriffe, Scheitern, enttäuschte Hoffnungen und Erwartungen – Dimensionen, die jede menschliche Biographie mehr oder weniger prägen, sind innerhalb der SC-Publizistik kein Thema. Wichtige immanente Fragen bleiben daher unbeantwortet: etwa die nach dem Zusammenhang von literarischen Welten aus der Science-fiction, denen sich Hubbard jahrelang gewidmet hat, und der Lehre der SC. Die Philosophie der Überwindung von Raum und Zeit etwa ist ein zentrales Motiv von Science-fiction-Literatur, aber ebenso in der Lehre der »Dianetik«. Auch die Vorgänge um die Entmachtung Hubbards und die Einsetzung seines Nachfolgers David Miscavige, denen – folgt man der SC-kritischen Literatur (Köpf, 1995, S. 15 ff.) – heftige interne, aber bis heute nicht hinreichend bekannte Machtkämpfe vorausgegangen sind, bleiben unerwähnt, vermutlich schon deshalb, um das Bild und die konstruierte Legende um Hubbard nicht zu beschädigen.

Die offiziellen Informationen über Hubbard zeichnen das Bild eines heldischen Übermenschen, den schon als Jugendlicher nichts anderes als Gelehrsamkeit und Forscherdrang ausgezeichnet hätte (zum folgenden: Was ist Scientology?, S. 83 ff.). Ständig auf der Suche nach den Rätseln des Lebens habe er viele Seereisen unternommen, um fremde Kulturen zu studieren. Anderen zu helfen und sie zu unterrichten sei seine vornehmste Lebensaufgabe gewesen. Als Leiter von Expeditionen in alle Welt seien ihm zahllose »Durchbrüche« gelungen. Während des Krieges habe er als Korvettenkapitän »höchstes Ansehen« genossen, bevor er nach dem Krieg in der »Dianetik« die Aufmerksamkeit der Welt auf sich gelenkt habe. Hubbard habe »das Rätsel des menschlichen Verstandes gelöst« (ebd., S. 83). Insgesamt drängt sich dem Leser der SC-offiziellen biographischen Anmerkungen der Eindruck auf, daß Hubbard auf dem Feld der Erforschung des menschlichen Lebens konkurrenzlos dasteht.

1995 erschien eine von SC herausgegebene, in vierzehn Sprachen veröffentlichte, 130seitige Broschüre über Hubbard.* Sie setzt die Glorifizierung des Helden in den bekannten Tönen fort. Von Hubbard ist die Rede als Menschenfreund, Pädagoge, Manager, Künstler, Philosoph, Schriftsteller, Pilot, Entdecker, Musiker, Ausbilder des Marine Corps, Fotograf und Gartenbaufachmann – auf jedem dieser Gebiete selbstredend erfolgreich und versehen mit »Tausenden von Ehrungen und Anerkennungen«.** Die Strategie der Verherrlichung des Übermenschen wird von SC fortgesetzt – ungeachtet der lauter werdenden Zweifel an den biographischen Konstruktionen der Vita Hubbards.

Voltz hat aufgrund neuer Dokumente auf einige Widersprüche in der Biographie Hubbards hingewiesen (Voltz, 1995, S. 60 ff.). Sie belegen eine Diskrepanz zwischen dem tatsächlichen Leben und der Glorifizierung in der SC-Propaganda. Einige Beispiele mögen hier genügen. Die Dokumente zeigen,

---

* Vgl. den Kommentar dazu und einen Auszug aus dieser Broschüre in: Freiheit, hrsg. von der SC-Kirche, 1995, S. 46–49
** Ebd., S. 40

so Voltz, daß Hubbard entgegen der offiziellen SC-Darstellung keineswegs der interessierte, vom Forscherdrang beseelte Weltreisende war, als der er geschildert wird, und daß die Motive der Beschäftigung mit Religion und Philosophie bei diesen Reisen aufgrund von Tagebuchaufzeichnungen kaum nachzuweisen sind. Dienstzeugnisse von Armee-Vorgesetzten sprechen von Leistungen »unter dem Durchschnitt«; er sei nicht als qualifiziert für ein Kommando oder eine Beförderung anzusehen. Ein anderer Vorgesetzter spricht davon, »dieser Offizier genügt den Anforderungen für die unabhängige Erledigung von Aufgaben nicht«, er sei schwatzhaft und versuche Eindrücke von seiner Wichtigkeit zu vermitteln (Voltz, 1995, S. 64f.). Recherchen eines amerikanischen Journalisten zufolge war Hubbard im übrigen nicht Korvettenkapitän, sondern Leutnant (Köpf, 1995, S. 12). Folgt man Albers' zusammenfassender Betrachtung der SC-kritischen Literatur, so ist Hubbards akademische Karriere fingiert. Eine Zeitlang habe Hubbard einen gekauften Doktor-Titel geführt, bis er 1966 offiziell und öffentlich auf das Führen dieses Grades verzichtete (Albers, 1994, S. 59). Hubbard war viele Jahre lang – teilweise unter einem Pseudonym – Autor von Science-fiction-Romanen und Western-Geschichten, dem »Lexikon der Science-fiction-Literatur« zufolge ein »eher mittelmäßiger Autor« (Alpers/Fuchs, 1990, S. 566). In der SC-offiziellen Darstellung liest sich diese – dem Bild des genialen Forschers und Entdeckers nicht unbedingt förderliche Episode – so, er sei vor der Veröffentlichung der »Dianetik« »schon lange als Autor, Romanschriftsteller und Forscher gefeiert« worden (Was ist Scientology?, S. 83).

Hubbards Bedeutung für SC in der Zeit nach seinem Tod 1986 kann man nur verstehen, wenn man die Funktion des Führers in fundamentalistischen Bewegungen und Organisationen berücksichtigt. Der Führer-Mythos ist eine Existenz- und Stabilitätsvoraussetzung totalitärer Organisationen. Die aller Kritik entzogene Feier des Übermenschen dient der Stabilität von SC als Organisation und als Programm, Zweifel und Kritik an Hubbard würden zugleich SC selbst in Bedrängnis bringen und zu Delegitimationsprozessen führen. Deshalb benötigt SC eine solche Führungsfigur, ohne die sie als eine totalitäre Organisation ins Wanken geraten könnte.

Die Glorifizierung des Führers dient des weiteren praktischen Zwecken der organisationsinternen Hierarchisierung: Die vielfach beschriebenen autoritären Methoden der Unternehmensführung auf streng gegliederten Hierarchie-Ebenen bedürfen einer personalisierten, übergreifenden Legitimation in Form des Allmächtigen und Allwissenden, der mit natürlicher Autorität umgeben ist. Zweifel und Kritik an ihm könnten dysfunktionale Folgen nach sich ziehen, denn wenn Kritik an Hubbard im SC-internen Diskurs erlaubt und geduldet wäre, dann wäre zugleich wohl auch organisationsinterne Kritik an den autoritären Führungsmethoden nicht mehr aufzuhalten.

Zur Funktion der SC-Sprache

Zu den wichtigsten Merkmalen fundamentalistischer Bewegungen gehört die sprachlich vermittelte, nach innen zusammenschweißende und nach außen Distanz herstellende und ausgrenzende totalitäre Doktrin. »Die Sprache«, bekennt der SC-Aussteiger Gunther Träger, »erweckte den Eindruck von Wissenschaftlichkeit und Kompetenz, aber auch von Distanz zu allen, die nicht dazugehören« (Caberta/Träger, 1997, S. 34). Eigene Wortschöpfungen, Umdeutungen vorhandener Begriffe und Sprachfiguren gewinnen eine große Bedeutung, weil sie suggestive Kräfte freisetzen und eine eigene, der Nachprüfung und der Erfahrung unzugängliche Lebenswelt entfalten, die Hannah Arendt als jene »Narrenhölle« beschrieben hat, in der den Menschen »jene Ruhe niemals gegönnt ist, in der sie allein der Wirklichkeit einer erfahrbaren Welt begegnen können« (Arendt, 1955, S. 159).

Wer sich mit Originaltexten von SC beschäftigt, der stößt schnell auf eine Vielzahl von Fachbegriffen:

– *Clear* beispielsweise heißt jemand, der SC-Kurse erfolgreich besucht hat.

– *Auditing* nennt sich die Beratung von Kunden durch die *Auditoren* von SC.

246

– Ein *Operierender Thetan* ist »ein Seinszustand oberhalb von
Clear, in dem sich der Clear mit seinen ursprünglichen Fähigkeiten erneut vertraut gemacht hat. Ein operierender Thetan ist
wissentlich und willentlich Ursache über Leben, Denken, Materie, Energie, Raum und Zeit« (Was ist Scientology?, S. 814).
– PTS ist die Abkürzung für *potential trouble source*, »jemand, der in irgendeiner Weise mit einer unterdrückerischen
Person in Verbindung steht und von ihr nachteilig beeinflußt
wird« (ebd., S. 815).

Diese Fachbegriffe entziehen sich der internen und externen
Kritik, indem sie absolut gesetzt werden. Sie unterliegen nicht
einem permanenten Reflexionsprozeß, sondern sie gelten als
Bezeichnungen für Einsichten und unumstößliche Wahrhei-
ten. So heißt es beispielsweise, die Logik der »Scientology-
Ethik« sei »unanfechtbar« (ebd., S. 241). Die »Axiome der

GLOSSAR IN DER SC-EIGENDEFINITION UND IN DER
KRITIKERDEFINITION AN EINIGEN BEISPIELEN

BEGRIFF	SC-DEFINITION	KRITIKER-DEFINITION
Aberration	»Ein Abweichen vom ver-nünftigen Denken oder Verhalten. Im wesent-lichen bedeutet es, sich zu irren, Fehler zu machen oder genauer, fixierte Ideen zu haben, die nicht wahr sind. ... Aberration ist geistiger Gesundheit entgegengesetzt, die ihr Gegenteil wäre« (Was ist Scientology?, S. 819).	»1. Begriff, der in Diane-tik geprägt wurde. Hub-bard bezeichnet damit das Abweichen vom ›Norma-len‹, unvernünftiges Han-deln. 2. Damit wird jede Hand-lung oder Denkungsart bezeichnet, die nicht der scientologischen Vorstel-lung entspricht. 3. Krankheit, die nur durch Auditing geheilt werden kann. Jeder Nicht-Scientologe ist ›aberriert‹, also krank. Dies trifft nach Hubbard auch auf die Gesellschaft zu (Political Dianetics: Die aberrierte Gesellschaft, 1951)« (Potthoff, 1993, S. 116).

BEGRIFF	SC-DEFINITION	KRITIKER-DEFINITION
Clear	»Ein sehr wünschenwerter Zustand für den einzelnen, der durch Auditing erreicht wird und vor Dianetik nie möglich war. Ein Clear ist jemand, der seinen reaktiven Verstand nicht mehr besitzt und daher unter keiner der nachteiligen Auswirkungen leidet, die vom reaktiven Verstand verursacht werden können. Der Clear hat keine Engramme, die, wenn sie restimuliert werden, die Richtigkeit seiner Berechnungen umstoßen, indem sie versteckte und falsche Daten einführen« (Was ist Scientology?, S. 811).	»Obwohl angeblich viele Tausende das Clear-Stadium erreicht haben, sind die fulminant angekündigten Veränderungen der Öffentlichkeit natürlich noch nie glaubhaft präsentiert worden. Nicht nur einzelne Menschen sollen clear werden, auch die Welt: So gibt es das Programm ›Clear Europe‹, in dem ›Clear Germany‹ eine besondere Rolle spielt. Ein Aussteiger berichtet: das Codewort ›Clear‹ … bedeutet nichts anderes als Machtergreifung durch Scientology« (Overbeck, 1994, S. 209).
Unterdrückerische Person (suppressive person, sp)	»Jemand, der eine bestimmte Reihe von Merkmalen und mentalen Einstellungen aufweist, die ihn dazu veranlassen, andere Leute in seiner Umgebung zu unterdrücken. Dies ist die Person, deren Verhalten darauf angelegt ist, katastrophale Folgen herbeizuführen. Wird auch ›antisoziale Persönlichkeit‹ genannt (Was ist Scientology?, S. 816).	«Hubbard teilte Menschen in zwei Typen ein: Diejenigen, die Scientology befürworten sich an deren Machtausweitung beteiligen, gelten als ›konstruktiv‹, ›sozial‹ und ›gut‹; Kritiker von Scientology als ›katastrophal‹, ›antisozial‹, ›böse‹ und ›unterdrückerisch‹. ›Anti-Scientologen‹ und ›Unterdrücker‹, nach Hubbard zählen 20 Prozent der Menschheit dazu, ›schaffen für andere Schwierigkeiten‹. Menschen, die Scientology offen kritisieren, gelten als gefährlichste Form der suppressive persons« (Overbeck, 1994, S. 215).

BEGRIFF	SC-DEFINITION	KRITIKER-DEFINITION
Ethik	»Die Logik der Scientology-Ethik ist unanfechtbar und beruht auf zwei wichtigen Begriffen: gut und böse. Wie Ethik und Recht waren gut und böse lange Zeit einer Frage von Anschauung, Unsicherheit und Verwirrung. Aber damit man wirklich zu schätzen weiß, worum es bei Scientology-Ethik geht, muß man verstehen, daß gut eine konstruktive Überlebenshandlung ist ... Da wir nun definiert haben, was ›gut‹ ist, läßt sich ›böse‹ als das Gegenteil beschreiben. Böse ist alles, das entlang den Dynamiken vergleichsweise mehr zerstört als aufbaut. Etwas, das mehr Zerstörung als Aufbau produziert, ist ›böse‹ vom Gesichtspunkt des einzelnen, der zukünftigen Generation, der Gruppe, der Gattung, des Lebens an sich oder des materiellen Universums, die es zerstört« (Was ist Scientology?, S. 241).	»Zweck scientologischer Ethik ist nicht eine philosophisch-wissenschaftliche Theorie über Gut und Böse, sondern ›Gegenabsichten und Fremdabsichten aus der Umwelt zu entfernen‹. Bekämpfung von Kritikern und Gegnern ist ebenso Ziel scientologischer Ethik wie das Ausmerzen innerer Kritik. Von Kritikern wird Hubbards Buch ›Einführung in die Ethik der Scientology‹ als ›mafioses Rezeptbuch‹ (Abel) gesehen, weil es mehr oder weniger verschlüsselt zu kriminellen Handlungen auffordert, zum Beispiel die Möglichkeit beschreibt, daß ein Kritiker ›in der Dunkelheit dumpf aufs Straßenpflaster klatscht oder das ganze feindliche Lager als Geburtstagsüberraschung in riesigen Flammen aufgeht‹« (Overbeck, 1994, S. 210).

Dianetik und der Scientology« gelten als unübertroffene und jeder Kritik entzogene »grundlegende Wahrheiten« und als »Naturgesetze« (ebd., S. 593 ff.).

Folgt man dem Tenor der Kritik an SC, so handelt es sich bei einer Vielzahl fachsprachlicher Begriffe um ideologische, weil sie in suggestiver Weise Zusammenhänge beschönigen oder verdrehen. Die Gegenüberstellung von Eigen- und Fremddefinitionen in der nachfolgenden Tabelle gibt einen exemplarischen Eindruck über die Problematik der SC-Fachsprache.

Die Liste SC-spezifischer Fachbegriffe ließe sich leicht fortsetzen. Insgesamt wird dadurch eine eigenständige Weltsicht begründet, die eine Reihe von Funktionen nach sich zieht. Für die Betroffenen bedeutet dies eine mehr oder minder starke ideologische Vereinnahmung ihrer Person und ihrer Persönlichkeit.

»Aus den vielen Lehren wurde nur das herausgenommen, was der Macht der Scientology nützt. Wesentliche Teile wurden weggelassen und durch eigene ersetzt, insbesondere die Schwarzweißtheorie, die die Menschen zwangsläufig in zwei Lager spaltet. In die guten produktiven (die daran erkennbar sind, daß sie Scientology anerkennen) und in den Rest (erkennbar durch Ablehnung der Scientology). Damit wird schon als Basis ein großes Übel angerichtet. Und während der Mitgliedschaft bei Scientology ist es unmöglich, daraus zu entkommen. Durch die permanente Befassung mit den Lehren von Hubbard ist man ständig in diesem perfiden, feinmaschigen Gedankengut drin, und es ist untersagt, sich mit anderen Lehren zu befassen, will man den Fortschritt in Scientology nicht kompromittieren. Somit ist auch der Zugang zu übrigen Lehren völlig verschlossen und auch die Chance, weitergehende Erkenntnisse zu gewinnen. Die Gefangenschaft ist perfekt organisiert. Durch diesen egoistischen Ausschluß von der übrigen geistigen Welt und der Gefangenschaft in der Macht- und Bewußtseinsmaschinerie der Scientology verformt sich auch die persönliche, seelisch-geistige Aura eines Menschen bis hin zur völligen Abhängigkeit und Blindheit« (Voltz, 1995, S. 38).

Norbert J. Potthoff berichtet von der Einstiegsphase als Scientologe, als er mit einer für ihn neuen Fachsprache konfrontiert wurde:

»Begriffe waren mit völlig neuen Denkinhalten und Vorstellungen gefüllt. Die ›soziale Persönlichkeit‹, die ›antisoziale Persönlichkeit‹, ›Unterdrücker‹ und ›Achterbahnfahrer‹ (oder ›Roller Coaster‹ – ein Mensch, dem es mal gut-, mal schlechtgeht) – diese Begriffe entstammten einem anderen Programm, einer anderen Lebenssicht. Die war nicht nur neu, sondern auch fremdartig, und ich ahnte, daß ich meine gewohnte Welt würde verlassen müssen, wenn ich mich auf diese Vorstellungen einlassen wollte. ... Der ›neue Mensch‹ schien zum Greifen nahe, der ›Clear‹ ist jemand, der sein Leben in Ordnung gebracht hat; der nicht mehr über seinen eigenen ›reaktiven Verstand‹ verfügt. Nach Hubbards Vorstellungen hat jeder Mensch einen ›analytischen‹ und einen ›reaktiven Verstand‹ (vergleichbar dem Unterbewußtsein). Im reaktiven Verstand sind alle negativen Erfahrungen und Lebensvorstellungen gespeichert. Durch Auditing sollen diese Informationen im Unterbewußtsein entdeckt und dann gelöscht werden. Sind alle ›falschen‹ Informationen gelöscht, so hat man einen ›geklärten‹ Menschen, der von nun an ›vernünftig‹ handelt. Auch ich wollte clear werden, um endlich in Frieden leben zu können und um zum Frieden in der Welt beizutragen. ... Hat man erst einmal das harte Kommunikationstraining absolviert, hat man gelernt, in dieser neuen Sprache zu denken und zu fühlen, dann ist der Weg nach draußen so hart und beschwerlich, daß man lieber drinnen bleibt« (Potthoff, 1994, S. 23 ff.).

Die Sprache der SC suggeriert *nach innen*, an die eigene Anhängerschaft gerichtet, die Exaktheit angeblich wissenschaftlicher Verfahren. »E-Meter«, »Auditing« oder »Engramme« versprechen ein erprobtes, einzigartiges, erfolgversprechendes Programm und preisen dem Kunden die Verläßlichkeit und Wissenschaftlichkeit bewährter praktischer Instrumente. SC als »Technologie« ist eine recht häufige Sprachfigur. Sie gibt vor, den Prozeß des »Auditing« nach exakten, geplanten, genau gesteuerten Verfahren durchzuführen, ohne Abweichungen und Fehler. Der Anspruch einer »Technologie« nach dem Vorbild technisch-naturwissenschaftlicher Verfahren im Zusammenhang kommunikativer Prozesse ist aber insofern ideologisch, als damit die hermeneutische Ebene menschlicher Kommunikation, die immer auch Miß- und Fehldeutungen, Verständnisprobleme und eine Pluralität von Sinnverstehen mit einschließt, unterschlagen wird. »Clear« oder »Thetan« sind visionäre, zielgerichtete Begriffe, die einen menschlichen und politisch-gesellschaftlichen Idealzustand andeuten, den es zu erreichen gelte. Sie sind die eigentlichen legitimatorischen Zentralbegriffe, denn sie umreißen Sinn und Zweck und Daseinsberechtigung von SC. *Nach außen hin* gewinnt die Sprache von SC eine politische und demagogische Qualität. »Aberration« ist die vage Umschreibung all dessen, was den Zielen von SC zuwiderläuft, eine »suppressive person« eine ebenso

vage Umschreibung von in irgendeiner Weise die SC stören-
den Personen. Gegen jede Kritik kann SC sich abschotten, indem Personen zu »suppressive persons«, Organisationen und
Institutionen, aber auch konkurrierende oder kritische Ideen
und Gedanken als »aberriert« erklärt werden. Versehen mit
einer solchen Deklaration kann jedwede Form von Kritik ausgegrenzt oder ausgeschaltet werden.

In den zurückliegenden Jahren hat sich immer wieder gezeigt, wie in stärker tagespolitischen Bereichen die Rhetorik
der SC von Demagogie in Aggressivität umschlagen kann.
Seit 1994 versucht SC in der amerikanischen Öffentlichkeit,
die Bundesrepublik und die Bundesregierung wegen der angeblichen, NS-Methoden verwandten Verfolgung von Minderheiten – als deren Teil SC sich sieht – zu diskreditieren.
Anfang 1995 startete SC eine Anzeigenkampagne in der angesehenen New York Times. Vorausgegangen war eine An-
zeigenserie in der Kongreß-Zeitung »Roll Call« zwischen
April und Juni 1994 (SC, 1994). Zwanzig ganzseitige Anzei-
gen standen unter der Überschrift »Stoppt den Haß in
Deutschland – Laßt nicht zu, daß sich die Geschichte wiederholt!« Ziel beider Kampagnen war es, Kritik an und Maßnahmen gegen SC in Deutschland in den Zusammenhang der
NS-Judenverfolgung zu rücken, die Bundesrepublik und die
Bundesregierung an den Pranger zu stellen und SC selbst als
verfolgte Minderheit in Deutschland erscheinen zu lassen.
Ein halbes Jahrhundert nach den Nürnberger Rassegesetzen
wiederhole sich in Deutschland ein ähnliches Szenario (»a si-
milar scenario is being repeated in modern Germany«, New
York Times, 4. 1. 1995). Zielscheibe von Übergriffen – die
Lage erinnere an das Vorkriegsdeutschland – seien u.a.
Scientologen. In Deutschland gebe es, ähnlich der Agitation
gegen die Juden im Dritten Reich, massenhaft Übergriffe gegen ethnische und religiöse Minderheiten in einer nicht en-
den wollenden Kampagne von Intoleranz und Haß. »Mit am
meisten leiden darunter die Mitglieder von Scientology« (New
York Times, 11. 1. 1995). Die Diskriminierung deutscher
Mitglieder von SC ähnele »in erschreckender Weise denen
von vor mehr als fünfzig Jahren, als Hitlers Nazi-Partei an die

Macht kam«, heißt es eine Woche später (New York Times, 18. 1. 1995). In der Folgezeit konnte SC namhafte Mitstreiter gewinnen. Die Schauspieler Dustin Hoffmann, Goldie Hawn und der Regisseur Oliver Stone unterzeichneten einen offenen Brief von Vertretern der US-Filmbranche an den Bundeskanzler, worin es wiederum heißt, in den dreißiger Jahren seien es die Juden, heute die Scientologen, die verfolgt würden (International Herald Tribune, 9. 1. 1997).

Die Kampagnen verweisen nachdrücklich auf SC als politische Organisation. Sie bedient sich durchaus kämpferisch der Sprache der Demagogie und der Propaganda, indem sie versucht, den Gegner – hier die Bundesrepublik Deutschland – an seinem wundesten Punkt zu treffen und zu attackieren und ihn weltöffentlich bloßzustellen und zu diskreditieren.* Nach Robert Vaughn Young, einem der bisher ranghöchsten Aussteiger, folgt diese Kampagne dem schon 1973 von Hubbard entwickelten, geheimgehaltenen »Schneewittchen-Programm«, das auf dem Gedanken basiert, von Deutschland gehe – angeführt von Ex-Nazis und Psychiatern – eine Verschwörung gegen SC aus (Young, 1995).

Die demagogisch gemeinte Unterstellung, die angebliche Verfolgung von Minderheiten in Deutschland ähnele der Juden-Verfolgung in Nazi-Deutschland, führt nun aber zu der Frage, wie es SC mit der Demokratie insgesamt hält.

Demokratiekritik und Utopie

»Ich sehe nicht, daß populäre Maßnahmen, Selbstverleugnung und Demokratie dem Menschen irgend etwas gebracht haben, außer ihn weiter in den Schlamm zu stoßen« (L. Ron Hubbard, zit. nach: Voltz, 1995, S. 147).
»Der Weg mag schwierig sein und infolge des raschen Zerfalls der Zivilisation und der Aushöhlung persönlicher Freiheit,

* Dieser Versuch ist nicht neu, vgl. die Broschüre »Holocaust bis 1984. Analysen und Betrachtungen: Das verfassungswidrige und antireligiöse Vorgehen staatlicher Organe der Bundesrepublik Deutschland gegen neue religiöse Minderheiten.« Scientology Kirche Deutschland HSO München e.V. (Ohne Datum, vermutlich 1979)

wie wir sie heute beobachten, sogar noch schwieriger werden. Gehen wir unser Ziel aber mit vereinten Kräften und engagiert an, so werden wir schließlich zum Wohle der ganzen Menschheit obsiegen« (Was ist Scientology?, S. 673).

Demokratie-Konzeptionen spielen eine erhebliche Rolle bei der Frage, ob und inwiefern eine Organisation oder Vereinigung einen freiheitlich demokratisch verfaßten Rechtsstaat beseitigen will. SC versteht sich nach außen hin nicht als politische Organisation, sondern als »Kirche«, die an der Selbstbefreiung der Individuen und damit der Gesellschaft arbeitet. Im Januar 1968 notiert Hubbard:

»1. Ich erkläre hiermit, daß die Scientology nicht politisch und nicht ideologisch ausgerichtet ist.

2. Politik und Ideologie dürfen nicht Teil der Entscheidung sein, Personen auszubilden (train) oder zu behandeln (process), und alle diesbezüglichen Befragungen dürfen nicht mehr Bestandteil eines Antrags auf Ausbildung, Behandlung oder Mitgliedschaft sein.

3. Dies bedeutet keine Änderung der Politik in bezug auf suppressive Personen (suppressive persons). Es bedeutet in allen Formblättern die Streichung aller Worte, die darauf abzielen, Äußerungen über politische Affinitäten oder Antagonismen zu erhalten.«*

Nach diesem Selbstverständnis ist SC *nach außen* eine nichtpolitische Organisation, die gleichwohl *nach innen* eine durchaus eigenständige »Politik in bezug auf suppressive Personen« (d. h. Gegner) betreibt. Punkt 2 liefert eine bemerkenswerte Begründung: Sympathisanten und Kunden gegenüber, die durchweg nicht aus politischen Gründen, sondern um ihre Persönlichkeit zu schulen, SC-Kurse besuchen, erscheint politische Neutralität als Conditio sine qua non. Erkennbare politische Motive für die breite Öffentlichkeit könnten angesichts dieser Ausgangslage eine geschäftsschädigende Auswirkung haben. Daraus folgt, daß SC politische Motive und Zielsetzungen aus taktischen und kommerziellen Gründen kaschiert, um das individualistische Ziel der Kunden nicht zu gefährden.

* HCO-Grundsatzschreiben vom 10. Januar 1968 (Neufassung von LRH SECED 56 INT, 14. Juni 1965)

Dies scheint der wesentliche Grund dafür zu sein, daß im gesamten Schrifttum Hubbards und der SC dezidiert politische Fragen eher am Rande behandelt werden. Zwar redet Hubbard von einer »politischen Dianetik«, doch was dies genau bedeutet, erschöpft sich in wenigen Andeutungen. Die politische Dianetik umfasse, so Hubbard lakonisch, »das Gebiet von Gruppenaktivität und Organisation« (Hubbard, 1984, S. 195). Es gibt kaum längere, ausführliche und begründete politische Schriften im engeren Sinn. Politische Äußerungen finden sich verstreut in vielen verschiedenen Publikationen. Doch sind sie nicht in rationale Argumentationsgänge eingebunden, sondern sie nehmen die Form von selbstgewissen Behauptungen und Lehrsätzen an.

Trotzdem sind sie für unseren Zusammenhang aus zwei Gründen von besonderem Gewicht: Zum einen unterliegt ihre Knappheit dem Primat vorgeblich politisch neutraler Lebenshilfe für die Kursteilnehmer. Deshalb bedeutet der geringe Umfang politischer Äußerungen keineswegs eine untergeordnete Bedeutung in der SC-Ideologie. Zum anderen sind die politischen Aussagen praktisch nie tagespolitisch und aktuell, sondern von prinzipieller Natur. Dadurch ergibt sich die Chance einer Überprüfung, wie es SC mit den politischen Prinzipien der Demokratie hält. Die vorliegenden SC-Materialien über Politik und Gesellschaft belegen, daß die Organisation sehr wohl politische Ziele verfolgt, von einem bestimmten Politikbegriff ausgeht und eine sehr prinzipielle und ablehnende Kritik an der Demokratie vorträgt.

In der Selbstdarstellung »Was ist Scientology?« wird im Hinblick auf WISE, den weltweiten Verband der SC-Unternehmen, ein Anspruch erhoben, der weit über die Geschäftswelt hinausgeht und auch die Politik der Regierungen einbezieht: Es gehe darum, in Politik und Gesellschaft Vernunft und Ordnung durch den Einsatz der WISE-Technologie zu schaffen.

Schon im Jahr 1965 hatte sich Hubbard dezidierter über Politik und Demokratie geäußert. Er schloß dabei alle Systeme aus, »die Hexenjagden veranstalten, Möglichkeiten vorenthalten, das Recht auf Vervollkommnung durch ein

funktionierendes System beschneiden oder ein funktionierendes System unterdrücken«*; im Klartext: alle politischen
Systeme, die gegen SC offensiv vorgehen. Weiter heißt es:

> »Wenn man sieht, wie die Vereinigten Staaten und Australien
> die Scientology mit blindem Haß bekämpfen, während sie re-
> pressive geistige und religiöse Praktiken unterstützen, beweist
> dies, daß Demokratie, die auf geistig verirrte Menschen an-
> gewandt und von ihnen verwendet wird, weit von einem
> Idealzustand entfernt ist und nur eine verirrte Demokratie
> ist. ... Das reaktive Gedächtnis – das Unbewußte oder wie
> Sie es auch immer nennen wollen – unterdrückt alle guten
> Impulse und verstärkt die schlechten. Daher ist eine De-
> mokratie ein kollektives Denken des reaktiven Gedächtnis-
> ses.«**

Das »reaktive Gedächtnis« des Menschen unterdrückt Hubbard zufolge die guten und verstärkt die schlechten Impulse.
Im Analogieschluß entspricht die Demokratie den »schlechten Impulsen«. »Die reaktive Bank«, heißt es an anderer
Stelle, »der unbewußte Verstand, wie immer Sie es nennen
wollen – unterdrückt alle anständigen Impulse und fördert
die schlechten. Daher ist eine Demokratie ein Kollektivdenken von reaktiven Banken ...« (zit. nach: Voltz, 1995, S. 149).
  Führt man diesen Gedankengang in der Hubbardschen
Logik zu Ende, dann bedeutet dies die Überwindung und Beseitigung der Demokratie, denn: Wenn das Auditing das »reaktive Gedächtnis« zu beseitigen trachtet, um den Weg in die
Freiheit zu ermöglichen, dann muß auch die Demokratie beseitigt werden, um den Weg in die neue Zivilisation frei zu
machen. Schon in der »Dianetik« hatte Hubbard den Analogieschluß vom Menschen auf die Gesellschaft ausdrücklich befürwortet:»Die gesellschaftlichen Organismen, die wir
Staaten und Nationen nennen, reagieren und verhalten sich
in jeder Beziehung so, als wären sie individuelle Organismen« (Hubbard, 1984, S. 488). Diese Analogie werde in der
»politischen Dianetik« verwendet (ebd.).

* HCO-Grundsatzpapier vom 13. Februar 1965, S. 5
** Ebd.

Sie wird in den folgenden Jahrzehnten konsequent eingehalten. Wird auf der Ebene der Individuen die Unterscheidung getroffen zwischen den sich auf dem Weg zur Freiheit befindlichen »Clears«, also den Anhänger der SC, und den zum Untergang verurteilten »Aberrierten« – d. h. den SC nicht angehörigen Menschen –, so folgt daraus die Bestimmung einer ganz neuen, scientologischen Demokratie:

> »So können wir aufgrund tatsächlicher Beweise zu dem Schluß kommen, daß sich die erste wirkliche Demokratie ergeben wird, wenn wir jeden einzelnen Menschen von den bösen reaktiven Impulsen befreit haben. Solche Menschen können vernünftig denken, sie können sich auf gute und praktische Maßnahmen verständigen, und man kann sich bei ihnen darauf verlassen, daß sie positive Maßnahmen entwickeln. Bis wir dies erreicht haben, werden wir fortfahren, die menschliche ›Demokratie‹ – ebenso wie jede andere politische Philosophie, die der Mensch zur Heilung seiner Übel hervorgebracht hat, zu kritisieren« (ebd.).

Das Endziel der scientologischen Demokratie ist ein klassischer Chiliasmus, wie er so oder ähnlich von allen politischen und religiösen Heilslehren postuliert wird:

> »Denn obwohl sich die Scientology in erster Linie darauf konzentriert, den einzelnen zu fördern und ihn auf eine höhere Ebene des geistigen Bewußtseins zu heben, ist das längerfristige Ziel stets das gleiche geblieben: eine Zivilisation ohne Geisteskrankheit, ohne Verbrecher und ohne Krieg, in der der Fähige erfolgreich sein kann und ehrliche Wesen Rechte haben können, und in der der Mensch die Freiheit hat, zu größeren Höhen aufzusteigen« (Was ist Scientology?, 1993, S. 380; ähnlich formuliert auf S. 673)

Das gleichbleibende Ziel der Erschaffung einer neuen Zivilisation ist selbstredend ein hochpolitischer Anspruch. Ihre Beschaffenheit – ohne Geisteskrankheit, ohne Verbrecher und ohne Krieg – mutet utopisch an, entspricht jedoch durchaus den ethischen Grundwerten der Demokratie. Im Hinblick auf die Menschenrechte ist sie jedoch antidemokratisch, zumindest aber ambivalent: »Ehrliche Wesen« »können« »Rechte« haben. Hier bleibt unbestimmt, wer und was »ehrliche Wesen sind« und wer darüber befindet. Bereits die Einschränkung auf »ehrliche Wesen« ist antidemokratisch, denn hier wird ein essentieller demokratischer Grundsatz, die Unteilbarkeit der Grund- und Menschenrechte nicht akzeptiert. Die Gewährung von Grundrechten steht zudem unter einem Vorbehalt: Wenn Rechte gewährt werden »können«, dann können sie auch wieder entzogen werden.

In seinem Hauptwerk »Dianetik« entfaltet Hubbard eine Vision der künftigen SC-geprägten neuen Gesellschaft. Sie belegt einmal mehr den antidemokratischen, verfassungsfeindlichen Grundsatz einer Teilbarkeit der Grundrechte:

> »Vielleicht werden in ferner Zukunft nur dem Nichtaberrierten die Bürgerrechte verliehen. Vielleicht ist das Ziel irgendwann in der Zukunft erreicht, wenn nur der Nichtaberrierte die Staatsbürgerschaft erlangen und davon profitieren kann. Dies sind erstrebenswerte Ziele, deren Erreichung die Überlebensfähigkeit und das Glück der Menschheit erheblich zu steigern vermöchten« (Hubbard, 1984, S. 487; vgl. dazu auch S. 249).

Der dualistische Ansatz, der sich in der simplen Unterscheidung zwischen Menschen mit dem richtigen Bewußtsein (SC-Anhänger) und mit dem falschen zeigt (Nicht-SC-Anhänger) und auf der politisch-gesellschaftlichen Ebene zwischen dem Reich der Freiheit und den elenden Zuständen auf der irdischen Welt, wird bekräftigt durch eine utopisch-undemokratische Demokratie-Konzeption. Der chiliastische Grundzug des totalitären Denkens – die Perzeption eines idealen Endzustands der Gesellschaft, in der nur die Gerechten leben – kommt in der Annahme Hubbards zum Ausdruck, es werde »auf dem Planeten heute nirgendwo Demokratie praktiziert. Und soweit ich weiß, hat es noch nie eine gegeben, und auch im alten Griechenland gab es keine Demokratie« (zit. nach: Voltz, 1995, S. 147). SC biete die »erste Gelegenheit, eine wirkliche Demokratie zu haben«, »Demokratie ist nur möglich in einer Nation von ›Clears‹« (zit. nach: Voltz, 1995, S. 150f.). »Eine ideale Gesellschaft«, heißt es in der »Dianetik«,

»wäre eine Gesellschaft nichtaberrierter Menschen – Clears –, die in einer nichtaberrierten Kultur leben, denn sowohl der einzelne als auch die ganze Gesellschaft bzw. deren Kultur können aberriert sein. … Nur in einer Gesellschaft von nichtaberrierten Menschen mit einer Kultur, aus der alle Unvernunft entfernt wurde, kann der Mensch für seine Handlungen wirklich verantwortlich sein, dann und nur dann« (Hubbard, 1984, S. 486).

Die prinzipielle Ablehnung der real existierenden Demokratie basiert auf einer Gesellschaftstheorie der politischen Homogenität, die nur *einen* einheitlichen Willen vorsieht und den pluralistischen Interessenantagonismus nicht bereit ist zuzulassen. Der Zusammenbruch der Demokratie ist Hubbard zufolge deshalb abzusehen, weil sie »die Privilegien ihrer Mitgliedschaft auch denjenigen gegenüber gewährt, die versuchen, sie zu zerstören« (zit. nach: Voltz, 1995, S. 143). Wer eine Gruppe verlasse, verliere auch ihren Schutz, und deshalb dürfe die Gemeinschaft solchen Personen auch keinen Schutz mehr gewähren. Hubbards Gesellschaftstheorie ist nicht nur von einem groben, simplen Dualismus ohne Differenzierungsvermögen geprägt, sie ist die entscheidende Basis für seine grundsätzliche Ablehnung der Demokratie als Staats- und Gesellschaftsform.

SC beschränkt sich nicht auf verstreute Äußerungen über Politik und Gesellschaft, sie zielt vielmehr auch darauf ab, über Infiltrationsstrategien Politik in ihrem Sinn zu beeinflussen. Schon im Jahr 1960 wird eine Handlungsanweisung für die Mitglieder bekannt, die auf eine solche Strategie verweist, darin heißt es:

»Eine Nation oder ein Staat funktioniert aufgrund der Fähigkeit seiner … Führungspersonen. Es ist leicht, in so einem Bereich einen Posten zu erhalten, … nutzen Sie jegliche Ihnen zur Verfügung stehenden Talente, um eine Stellung in der Nähe solcher Personen zu bekommen, und machen Sie sich daran, an der betreffenden Umgebung zu arbeiten und sie besser zum Funktionieren zu bringen«.*

* HCO-Bulletin vom 23. 6. 1960, S. 6

Zusammenfassung: SC zwischen Fundamentalismus und Extremismus

Eine in vielen Texten von SC nachweisbare, eher indifferente Hinnahme demokratischer Inhalte und Verfahren und die Selbststilisierung als Reformkraft im bestehenden Gesellschaftssystem (z. B. in der Drogenfrage) erscheint als strategisches Verfahren, das mit Rücksicht auf die Marktposition angewandt wird. Die Reproduktion der Organisation erfolgt im Markt der Lebenshilfen, der Unternehmens- und Personalberatung, dessen ökonomische Gesetze auch für SC gelten. Als unternehmerischer Akteur und Wettbewerber muß SC die Regeln dieses Marktes beachten, Außendarstellung, Marketing und Öffentlichkeitsarbeit müssen darauf abgestimmt sein. Diese Grundlagen könnten gefährdet werden, wenn SC offen am politischen Markt der Parteien, Verbände und Weltanschauungsgemeinschaften teilnimmt. Die Abwendung der gesellschaftlichen Randständigkeit und die Behauptung der Marktposition sind angewiesen auf den Verbleib im nach außen hin eher unpolitischen »Psycho-Markt«. Diese Positionierung im Bereich der intermediären Instanzen erfordert einen strategisch angelegten, nicht offenen Umgang mit politischen Zielsetzungen. Als zweiten Grund für die eher versteckt und verstreut über die Texte ausgebreitete, nach innen und außen nicht diskussionsbereite politische Zielsetzung kann die totalitäre Ausrichtung der Ideologie und der Organisation gelten. Unter Berücksichtigung dieser Hintergründe lassen sich gleichwohl einige Befunde über die politischen Ziele zusammentragen.

SC ist, legt man ein nicht zu enges, also auf den Parteienstatus und die Teilnahme an Wahlen ausgerichtetes Politikverständnis zugrunde, eine – ungeachtet der Organisationsform und der Marktpositionierung – politische Organisation. Sie verfolgt langfristige politische Zielsetzungen. Im Zentrum steht die Schaffung einer Gesellschaft nach scientologischen Prinzipien. SC und ihr Begründer Hubbard kritisieren die bestehenden demokratisch-pluralistischen Verfassungsstaaten in einer fundamentalistisch-ablehnenden Weise, die den Schluß nahelegt, daß diese bestehenden Systeme mit der angestrebten scientologischen Gesellschaftsform nicht vereinbar sind. Eine Gesellschaft, in der scientologische Prinzipien verwirklicht wären, würde sich zu einer modernen Form totalitärer Herrschaft entwickeln, in der die fundamentalen Prinzipien demokratisch-rechtsstaatlicher Verfassungssysteme keinen Platz fänden. Eine scientologische Gesellschaft läuft hinaus auf einen durch keinerlei rechts- und sozialstaatliche Fesseln gebändigten Kapitalismus in einer totalitären Herrschaftsform. Die von Potthoff so bezeichnete, sich ab 1980 durchsetzende Strategie des »Hubbardismus« (Potthoff, 1993, S. 93) verweist auf die Politisierung der Organisation einerseits und die Weltherrschaftsansprüche andererseits.

SC äußert sich in zunehmender Weise aber auch tagespolitisch und greift in die politischen Debatten ein. Dies zeigt sich besonders deutlich in den Anzeigenkampagnen 1994/95 in den USA und Deutschland. SC geriert sich als verfolgte religiöse Minderheit eines Staates – der Bundesrepublik Deutschland –, der im Hinblick auf die Verfolgungspraxis der NS-Diktatur vergleichbar sei. Hier geht es weniger um die Qualität dieser Strategie der Diffamierung und der Selbstüberhöhung, sondern um den exemplarischen Hinweis, daß und wie SC versucht, auf den politischen Meinungsbildungsprozeß direkt einzuwirken. Daher ist es verfehlt, SC auf ihre Eigenschaft als »Sekte« oder »Kirche« zu begrenzen, SC ist – im Zeitverlauf immer deutlicher – eine Organisation mit langfristigen politischen Zielen.

Theorie und Praxis von SC erfüllen alle Merkmale einer totalitären Organisation und Weltanschauungsgemeinschaft. Sie erhebt einen ideologischen Alleinvertretungsanspruch, sie ist hermetisch abgeschlossen, sie gruppiert sich um eine Führer-Ideologie, folgt einem rigide dualistischen Weltbild, das die Welt undifferenziert in Gut und Böse unterscheidet, eingebettet in eine eigens entwickelte, mit rationalen Maßstäben kaum zugängliche Fachsprache. Auch das für totalitäre und extremistische Ideologien typische kollektivistische Denken findet sich bei SC. Die Überhöhung der »clears« und die Frontstellung gegen alle, die SC nicht folgen, stiften einen

Gemeinschaftszusammenhang, der von elitären Vorstellungen des Übermenschen geprägt ist.

Das aus dem Menschen- und Gesellschaftsbild – etwa der Konstruktion der »antisozialen Persönlichkeit« – abzuleitende Gewaltpotential ist ein wichtiges Merkmal von SC. Besonders hervorzuheben ist die Tatsache, daß Gewaltanwendung ein integraler Bestandteil der SC-Ideologie ist. Die mittlerweile vielfach von ehemaligen Anhängern geschilderte Praxis der Einschüchterung und Verfolgung von Abtrünnigen und Gegnern ist als systematische und praktische Konsequenz dieser ideologischen Position zu betrachten. Sowohl die totalitäre Gesamtstruktur wie auch die Gewaltkomponenten verstoßen gegen wichtige Prinzipien der freiheitlich demokratischen Grundordnung.

Organisationen, von denen ein Verstoß gegen dieses Prinzipien anzunehmen ist, fallen im Verfassungsverständnis einer streitbaren Demokratie in den Bereich des politischen Extremismus. Vor diesem Hintergrund ist zu klären, inwieweit SC als eine dem politischen Extremismus zuzurechnende oder ihm nahestehende Organisation anzusehen ist. Eine solche Klärung muß besonders sorgfältig vorgenommen werden, denn die Einordnung in den Bereich des politischen Extremismus tangiert zumindest mittelbar demokratische Bürger- und Freiheitsrechte. Deshalb gilt es zunächst, Argumente zu prüfen, die gegen die These sprechen, bei SC handele es sich um eine neuartige Form des politischen Extremismus.

Es gibt einige Gründe, die gegen eine extremistische Qualität von SC sprechen. Von den herkömmlichen, in den Jahresberichten der Verfassungsschutzbehörden in Bund und Ländern aufgenommenen Organisationen unterscheidet sich SC grundlegend in einigen wichtigen Punkten: Vom Organisationstypus her ist SC ein gewinnorientiertes Wirtschaftsunternehmen des Dienstleistungsbereichs, den Marktgesetzen der »Psycho«-Branche unterworfen, nicht aber eine ausschließlich oder auch nur überwiegend politisch-weltanschaulichen Zielen verbundene Organisation. Dubiose und zweifelhafte Praktiken ändern an dieser Grundstruktur nichts. Dementsprechend ist die Anhängerschaft – beginnend bei den Kursteilnehmern – mehrheitlich nicht primär politisch motiviert, ihr geht es vielmehr darum, die persönliche Lebenssituation zu verbessern. Während die Sympathisanten extremistischer Organisationen vor allem an der radikalen Veränderung der Gesellschaft bzw. an ihrer Überwindung interessiert sind, konzentriert sich die SC-Anhängerschaft in weiten Teilen zuallererst individualistisch auf sich selbst und die Veränderung der eigenen Lebensperspektive. Es muß davon ausgegangen werden, daß Interessenten und Kursteilnehmer nicht von politischen – und somit auch nicht von extremistischen – Absichten und Motiven geleitet sind, sondern von der Annahme, durch den Besuch von Kursen persönliche Probleme besser lösen zu können. Solche Absichten sind auch bei konventionellen Organisationen des politischen Extremismus nicht auszuschließen, aber die politische Motivation steht letztlich doch im Zentrum.

SC tritt öffentlich als politische Organisation nach dem Muster von Parteien, politischen Verbänden oder Zirkeln nicht in Erscheinung. Die SC-Zeitschrift »Freiheit« trägt zwar politische Züge, doch das für extremistische Organisationen typische öffentliche Werben für verfassungsfeindliche Zielsetzungen steht nicht im Vordergrund der SC-Publizistik. Ein drittes Argument könnte es nahelegen, eine extremistische Qualität von SC zu verneinen: Die Organisation läßt sich historisch-politisch und ideengeschichtlich nicht den Traditionen des Links- oder Rechtsextremismus zuordnen. Die genannten Differenzen sprechen dafür, SC nicht als eine den konventionellen Erscheinungsformen folgende extremistische Organisation aufzufassen.

Auf der anderen Seite ist jedoch an die Schnittmengen zwischen Totalitarismus und Extremismus zu erinnern sowie an das Verhältnis von gewinnorientiertem Wirtschaftsunternehmen und den damit verbundenen Perspektiven einer Veränderung der Gesellschaft im scientologischen Sinne. Die oben erörterten totalitären Merkmale entsprechen dann einer extremistischen Grundstruktur, wenn sie *miteinander verbunden und als Gesamtheit* Theorie und Praxis einer Organisation prägen. Dies ist bei SC eindeutig der Fall.

Auch nach seinem Tod im Jahr 1986 gelten die Schriften Hubbards als dominante Leitlinien für die SC. Darin finden sich zahlreiche Argumentationsfiguren, die auf politische und gesellschaftsverändernde Zielsetzungen sowie eine grundsätzliche Ablehnung der Demokratie hindeuten. »Die Gesamtstrategie des L. Ron Hubbard zielt darauf«, so wäre einem Bericht des Hamburger Senats beizupflichten, »in jedem Land der Welt die dort herrschende Ordnung zugunsten der ›neuen scientologischen Gesellschaft‹ zu verändern.« Die gewinnorientierte Wirtschaftspraxis von SC ist nicht Selbstzweck, sie dient vielmehr dazu, das weltweite Programm eines »geklärten Planeten« (»clear planet«) sukzessive umzusetzen durch Infiltration von Wirtschaftsbranchen, insbesondere des kommunikationsintensiven tertiären Sektors. Der strategische Vorteil von SC besteht in dieser Hinsicht darin, daß sie aufgrund ihrer Marktpositionierung hier einen viel besseren Zugang findet als solche Organisationen, die eindeutig vom politischen Markt her kommen.

Wägt man beide Entwicklungslinien gegeneinander ab, zum einen die Funktion als Wirtschaftsunternehmen und die individualistisch orientierte Anhängerschaft und die sich daraus ergebende – unter psychoanalytischen Gesichtspunkten hier nicht zu bewertende – Lebenshilfepraxis, zum anderen die Schnittmengen von Totalitarismus und Extremismus, so könnte eine Einschätzung von SC im extremismustheoretischen Kontext einer streitbaren Demokratie wie folgt vorgenommen werden: SC läßt sich, insgesamt betrachtet, weder linksextremen, den Zielen des Marxismus-Leninismus verbundenen Traditionen unmittelbar zuordnen noch rechtsextremen im Sinne eines ethnisch homogenen, auf Nationalismus, Reichsidee und Führertum gegründeten Staates. Damit paßt SC nicht in die geläufigen Traditionszusammenhänge des politischen Extremismus. Dennoch scheint sich bei Organisationen wie SC eine neuartige Form des politischen Extremismus anzubahnen, orientiert an Ideen des absoluten, heldischen Übermenschen, der die lästigen Fesseln des Liberalismus und der Demokratie abstreift auf dem Weg zu einer Weltherrschaft, die auf totalitären und mit einer demokratischen Verfassung unvereinbaren Grundprinzipien basiert. Das Bestehen auf der von Hubbard begründeten »reinen Lehre« und die vielfältigen Kampfansagen gegen jene, die dieser Lehre nicht folgen wollen oder können – etwa in den theoretischen Konstruktionen der »antisozialen Persönlichkeit« bzw. der »unterdrückerischen Persönlichkeit«, ist mit demokratischen Prinzipien nicht vereinbar.

SC ist als eine politische Organisation im kulturkämpferischen Sinn aufzufassen, die deutliche Berührungspunkte zu Doktrinen des politischen Extremismus aufweist. Der politische Anspruch von SC ergibt sich schon aus dem von Hubbard dargelegten Kodex des Scientologen, wonach dieser Verantwortung dafür zu übernehmen hat, »daß die Scientology in der Welt an spürbarem Einfluß gewinnt« und daß »die Größe und Stärke der Scientology überall in der ganzen Welt zu mehren« ist (Hubbard, 1983, S. 689). Eine allmähliche Veränderung der Gesellschaft im scientologischen Sinn in Richtung eines »geklärten Planeten« und in Richtung der »Erschaffung einer neuen Zivilisation« würde zwangsläufig die Außerkraftsetzung wesentlicher Teile einer auf liberalen, rechtsstaatlichen und demokratischen Grundsätzen basierenden Verfassungsordnung bedeuten.

Denkt man die Konzeption des scientologischen »clear planet« zu Ende, so lassen sich zwar keine direkten Berührungspunkte zu den Traditionen und Organisationsnetzen des politischen Extremismus nachzeichnen, wohl aber scheint die Richtung absehbar, in die sich eine solche Gesellschaft entwickeln würde. Phantasien eines heroischen Übermenschentums, verbunden mit Ideologien der Ungleichheit und Ungleichwertigkeit der Menschen und militant aufgeladenem Freund-Feind-Denken, basierend auf antidemokratischen Ressentiments, deuten nicht auf eine »linke«, sondern auf eine »rechte« Richtung, zumal antikapitalistische Strömungen dem SC-Denken gänzlich fremd sind. Potthoffs Befürchtung, es »könnte ein ›rechtes‹ Sammelbecken entstehen, das die aktuelle Entwicklung noch weit in den Schatten stellen würde« (Potthoff, 1993, S. 42), ist nicht von der Hand zu weisen.

Im einzelnen können folgende Aspekte benannt werden, die eine verfassungsfeindliche Zielrichtung von SC nahelegen:

Das auf Visionen eines heroischen Übermenschentums aufgebaute Menschenbild von SC läuft demokratisch-rechtsstaatlichen Verfassungsprinzipien zuwider, weil es das Gleichheitsgebot mißachtet. Die Einteilung der Menschen in »clear« und »preclear«, »Aberrierte« und »Nicht-Aberrierte«, SC-Anhänger und »antisoziale Persönlichkeiten« und die Rede von den Naturvölkern als den am meisten Aberrierten verstoßen gegen das demokratische Gebot der prinzipiellen Gleichwertigkeit und Gleichberechtigung. Wenn nur »ehrliche Wesen« im scientologischen Sinn »Rechte haben dürfen« (Was ist Scientology?, S. 380, S. 673), wenn es Hubbard als erstrebenswert bezeichnet, nur dem Nichtaberrierten Bürgerrechte zu verleihen, und anfügt, vielleicht sei das Ziel zukünftig erreicht, wenn nur der Nichtaberrierte die Staatsbürgerschaft erlangen und davon profitieren könne (Hubbard, 1984, S. 487), so ist dies mit dem Gleichheitsgrundsatz als Fundament einer demokratisch-rechtsstaatlichen Ordnung unvereinbar.

Hubbards Auffassung, eine Demokratie sei »ein Kollektivdenken von reaktiven Banken« – wobei »Banken« für den unbewußten Verstand steht – und »ein kollektives Denken des reaktiven Verstandes«, zielt auf die Abschaffung der Demokratie, denn es ist das Ziel von SC, den »reaktiven Verstand« zu überwinden, um den Status des »Clear« zu erreichen. Dementsprechend kann ein »geklärter Planet« nicht auf demokratischen Prinzipien beruhen, denn diese gehören zu den schädlichen Elementen des »reaktiven Verstandes«.

Der totalitäre, auf einem Alleinvertretungsanspruch basierende Charakter der SC schließt das Mehrparteienprinzip und das Prinzip der Chancengleichheit für alle politischen Parteien aus. Die gleichberechtigte Anerkennung anderer Meinungen wird unmöglich durch die axiomatische Aufteilung der Menschen in gute (Clears, Scientologen) und böse bzw. »aberrierte« (Preclears, antisoziale Persönlichkeit, unterdrückerische Persönlichkeit). Hubbard redet davon, man könne »mit Sicherheit feststellen, daß Naturvölker sehr viel stärker aberriert sind als zivilisierte Völker« (Hubbard, 1984, S. 175). Die Gegenüberstellung von scientologisch ausgebildeten »Clears« einerseits und den »Aberrierten«, Verblendeten, andererseits richtet sich gegen den Gedanken der Völkerverständigung, wenn innerhalb der Gruppe der angeblich »Aberrierten« Unterschiede gemacht werden, die eine Völkergruppe – im vorliegenden Fall: die Naturvölker – herabsetzen.

Die Grundrechte auf freie Entfaltung der Persönlichkeit und auf Meinungsfreiheit werden durch den Umgang der SC mit Kritikern in den eigenen Reihen und außerhalb mißachtet. Die Konzeption der »unterdrückerischen Persönlichkeit« (suppressive person) legitimiert repressives bis hin zu gewaltsamem Vorgehen gegen Kritiker und verstößt somit gegen grundlegende Prinzipien einer freiheitlichen demokratischen Grundordnung. Zahlreiche Berichte von Aussteigern belegen die Verfolgungspraktiken von SC. Indirekt wird damit auch das Recht auf verfassungsmäßige Bildung und Ausbildung einer Opposition negiert. Der von Hubbard bekräftigte Zweck der scientologischen Ethik, »Gegenabsichten« und »Fremdabsichten aus der Welt zu entfernen« (Hubbard, 1983, S. 355), belegt sowohl die aktive Ablehnung der Meinungsfreiheit als auch die verfassungsfeindliche Militanz gegenüber Kritikern.

Das umfassende Ziel eines »geklärten Planeten« nach scientologischen Grundsätzen, die allenfalls duldende, in Hubbard-Schriften aber auch dezidiert ablehnende Haltung gegenüber der Demokratie und die Konstitution einer organisationsinternen Gerichtsbarkeit mit eigenständigen Normen und Sanktionen sowie der offensichtliche und vielfach belegte Versuch, Politik, Gesellschaft und Wirtschaft durch Infiltration zu vereinnahmen, deuten darauf hin, daß SC rechtsstaatliche Abläufe unterläuft, bekämpft und/oder außer Kraft setzt. Die in einer Werbeschrift der International Association of Scientologists« (IAS) dokumentierte Unterstützung von Aktionen, »mit denen der Unterdrückung von Scientology und Scientologen die Stirn geboten wird, indem man daran arbeitet, Gruppen und Organisationen zu zerschlagen, die sich der Schädigung, Unterdrückung oder Beherrschung der Menschheit widmen – so zum Beispiel ... Interpol«*, verweist auf unmittelbar gewaltbereite Strategien auch gegenüber staatlichen Institutionen. Die Zeitungskampagnen seit 1994 lassen auf eine raffiniert eingefädelte Politisierung schließen. Solidaritätsadressen aus der Hollywood-Filmbranche haben sogar die Außenbeziehungen zwischen der deutschen und der US-amerikanischen Regierung gestört. Die Berliner Demonstration von SC im Oktober 1997 hat versucht, den Protest auf die Straße zu tragen. Die Folgen dieser Politisierung sind schwer abzuschätzen. Sie könnte SC weitere Solidaritätsbekundungen und weiteren Zulauf bringen, doch das Risiko für SC ist hoch, denn das offene politische Engagement zerstört die Basis aller kommerziellen Lebenshilfe-Bewegungen: ihre politische Neutralität.

* Mitgliederwerbung der IAS: Die Zukunft der Scientology gewährleisten

VII.

Hat der Fundamentalismus eine Zukunft?

Der Fundamentalismus als radikaler oder gar extremistischer Protest gegen die Zumutungen der Moderne, gegen den technischen und politischen Fortschritt, hat sich in vielfältigen Schattierungen tief in die Struktur der Gesellschaft und ihre Organisationsnetzwerke eingenistet. Er war immer, seit dem amerikanischen Protestantismus um die Jahrhundertwende, in Deutschland seit den kommunistischen Anfängen und den ersten Alternativbewegungen in der zweiten Hälfte des 19. Jahrhunderts, antimodernistisch. Sein Projekt ist das der heilsbringenden Bewahrung und Wiederherstellung, sein Traum ist der von einem Goldenen Zeitalter in der Zukunft. Er gibt vor, bedrohten Werten oder beschädigten Identitäten wieder Geltung zu verschaffen. Solche Perspektiven basieren auf irrationalen, apokalyptischen Weltbildern einer zerstörten Natur, einer sich auflösenden ethnischen Homogenität oder eines alles mit sich fortreißenden gewalttätigen Kapitalismus.

Die Versuchungen solch apokalyptischer Bilder nehmen zu, je mehr die Welt in Unordnung gerät, je unübersichtlicher der Alltag für die Menschen wird, je mehr die Herrschaft der Bürokratie ihren Siegeszug fortsetzt, je anonymer die Gesellschaft erfahren wird, je mehr die gemeinschaftsbildenden Institutionen an Attraktivität verlieren und je weniger die Versprechungen und Verheißungen über Lebenschancen eingelöst werden. Sie haben auch dann eine Chance, wenn der vernunftbegründete Rationalismus auf der Stelle tritt und nicht mehr weiterkann. Wenn Kompromisse nicht weiterführen, demokratische Verfahren sich selber blockieren, wenn das Bohren dicker Bretter allzu mühsam wird, dann wächst die Sehnsucht, mit einemmal den Gordischen Knoten zu durchschlagen.

Insgesamt gesehen bietet der Fundamentalismus das widersprüchliche Bild zerstörerischer, antidemokratischer Energien auf der einen Seite und innovativer, kritischer, korrigierender Potentiale auf der anderen. Totalitäre Diktaturen sind aus dem politischen Fundamentalismus ebenso hervorgegangen wie ein geschärftes Bewußtsein für gewaltige Umweltzerstörungen und Beschädigungen der persönlichen Identität im Zuge der Modernisierung. Auch in den schrecklichen und gewalttätigen terroristischen Varianten verbirgt sich ein Kern berechtigter Kritik, nämlich die am Verlust identitätsbildender nationaler oder ethnischer Gemeinschaften. Als politisches und kulturelles Phänomen ist der Fundamentalismus kaum trennscharf einzugrenzen, weil er zwar erkennbare historische Triebkräfte freisetzt, gleichwohl aber begrifflich schwer faßbar bleibt.

Eine exakte Grenzziehung zwischen Fundamentalismus und Demokratie ist kaum oder nur um den Preis allzu starker Verkürzungen möglich. Die Frage nach der Zukunft des Fundamentalismus hängt ab von der Entwicklung dessen, was als »Fortschritt« in Politik, Ökonomie und Gesellschaft gelten kann, und davon, wie er gesellschaftlich bewertet wird, welche kulturellen und sozialen Verwerfungen er hinterläßt. Das Ausmaß politischer und sozialer Integration und die Frage zureichender Legitimation der Modernisierung sind die entscheidenden Kriterien dafür, ob und wie sich der Fundamentalismus entwickelt, welche Spielräume er erobern und Bestandsgefährdungen der Demokratie herbeiführen kann. Unsere Frage hängt aber auch davon ab, wie Politik und Gesellschaft mit ihm umgehen. Beginnen wir unsere abschließenden Überlegungen mit diesem zweiten Aspekt, und beschränken wir uns auf die Bundesrepublik.

Fundamentalismus in Deutschland, der begrifflich auch so genannt wird, gibt es erst seit den siebziger Jahren. Entsprechende Bewegungen zuvor waren Begleiterscheinungen oder Erbe des Kommunismus, des Nationalsozialismus und der frühen Alternativbewegung. In der Bundesrepublik werden fundamentalistische Strömungen und Bewegungen vor allem seitens der Sicherheitsbehörden unter dem Begriff des »Extremismus« erfaßt – allerdings wenig trennscharf und wenig sensibel für die vielfältigen Formen des Fundamentalismus. Dabei fällt auf, daß von den Behörden wie auch von der Gesellschaft insgesamt der Fundamentalismus halbiert wird. Dort, wo er fremd und gewalttätig daherkommt, gerät er ins Visier verschiedener Abwehrmechanismen, aber wenn er systemkompatibel im Zentrum der Institutionen agiert, kann er mit Nachsicht, wenn nicht mit Sympathien rechnen. Den Marktfundamentalismus der verschiedenen Wirtschaftsflügel, die Radikalökologen um Rudolf Bahro und das katholische Opus Dei hat noch niemand verbieten wollen. Islamischer Fundamentalismus und seit neuestem auch Scientology werden von den Verfassungsschutzbehörden beobachtet, doch die sind im Rahmen ihres Auftrags nicht für den Fundamentalismus, sondern per Gesetz für Abweichungen von der freiheitlichen demokratischen Grundordnung zuständig, eben für politischen Extremismus.

Es ist jedoch mehr als zweifelhaft, ob die Kriterien aus den beiden Verbotsurteilen gegen die SRP (1952) und die KPD (1956), die das Bundesverfassungsgericht festgestellt hatte und die den Extremismusbegriff von Verfassungsschutzbehörden maßgeblich auch heute noch bestimmen, für das moderne Phänomen des Fundamentalismus überhaupt taugen. Denn als extremistisch gilt, wenn eine Organisation gegen zentrale Essentials des Grundgesetzes verstößt und sie aktiv bekämpft. Dann kann eine Organisation von den Innenministern aufgelöst oder, wenn es sich um eine Partei handelt, vom Bundesverfassungsgericht verboten werden. Der fundamentalistische Kampf gegen den politischen, ökonomischen, technologischen oder kulturellen Fortschritt ist nun aber keineswegs identisch mit Methoden und Inhalten der extremistischen Verfassungsfeindlichkeit. Apokalyptische Weltbilder und alternative Praktiken müssen nicht gegen das Grundgesetz verstoßen, können aber sehr wohl fundamentalistische Bewegungen anleiten. Deshalb tendieren die Institutionen der öffentlichen Sicherheit heute dazu, den Fundamentalismus, so sie ihn überhaupt ins Visier nehmen, auf ihr Extremismus-Raster herunterzubrechen. Ein auf Verfassungsfeindlichkeit und Militanz reduzierter Fundamentalismus hat aber mit den tatsächlichen fundamentalistischen Strömungen in der Gesellschaft wenig zu tun.

Wenn auf den Verfassungsschutz wenig Verlaß ist, wenn man überhaupt bezweifeln könnte, ob die Auseinandersetzung mit dem Fundamentalismus eine staatliche Aufgabe ist, wie steht es dann um den Prozeß der öffentlichen Meinungsbildung? Klären sich hier die Fronten? Darf man darauf vertrauen, daß die öffentlichen Debatten in einer Art Selbstreinigung den Fundamentalismus in die Schranken weisen? Das wäre zweifellos die beste Lösung und eine verlockende Perspektive, doch die Voraussetzungen sind trügerisch. Ein freier Marktplatz der Ideen, auf dem das bessere Argument sich sozusagen zwanglos von selber durchsetzt, ist angesichts der Interessenstrukturen der Verbände und der Gepflogenheiten moderner Public relations eine naive Annahme idealistisch gesonnener Intellektueller.

Die Pluralismuskonzeption in den USA, wonach alle Formen des Extremismus und Fundamentalismus sich auf die liberalen Verfassungsprinzipien berufen können, solange sie nicht konkret gegen Gesetze verstoßen, überläßt die Debatte einer scheinliberalen Öffentlichkeit, die nach Marktgesetzen strukturiert ist: Der wirtschaftlich Stärkere setzt sich durch. Die öffentliche Auseinandersetzung in der Bundesrepublik liefert lehrreiche Beispiele dafür, daß Aufklärung und Selbstverständigung in Sachen Extremismus und Fundamentalismus allenfalls bei elitären Intellektuellenzirkeln auf der Fahne stehen, nicht aber bei den breitenwirksamen politischen Debatten. Sie sind geprägt von einer Politik der Stigmatisierung und Ausgrenzung.

Kriminelle Ausländer sollen abgeschoben werden, revoltierende Kurden und Türken sowieso. Hinter den populären Forderungen nach Ausweisung, Verboten und harten Strafen stehen immer auch die Angst vor der Auseinandersetzung mit dem Fremden, mit wahrlich alternativen Lebensformen, und die Furcht vor dem Zwang, die eigene Lebensform jenseits von Besitz und Privilegien neu begründen zu müssen, nämlich als liberale und demokratische Gesellschaftsordnung. Die Verbände und Parteien und ihre publizistischen Helfer werden nicht müde, ihre materiellen Interessen durchzusetzen. Die Angst der christlichen Kirchen und ihrer Sektenbeauftragten vor Scientology und anderen okkulten Praktiken ähnelt der Weigerung der Gesellschaft, islamistische Jugendliche und ihre Organisationen auch nur als ernsthafte Gesprächspartner zu akzeptieren. Beide Male geht es um Besitzstandwahrung und althergebrachte Privilegien, an denen nicht gerüttelt werden darf.

Nichts anderes bedeuten auch die latenten Bedrohungen durch die rechten und linken Flügelparteien: Republikaner und PDS. Sie werden primär als Konkurrenten um Einfluß und Wählerstimmen, um Wahlkampfkostenerstattung, Mandate und Posten behandelt, der propagandistische Kampf gegen die PDS im Osten ist dafür ein lehrreiches Beispiel. Auch hier geht es kaum darum, den westlichen Weg von Demokratisierung und Liberalisierung neu zu begründen, um so den linken und rechten Fundamentalismus frühzeitig in Schach zu halten, sondern darum, konkrete Besitzstände zu erwerben oder zu verteidigen.

Eine inhaltlich angemessene, zukunftsweisende Auseinandersetzung jenseits von Repression, Ausgrenzung oder Ignoranz hat an den zentralen Punkten aller Schattierungen des Fundamentalismus anzusetzen: Wie steht es um die Idee des Fortschritts? Kann von der Ökonomie erwartet werden, allen Bürgern eine materielle und berufsbiographische Teilhabe zu gewährleisten, oder wird dies in Zukunft einem kleiner werdenden Teil der Gesellschaft vorbehalten bleiben? Zerstört die Gesellschaft ihre gemeinschaftsbildenden Traditionen und Institutionen, oder ist sie in der Lage, demokratische Formen der Vergesellschaftung aus sich selbst heraus hervorzubringen? Wie steht es mit der Idee des Fortschritts in der Politik, mit der Idee der Demokratisierung? Wie lassen sich die in einer beachtlichen allgemeinen Akzeptanzkrise befindlichen demokratischen Institutionen neu begründen?

Die Zukunft des Fundamentalismus hängt ab von der Diskussion solcher Fragestellungen und Perspektiven. Unter historischen Gesichtspunkten entfaltete er seine Dynamik immer in Zeiten intensiver historischer Umbrüche. Alles deutet darauf hin, daß die Jahrtausendwende eine solche Zeit sein wird, und dies bedeutet Auftrieb für den Fundamentalismus. Ob jedoch seine zerstörerischen Kräfte oder aber seine innovativen Ideen dabei die Oberhand gewinnen werden, diese Frage ist noch offen.

Anhang

Literatur

Abel, Ralf Bernd, 1994: Angriff auf die Demokratie, in: Jörg Herrmann (Hrsg.), Mission mit allen Mitteln, Reinbek, S. 144–155

Albers, Volker, 1994: Vom Science-Fiction-Autor zum Sektenguru. Die Lebensgeschichte des L. Ron Hubbard, in: Jörg Herrmann (Hrsg.), Mission mit allen Mitteln, Reinbek, S. 56–69

Alpers, Hans v./Fuchs, Werner, 1990: Lexikon der Science-Fiction-Literatur, München

Arendt, Hannah, 1955: Elemente und Ursprünge totaler Herrschaft, Frankfurt

Augstein, Jakob, 1995: Gegenwind für die Prediger des Profits, in: Süddeutsche Zeitung v. 27./28. Mai 1995

Backes, Uwe, 1989: Politischer Extremismus in demokratischen Verfassungsstaaten, Opladen

Backes, Uwe/Jesse, Eckhard, 1985: Totalitarismus, Extremismus, Terrorismus, Opladen

Bartels, Hans-Peter, 1996: Sie wollen Macht über Menschen. Scientology ist keine religiöse Sekte, sondern ein neuer Typ des politischen Extremismus, in: Die Zeit, 16.8., S. 4

Baumann, Bommi, 1984: Wie alles anfing, Duisburg

Baumgartner, Hans Michael, 1992: Das Menschenbild von Scientology, in: Friederike Valentin/Horand Knaup (Hrsg.), Scientology – Der Griff nach Macht und Geld, Freiburg, S. 133–143

Becker, Jörg, 1996: Zwischen Integration und Dissoziation: Türkische Medienkultur in Deutschland, in: Aus Politik und Zeitgeschichte B 44–45, S. 39–47

Beyes-Corleis, Aglaja, 1994: Verirrt. Mein Leben in einer radikalen Politorganisation, Freiburg

Billerbeck, Liane v./Nordhausen, Frank, 1994: Der Sekten-Konzern. Scientology auf dem Vormarsch, Berlin

Binswanger, Karl, 1990: Islamischer Fundamentalismus in der Bundesrepublik, in: Bahman Nirumand (Hrsg.), Im Namen Allahs, Köln, S. 38–54

275

Birnbaum, Norman, 1989: Der protestantische Fundamentalismus in den USA, in: Thomas Meyer (Hrsg.), Fundamentalismus in der modernen Welt, Frankfurt/Main, S. 121–154

Birnstein, Uwe, 1994: Gegenwind aus der Provinz. Bürgerinitiativen gegen den Psychokonzern, in: Jörg Herrmann (Hrsg.), Mission mit allen Mitteln, Reinbek, S. 156–164

Bloch, Ernst, 1981: Erbschaft dieser Zeit, Frankfurt

Bracher, Karl-Dietrich, 1996: Das 20. Jahrhundert als Zeitalter der ideologischen Auseinandersetzungen zwischen demokratischen und totalitären Systemen, in: Eckhard Jesse (Hrsg.), Totalitarismus im 20. Jahrhundert, Bonn

Branahl, Matthias/Christ, Angelika, 1994: Scientology. Anmerkungen für die wirtschaftliche Praxis, Köln

Brand, K.-W./Büsser, D./Rucht, D., 1983: Aufbruch in eine andere Gesellschaft. Neue soziale Bewegungen in der Bundesrepublik, Frankfurt/New York

Bredow, Wilfried v., 1995: Konflikte und Kämpfe zwischen Zivilisationen, in: Karl Kaiser/Hans-Peter Schwarz (Hrsg.), Die neue Weltpolitik, Bonn, S. 104–111

Bundesverwaltungsamt (Hrsg), 1996: Die Scientology-Organisation. Ziele, Praktiken und Gefahren, Köln

Butterwegge, Christoph, 1996: Krise und Entwicklungsperspektiven des Sozialstaats, in: WSI Mitteilungen Heft 4, S. 209–217

Caberta, Ursula, 1994: Probleme von Scientology-Aussteigern: Nachsorge und Selbsthilfe, in: Anstösse. Beiträge zur Landespolitik Heft 1, hrsg. von der SPD-Landtagsfraktion Baden-Württemberg, Stuttgart, S. 22–24

Caberta, Ursula/Träger, Gunther, 1997: Scientology greift an, Düsseldorf/München

Claessens, Dieter/de Ahna, Karin, 1982: Das Milieu der Westberliner »scene« und die »Bewegung 2. Juni«, in: Wanda v. Baeyer-Katte u.a., Gruppenprozesse, Opladen, S. 20–183

Dahrendorf, Ralf, 1992: Der moderne soziale Konflikt, Stuttgart

Datenreport 1992, hrsg. vom Statistischen Bundesamt, Bonn

Dubiel, Helmut, 1988: Kritische Theorie der Gesellschaft, Weinheim/München

Eiben, Jürgen, 1993: Gesellschaftliche Rahmenbedingungen religiöser Sinnstiftung in der Moderne, in: Norbert J. Potthoff, Scientology Analyse. Materialien für die Aufklärungsarbeit, Unterricht, Vortrag, Schulung, Krefeld (Selbstverlag), S. 7-34

Eimuth, Kurt-Helmuth, 1996: Gott, Jehova, Krishna oder was? Frankfurt/Main

Ewald, Thomas, 1996: Esoterik – eine historische Betrachtung, in: Esoterik und New Age, Schriftenreihe POLIS Heft 20, hrsg. von der Landeszentrale für politische Bildung, Wiesbaden, S. 4-18

Fassmann, Heinz/Münz, Rainer (Hrsg.), 1996: Migration in Europa, Frankfurt/New York

Fetscher, Iring, 1979: Hypothesen zur politisch motivierten Gewalttätigkeit in der Bundesrepublik, in: Jugend und Terrorismus. Ein Hearing des Bundesjugendkuratoriums, München, S. 11–26

Fetscher, Iring/Münkler, Herfried/Ludwig, Hannelore, 1981: Ideologien der Terroristen in der Bundesrepublik Deutschland, in: Iring Fetscher/Günter Rohrmoser, Ideologien und Strategien, Opladen, S. 16–273

Frecot, Janos u.a., 1978: Abriß der Lebensreform, in: Autonomie oder Getto? Hrsg. von Peter Brückner u.a., Frankfurt, S. 210–245

Freiheit, 1995: Hrsg. von der Scientology-Kirche

Fromm, Rainer, 1993: Lexikon des Rechtsradikalismus, Marburg

Funcke, Liselotte, 1991: Bericht der Beauftragten der Bundesregierung für die Integration der ausländischen Arbeitnehmer und ihrer Familienangehörigen, Bonn

Gessenharter, Wolfgang, 1994: Kippt die Republik? München

Gessenharter, Wolfgang/Fröchling, Helmut, 1996: Neue Rechte und Rechtsextremismus in Deutschland, in: Jens Mecklenburg (Hrsg.), Handbuch deutscher Rechtsextremismus, Berlin, S. 550–571

Gralla, Katharina, 1994: Scientology in Amerika, in: Jörg Herrmann (Hrsg.), Mission mit allen Mitteln, Reinbek, S. 87–103

Guggenberger, Bernd, 1993: Die Zukunft der Industriegesellschaft, in: Grundwissen Politik, hrsg. von der Bundeszentrale für politische Bildung, Bonn, S. 423–510

Haack, Friedrich-W., 1980: Führer und Verführte. Jugendreligionen und politreligiöse Jugendsekten

Habermas, Jürgen, 1973: Technik und Wissenschaft als »Ideologie«, Frankfurt

Hanesch, Walter u.a. 1994: Armut in Deutschland, Reinbek

Hartmann, Klaudia, 1994: Scientology, in: Beckers/Kohle (Hrsg.), Kulte, Sekten, Religionen, Augsburg, S. 293–33

Hartwig, Renate, 1994: Scientology. Die Zeitbombe in der Wirtschaft, München

Hauser, Richard, 1995: Das empirische Bild der Armut in der Bundesrepublik Deutschland – Ein Überblick, in: Aus Politik und Zeitgeschichte B 31–32, S. 3-13

Heckmann, Friedrich, 1994: Ethnische Vielfalt und Akkulturation im Eingliederungsprozeß, in: Das Manifest der 60. Deutschland und die Einwanderung, hrsg. von Klaus Bade, München, S. 148–163

Heine, Peter, 1990: Ethnizität und Fundamentalismus, in: Bahman Nirumand (Hrsg.), Im Namen Allahs, Köln, S. 94–115

Heitmeyer, Wilhelm/Müller, Joachim/Schröder, Helmut, 1997: Desintegration und islamischer Fundamentalismus, in: Aus Politik und Zeitgeschichte B 7-8, S. 17–31

277

Hengsbach, Friedhelm, 1994: Arbeit macht stark – Das Beschäftigungsrisiko zersetzt den Willen zur Demokratie, in: Hilmar Hoffmann/Dieter Kramer (Hrsg.), Arbeit ohne Sinn? Sinn ohne Arbeit? Weinheim, S. 15–25

Hermann, Karl, 1994: Filiale Bundesrepublik. Wie der Scientology-Konzern die westdeutsche Wirtschaft unterwandert, in: Jörg Herrmann (Hrsg.), Mission mit allen Mitteln, Reinbek, S. 104–121

Herrmann, Jörg (Hrsg.), 1994: Mission mit allen Mitteln. Der Scientology-Konzern auf Seelenfang, Reinbek

Hielscher, Hans, 1996: »Gott ist zornig Amerika«. Der Aufstieg des Schwarzenführers Louis Farrakhan, Bonn

Hobsbawm, Eric, 1995: Das Zeitalter der Extreme. Weltgeschichte des 20. Jahrhunderts, München/Wien

Hocker, Reinhard, 1996: Türkische Jugendliche im ideologischen Zugriff, in: Die bedrängte Toleranz, hrsg. von Wilhelm Heitmeyer/Rainer Dollase, Frankfurt, S. 426–449

Hoffmann-Lange, Ursula/Gille, Martina/Krüger, Winfried, 1994: Jugend und Politik in Deutschland, in: Politische Kultur in Ost- und Westdeutschland, hrsg. von Oskar Niedermayer und Klaus v. Beyme, Berlin, S. 140–161

Hubbard, L. Ron, 1981: Scientology. Die Grundlagen des Denkens, Kopenhagen

Hubbard, L. Ron, 1983: Das Handbuch für den Ehrenamtlichen Geistlichen, Kopenhagen

Hubbard, L. Ron, 1984: Dianetik. Die moderne Wissenschaft der geistigen Gesundheit, Kopenhagen

Hubbard, L. Ron, 1986: Einführung in die Ethik der Scientology, Kopenhagen

Hubbard, L. Ron, 1995 – Ein Porträt. Hrsg. von Scientology

Hundseder, Franziska, 1997: »Heilige Wut«. Neuheidnische Gruppen zwischen Esoterik und Rechtsextremismus, in: Deutsche Polizei, Nr. 2, S. 13–15

Huntington, Samuel P., 1996: Kampf der Kulturen. Die Neugestaltung der Weltpolitik im 21. Jahrhundert, Wien

IPOS, 1992: Einstellungen zu aktuellen Fragen der Innenpolitik in Deutschland 1984–1992, Mannheim

Jaschke, Hans-Gerd, 1991: Streitbare Demokratie und Innere Sicherheit, Opladen

Jaschke, Hans-Gerd, 1996: Auswirkungen der Anwendung scientologischen Gedankenguts auf eine pluralistische Gesellschaft oder Teile von ihr in einem freiheitlich demokratisch verfaßten Rechtsstaat, in: Scientology – eine Gefahr für die Demokratie, hrsg. vom Innenministerium Nordrhein-Westfalen, Düsseldorf, S. 5–66

Jugendwerk der Deutschen Shell (Hrsg.), 1981: Jugend '81. Lebensentwürfe, Alltagskulturen, Zukunftsbilder, Bd. 1, Hamburg

Jugendwerk der Deutschen Shell (Hrsg.), 1997: Jugend '97. Zukunftsperspektiven, gesellschaftliches Engagement, politische Orientierungen, Opladen

Junge Union (Hrsg.), 1993: Das 1. Wormser Scientology Tribunal 27.–28. November 1993, hrsg. von der Jungen Union Deutschlands, Landesverband Rheinland-Pfalz

Junge Union Nordrhein-Westfalen (Hrsg.), 1996: Scientology-Tribunal, Düsseldorf

Karakaşoğlu, Yasemin, 1996: Islamistische Orientierungen bei türkischen Muslimen in der Bundesrepublik, in: Forschungsnetzwerk Ethnisch-kulturelle Konfliktforschung, hrsg. von der Interdisziplinären Forschungsgruppe für multi-ethnische Konflikte der Universität Bielefeld, Heft 2, S. 20–29

Kepel, Gilles, 1994: Die Rache Gottes. Radikale Moslems, Christen und Juden auf dem Vormarsch, München

Kepel, Gilles, 1996: Islam in Europa, in: Die bedrängte Toleranz, hrsg. von Wilhelm Heitmeyer/Rainer Dollase, Frankfurt, S. 200–208

Kind, Hans, 1994: Ausgewählte Zitate und Auszüge aus dem Schrifttum von L. Ron Hubbard mit bibliographischen Belegen nach Themen geordnet und kritisch kommentiert, von Prof. Dr.med. H. Kind, hrsg. vom Verein Informations- und Beratungsstelle für Sekten- und Kultfragen, Zürich

Kind, Hans, 1994a: Auditing und andere Psychotechniken aus wissenschaftlicher Sicht, in: Anstösse. Beiträge zur Landespolitik Heft 1, hrsg. von der SPD-Landtagsfraktion Baden-Württemberg, Stuttgart, S. 6-9

Kippenberg, Hans G, 1996: Nachwort in: Marty, Martin E./Appleby, Scott A., Herausforderung Fundamentalismus. Radikale Christen, Moslems und Juden im Kampf gegen die Moderne, Frankfurt/ New York, S. 226–247

Klosinski, Gunther, 1996: Psychokulte. Was Sekten für Jugendliche so attraktiv macht, München

Knaup, Horand, 1992: Auf leisen Sohlen – die ökonomische Dimension von Scientology, in: Friederike Valentin/Horand Knaup (Hrsg.), Scientology – der Griff nach Macht und Geld, Freiburg, S. 83–104

Koch, Egmont R./Schröm, Oliver, 1995: Das Geheimnis der Ritter vom Heiligen Grabe. Die fünfte Kolonne des Vatikans, Hamburg.

Koselleck, Reinhard, 1976: Fortschritt, in: Geschichtliche Grundbegriffe – Historisches Lexikon zur politisch-sozialen Sprache in Deutschland, Stuttgart

Krockow, Christian Graf v., 1985: Die liberale Demokratie, in: Iring Fetscher/Herfried Münkler (Hrsg.), Politikwissenschaft, Reinbek, S. 432–462

Krohn, Wolfgang, 1983: Der Zwang zum Fortschritt, in: Kursbuch Nr. 73, S. 117–129

Kühnen, Michael, 1979: Die zweite Revolution. Glaube und Kampf, unveröff. Manuskript

Langel, Helmut, 1995: Destruktive Kulte und Sekten, Bonn

Lebed, Alexander J., 1997: Rußlands Weg, Hamburg

Linse, Ulrich, 1983: Zurück o Mensch zur Mutter Erde. Landkommunen in Deutschland 1890–1933, München

Linse, Ulrich, 1996: Geisterseher und Wunderwirker. Heilssuche im Industriezeitalter, Frankfurt

Maes, Hans-Joachim, 1994: »Hinter jeder Attacke auf Ron steht ein Krimineller«. Zum Umgang mit Kritikern, in: Jörg Herrmann (Hrsg.), Mission mit allen Mitteln, Reinbek, S. 133–143

Marcuse, Herbert, 1934: Der Kampf gegen den Liberalismus in der totalitären Staatsauffassung, in: Zeitschrift für Sozialforschung 3. Jg., S. 161–195

Marty, Martin E./Appleby, Scott A., 1996: Herausforderung Fundamentalismus. Radikale Christen, Moslems und Juden im Kampf gegen die Moderne, Frankfurt/New York

Mettner, Matthias, 1993: Die katholische Mafia, Hamburg

Meyer, Thomas, 1989: Der unverhoffte Fundamentalismus. Beobachtungen in der Bundesrepublik, in: Ders. (Hrsg.), Fundamentalismus in der modernen Welt, Frankfurt/Main, S. 263–286

Meyer, Thomas, 1989a: Fundamentalismus. Die andere Dialektik der Aufklärung, in: Ders. (Hrsg.), Fundamentalismus in der modernen Welt, Frankfurt/Main, S. 13–22

Mildenberger, Michael, 1979: Die religiöse Revolte. Jugend zwischen Flucht und Aufbruch, Frankfurt

Minhoff, Christoph/Müller, Martina, 1993: Scientology. Irrgarten der Illusionen, München

Mogge, Winfried, 1981: »Der gespannte Bogen«. Jugendbewegung und Nationalsozialismus: Eine Zwischenbilanz, in: Jahrbuch des Archivs der deutschen Jugendbewegung Nr. 13, S. 11–34

Mohler, Armin, 1989: Die konservative Revolution in Deutschland 1918–1932, Darmstadt

Müller, Ulrich, 1994: Scientology als sozialer Störfall, in: Jörg Herrmann (Hrsg.), Mission mit allen Mitteln, Reinbek, S. 169–179

Münkler, Herfried, 1983: Sehnsucht nach dem Ausnahmezustand. Die Faszination des Untergrunds und ihre Demontage durch die Strategie des Terrors, in: Reiner Steinweg (Hrsg.), Faszination der Gewalt, Frankfurt, S. 60–88

Murphy, Detlef/Roth, Roland, 1987: In viele Richtungen zugleich, in: Roland Roth/Dieter Rucht (Hrsg.), Neue soziale Bewegungen in der Bundesrepublik Deutschland, Bonn, S. 303–326

Negt, Oskar, 1995: Die Krise der Arbeitsgesellschaft: Machtpoliti-

280

scher Kampfplatz zweier »Ökonomien«, in: Aus Politik und Zeitgeschichte B 15, S. 3-9

Niclauß, Karlheinz, 1995: Das Parteiensystem der Bundesrepublik
Deutschland, München/Wien/Zürich

Nordhausen, Frank, 1995: Das Netz der Sekte. Interne Dokumente
belegen: Viele Immobilienfirmen sind enger mit dem Scientology-
Konzern verbunden als bisher bekannt, in: Die Woche, 24.11., S. 16

Paetel, Karl O., 1961: Jugendbewegung und Politik, Bad Godesberg

Pfürtner, Stephan H., 1991: Fundamentalismus. Die Flucht ins Radikale, Freiburg

Potthoff, Norbert J., 1993: Scientology Analyse. Materialien für die
Aufklärungsarbeit, Unterricht, Vortrag, Schulung, Krefeld (Selbstverlag)

Potthoff, Norbert J., 1994: Vom Aufsteiger zum Aussteiger, in: Jörg
Herrmann (Hrsg.), Mission mit allen Mitteln, Reinbek, S. 21–34

Potthoff, Norbert J., 1994a: Scientology-Techniken aus der Perspek-
tive eines Betroffenen, in: Anstösse. Beiträge zur Landespolitik
Heft 1, hrsg. von der SPD-Landtagsfraktion Baden-Württemberg,
Stuttgart, S. 2-5

Potthoff, Norbert J., o. J. (vermutlich 1994): Politischer Extremismus. Scientology und Hubbardismus als totalitäre Bedrohung der
Gesellschaft, o. O.

Rabe, Karl-Klaus (Hrsg.), 1980: Rechtsextreme Jugendliche, Born-
heim

Richter, Horst-Eberhard, 1994: Hinter Abscheu verbirgt sich die
Anziehungskraft des Verabscheuten, in: Frankfurter Rundschau,
5. Oktober, S. 20

Rieger, Angelika, 1994: »Ich wollte mich nur noch umbringen«, Erfahrungen einer ehemaligen Scientologin, in: Jörg Herrmann
(Hrsg.), Mission mit allen Mitteln, Reinbek, S. 35–44

Riesebrodt, Martin, 1990: Fundamentalismus als patriarchalische
Protestbewegung, Tübingen

Rudolph, Hedwig, 1996: Die Dynamik der Einwanderung im Nicht-
einwanderungsland Deutschland, in: Heinz Fassmann/Rainer
Münz (Hrsg.), Migration in Europa, Frankfurt/New York

Ruppert, Hans-Jürgen, 1990: Okkultismus, Wiesbaden

Sag, Emir Ali, 1996: Üben islamisch-fundamentalistische Organisationen eine Anziehungskraft auf Jugendliche aus? in: Die bedrängte Toleranz, hrsg. von Wilhelm Heitmeyer/Rainer Dollase,
Frankfurt, S. 450–476

Schabert, Tilo, 1990: Wie werden Städte regiert? In: Ders. (Hrsg.),
Die Welt der Stadt, München, S. 167–198

Schenk, Roger, 1996: Entwicklung von unternehmensinternen Maßnahmen zum Schutz vor Manipulation und Unterwanderung
durch die Scientology-Organisation aufgrund einer empirischen

281

Untersuchung in Baden-Württemberg, unveröff. Diplom-Arbeit, Ludwigsburg

Schmitt, Carl, 1926: Die geistesgeschichtliche Lage des heutigen Parlamentarismus, München/Leipzig

Scientology, 1994: The Fight for Religious Freedom in Germany, Published by the Church of Scientology International

Şen, Faruk, 1996: Die Folgen zunehmender Heterogenität der Minderheiten und der Generationsaufspaltung, in: Die bedrängte Toleranz, hrsg. von Wilhelm Heitmeyer/Rainer Dollase, Frankfurt, S. 261–270

Sieferle, Rolf Peter, 1984: Fortschrittsfeinde? Opposition gegen Technik und Industrie von der Romantik bis zur Gegenwart, München

Sontheimer, Kurt, 1978: Antidemokratisches Denken in der Weimarer Republik, München

Statistisches Bundesamt (Hrsg.), 1992: Datenreport 1992, Bonn

Statistisches Bundesamt (Hrsg.), 1994: Datenreport 1994, Bonn

Süssmuth, Rita, 1997: Vor der Bewährung: Der Bundestag in rauhen Zeiten, in: Die Zeit, 28.2., S. 8

Thränhardt, Dietrich, 1995: Die Lebenslage der ausländischen Bevölkerung in der Bundesrepublik Deutschland, in: Aus Politik und Zeitgeschichte, B 35, S. 3-13

Tibi, Bassam, 1992: Islamischer Fundamentalismus, moderne Wissenschaft und Technologie, Frankfurt

Tibi, Bassam, 1995: Krieg der Zivilisationen, Hamburg

Tocqueville, Alexis de, 1959: Über die Demokratie in Amerika Bd. 1, Stuttgart

Träger, Gunther, 1993: »Die wollen den totalitären Staat«. Interview mit dem Scientology-Aussteiger Gunther Träger über die Methoden der Sekte, in: Der Spiegel Nr. 10, S. 84–92

Valentin, Friederike/Knaup, Horand, 1992: Scientology – der Griff nach Macht und Geld, Freiburg/Basel/Wien

Verfassungsschutzbericht, hrsg. vom Bundesminister des Innern, Bonn, 1979 ff.

Verfassungsschutzbericht NRW 1994, hrsg. vom Innenminister des Landes Nordrhein-Westfalen

Voegelin, Eric, 1993: Die politischen Religionen, München

Voltz, Tom, 1995: Scientology und (k)ein Ende, Düsseldorf

Walf, Knut, 1989: Fundamentalistische Strömungen in der katholischen Kirche, in: Thomas Meyer (Hrsg.), Fundamentalismus in der modernen Welt, Frankfurt, S. 248–262

Waltz, Viktoria/Krummacher, Michael 1996: Stiefkinder der Stadtentwicklung. Einwanderung betrifft vor allem große Kommunen, doch die Politik hat kein Konzept, in: Frankfurter Rundschau, 27. August 1996, S. 16

Was ist Scientology? 1993: Hrsg. von der New Era Publications International, Kopenhagen

Weber, Max, 1992: Politik als Beruf, Stuttgart (zuerst 1919)

Westphal, Hinrich, 1994: Das Hamburger Aktionsbündnis gegen Scientology, in: Jörg Herrmann (Hrsg.), Mission mit allen Mitteln, Reinbek, S. 165–168

Wulf, Hans Albert, 1988: »Maschinenstürmer sind wir keine«. Technischer Fortschritt und sozialdemokratische Arbeiterbewegung, Frankfurt/New York

Young, Robert Vaughn, 1995: Reich des Bösen. Robert Vaughn Young über Scientologys Kampf gegen Deutschland, in: Der Spiegel Nr. 39, S. 105–114

Zinser, Hartmut 1996: Moderner Okkultismus zwischen Glauben und Wissen, in: Esoterik und New Age, Schriftenreihe POLIS Heft 20, hrsg. von der Landeszentrale für politische Bildung, Wiesbaden, S. 34–47

Register